ESPACIOS SAGRADOS EN LOS SISTEMAS DE ASENTAMIENTOS ARCAICOS DE CUBA

Magia, Ritualismo y Simbología

UNOSOTROS
EDICIONES

GABINO LA ROSA CORZO

© 2021 Gabino La Rosa Corzo

©Unos&OtrosEdiciones, 2021

ISBN-978-1-950424-34-4

Título: Espacios sagrados en los sistemas de asentamientos arcaicos de Cuba

© Gabino La Rosa Corzo

Edición: Armando Nuviola

Correcciones: Elizeth Godínez

UNOSOTROS
EDICIONES

www.unosotrosediciones.com

Un publicación de UnosOtrosEdiciones

Hecho en Estados Unidos de America, 2021

AGRADECIMIENTOS

A María Daisy Fariñas, por haberme estimulado a emprender esta ruta.

A M. Rivero de la Calle por haber compartido sus profundos conocimientos acerca de las sociedades arcaicas de Cuba.

A Alexis Rives por su consejo y oportunas recomendaciones.

A Susan Kepecs, Antonio Curet y Shannon Lee Dawdy, por su apoyo.

A mis colegas de la Sociedad Espeleológica de Cuba por haberme acompañado durante años en largas jornadas de exploraciones y excavaciones: Yony Cabrera del Municipio Mariel; Carlos Borrego del Municipio Guanajay; F. Fong y J. Garcell del Municipio San José y muy en especial a los integrantes del Grupo Cayaguasal del Municipio Caimito: Jesús Martínez, Felipe Cordiéz, Pablo Camilo Aguilera, Bislandry Vejo, Manolo García, Ernesto García y Juan Martínez.

ÍNDICE

Prólogo

Gabino La Rosa Corzo es un destacado investigador cubano conocido, principalmente, por haber iniciado y desarrollado el estudio de hechos cruciales para la historia de Cuba, como la resistencia esclava, mediante investigaciones apoyadas en evidencias materiales y documentos históricos, uno de los más relevantes resultados de la disciplina arqueológica en las últimas décadas. No menos importante ha sido el cambio de estrategia en la arqueología aborigen, de lo cual el presente libro constituye un hito. La excavación y exposición de evidencias de tipo funerario han sido objetivos subyugantes de la arqueología mundial y, en Cuba, desde inicios del siglo xx hasta el presente, ocupan un lugar preferente dentro de los objetivos y publicaciones de la disciplina; sin embargo, estos, salvo excepciones, se han caracterizado por «observaciones aisladas y accidentales» (La Rosa, 2002: 85) a partir de las cuales se erigieron criterios reticentes y subjetivos. En la obra *Espacios sagrados en los sistemas de asentamiento de los arcaicos: 5000-1200 AP*, del doctor Gabino La Rosa Corzo, se da un vuelco definitivo a esa situación, no solo por el estudio concienzudo del registro funerario, si no con la introducción de un cambio significativo en las estrategias de investigación arqueológica.

En el libro toma un lugar importante el estudio de los sistemas de asentamiento de grupos del período arcaico, al profundizar en la relación de los sitios entre sí y el medio ambiente, lo que posibilitó constatar la existencia de sistemas pertenecientes a grupos de diferentes niveles de desarrollo y generó una nueva hipótesis sobre la posible dinámica de las interrelaciones de cada caso; esto, a su vez, permitió comprobar que los mismos debieron tratarse de sociedades de cazadores, pescadores y recolectores agrupados en bandas compuestas por grupos de familias, que se movilizaban productivamente como banda, grupos de familias o familias aisladas (aspectos estos aludidos, de manera especial, en esta oportunidad), y como grupos de tareas concretas.

La contrastación de los resultados obtenidos en los estudios de los asentamientos arcaicos ubicados al oeste de la bahía del Mariel, y los sitios arcaicos tardíos hallados en el municipio Caimito, varios de ellos en la cuenca del río Banes, provincia Artemisa, propiciaron establecer similitudes y diferencias, incluso, con otros sistemas de asentamiento en el archipiélago en cuanto

11

a los modelos de aprovechamiento del medio, el tipo de movilidad de las bandas, los posibles refugios y viviendas propios de cada casos. En el libro también se discute con cierta amplitud, por primera vez en la arqueología de Cuba, las posibles características de la vivienda de los arcaicos.

Esta fue la estructura necesaria para la novedosa investigación del registro funerario de los arcaicos del occidente del país, en particular las excavaciones arqueológicas cercanas a la bahía del Mariel de los recintos funerarios de Marién II, en Artemisa, y Bacuranao I, ubicado en la inmediaciones de San José de las Lajas, en Mayabeque, resultaron sobresalientes en todo sentido, pues a la exhumación —con todo el rigor necesario— de los restos óseos, se sumó la extensión areal de esos trabajos de manera sistemática y planificada, base material del estudio de indicadores arqueológicos que superaron todos los criterios manejados con anterioridad. Las ideas acerca de las costumbres funerarias de los arcaicos de Cuba —aparte de los encomiables estudios de antropología física de René Herrera Fritot, Manuel Rivero de la Calle y otros eminentes arqueólogos, que contribuyeron a conocer las características físicas de los pobladores precolombinos, las formas de enterramiento y diversas prácticas asociadas en una aproximación teórica a ese objeto de estudio— estuvieron «levitando» en torno a varias tesis, entre ellas la posible relación de los entierros con el culto solar y la orientación de los cuerpos según la trayectoria del sol. «Se quiso establecer una relación, señala el autor del libro, pero nunca se explicó o esbozó una posible causa de la misma» y, por ello, podría calificarse el intento de «positivista», no porque los arqueólogos cubanos estuviesen adheridos a esa corriente filosófica, sino por el carácter ecléctico de las interpretaciones. Así, en cuanto a la relación del posible culto solar con los enterramientos —en el libro se define que el objetivo del estudio se dirige a las prácticas funerarias en cavernas—, se considera la relación de la luz del sol con el espacio sepulcral no por la incidencia circunstancial de los rayos solares en este, sino de acuerdo con una perspectiva científica de sus variaciones temporales.

Las estadísticas paramétricas, a la hora de computar con exactitud los diferentes tipos de sitios arqueológicos, componentes de los sistemas de asentamiento en que se encuentran los emplazamientos funerarios, son utilizadas con provecho, ya que por medio de ellas se genera un lenguaje y código descriptivo que permiten una relación entre los datos físicos y la información etnográfica, ya sea en el trabajo teórico como en el de campo, en especial, desarrollan una estrategia para determinar la incidencia de la luz solar en las áreas sepulcrales a distintas horas del día y en diferentes épocas del año, según la sucesión periódica de solsticios y equinoccios. Derivadas de estas observaciones se registran, en precisas cartografías, los espacios cavernarios en que se haya las áreas sepulcrales, así como las ubicaciones de los entierros, todo aprehendido de modelos diseñados a propósito según parámetros identificados, que contemplan en los cartogramas la representación de la incidencia de la luz solar a través de contrastes significativos de coloración y tono. Por otra parte, con vistas a estudiar la orientación de los entierros en la compleja variedad de inhumaciones, se midió el azimuth de los cráneos y se asentó en una circunferencia limitada por los puntos cardinales —según la metodología de A. Saxe (1970, 1971)—, lo cual permitió dar cuenta con éxito a esta tarea. Estos procesamientos formalizados, por su valor de procedimiento ilustrativo y, a la vez, de método de investigación constituyen un aporte de la obra.

La aplicación de dichos métodos en la cueva de Marién II mostró que la luz del sol aparece asociada al área sepulcral, parcialmente, durante el solsticio de invierno y en fechas aledañas, lo cual pudo ser comprobado, con variaciones, en los entierros de la Cueva de La Santa, en La Habana —ambas cavidades ubicadas en las cercanías de la costa—, mientras en el sitio funerario Bacuranao I, tierra adentro, la relación del área sepulcral y la iluminación solar, en general, se estableció durante el solsticio de verano; no obstante, el análisis de particularidades dentro del área mostró también una variabilidad significativa. Algunos arqueólogos (Martínez, Vento y Roque, 1993; Alonso, 1995, y el propio autor del libro) habían argumentado que los sistemas de asentamiento en esos territorios debieron tener una dinámica periódica caracterizada por el movimiento de la mayor parte de las bandas hacia el interior en temporadas de azote, de los llamados "los nortes", y viceversa, lo cual parece demostrar que el grueso de esos grupos no se hallaba de manera estable en cada una de las zonas, en la época de la iluminación de las áreas sepulcrales, argumento que pone en crisis la supuesta idea de la relación directa de los entierros y la luz solar.

Establecer la aparente relación de la luz con el área sepulcral en cada zona en esas épocas del año —inversas a la hipótesis— resulta ser una alternativa un tanto esquemática, pues dicha iluminación no es homogénea según demuestra el estudio de cada caso en particular; más bien, a tal absurdo, podría argumentarse que los enterramientos se realizaban en contra de la dinámica del aprovechamiento económico del territorio, pero ello implicaría una sujeción cíclica de las prácticas de enterramiento en cuanto a los movimientos del astro y, el desplazamiento productivo dependería entonces de las costumbres funerarias, algo obviamente contradictorio.

La Rosa Corzo apoya con argumentos sólidos —mediante el riguroso estudio de los asentamientos y las evidencias arqueológicas— la hipótesis del desplazamiento de las bandas de los arcaicos hacia el interior, en seca y, hacia la costa, en lluvia, en contrastación con las fuentes de materias primas, de alimentos, agua, energía y las variaciones climáticas; de igual forma trata las características de la incidencia de la luz en las áreas sepulcrales y demuestra que la relación entre enterramiento y luz solar no es para nada estable y puede caracterizarse como un mito. Pero podría llamar la atención, basados en una prueba más, que pese a su carácter particular tiene una especial importancia por relacionarse con el ritual funerario: en el texto se resalta la característica apreciada en Marién II, acerca de la asociación de entierros con abundantes capas de conchas del *Isognomon alatus*, aspecto corroborado en enterramientos hallados en otras cuevas cercanas al mar; en cambio, este rasgo no aparece en Bacuranao I debido a su lejanía de la costa, allí, se constató la presencia del caracol terrestre *Zachrysia auricoma* y, en menor medida, del *Ligus spp*, como ofrendas (Garcell, 2009). Bien se conoce que en verano, debido al incremento de la temperatura y la humedad relativa, decrece la abundancia de los moluscos terrestres, específicamente la *Zachrysia auricoma* (García, 2011, en: Fimia-Duarte *et al*, 2015), lo cual entraña una amenaza para la reproducción y descendencia de los moluscos de la segunda generación, pues sufren castración térmica (Centella, 1997;González, *et al*, 2014; Ibid, 2015), es debido a esto que resulta lógico pensar que los moluscos terrestres usados en sus prácticas funerarias fuesen colectados en época de seca, o sea, en la temporada en que la luz solar no incide en las áreas sepucrales de la cueva.

14

Por otra parte, la concha marina, *Isognomon alatus*, asociada con prácticas funerarias en sitios cercanos a la costa, se desarrolla en el mar en la etapa lluviosa, momento en el que ocurre el desove masivo de la especie debido a la disminución de salinidad de las aguas (Huber, 2010) por lo que hay que suponer que la mayor afluencia del molusco a disposición de los arcaicos ocurría durante las lluvias, o sea, en la temporada contraria a la época en que el sol ilumina la zona sepulcral en Marién II. De esta manera, la utilización del *Isognomon alatus* en los entierros sería más propicia en verano, mientras que el uso de caracoles terrestres en los ritos, en sitios de tierra adentro, sería en invierno a causa de temperaturas más bajas. Una y otra especies debieron ser utilizadas como ofrendas en épocas en que el sol no iluminaba las zonas sepulcrales, por lo que puede afirmarse como un argumento más de apoyo, que el vínculo de los enterramientos con la iluminación del sol, de existir este de alguna manera, no era en ningún caso una relación directa.

El estudio de los sitios funerarios condujo también a la solución de la otra «inercia» interpretativa que gravitaba, hacía años, en la arqueología de Cuba: la supuesta orientación de los cadáveres según la trayectoria del sol.

La exhumación del área sepulcral de manera sistemática implicó estudiar en detalle la orientación de los restos óseos, apoyados en el método citado, y echó por tierra, al menos en las cuevas funerarias, la idea, tan repetida, de la orientación de los cadáveres hacia este. Pudo comprobarse de modo fehaciente —tanto en Marién II como en Bacuranao I—, que la colocación de los cadáveres se hacía, fundamentalmente, en dirección al fondo del área sepulcral. Dicho método posibilitó la comprobación del hecho en otros casos históricos, como los entierros del Purial, en Sancti Spíritus —gracias a un trabajo del arqueólogo Osvaldo Morales Patiño— y en la Cueva de los Niños, en Cayo Salinas, Villa Clara, estudiada por René Herrera Fritot, Morales Patiño y Manuel Rivero de la Calle, donde se comprobó hasta la saciedad que la supuesta orientación, de acuerdo con el recorrido del sol en las cuevas funerarias, es también un mito. El libro aporta inclusive un croquis original, salvado del olvido, de los enterramientos en la Cueva de los Niños, que desvela nueva información sobre el caso.

Otro objetivo de este volumen es —apoyado en un apropiado nivel teórico— reivindicar las investigaciones arqueológicas, tanto en los aspectos socioeconómicos como en el plano mágico religioso; con ese propósito, por primera vez, se utiliza con fluidez y sólido acierto el tema funerario en Cuba, así como las categorías científicas del reconocido historiador de la religión Mircea Eliade, *leitmotiv* del discurso interpretativo cuya riqueza debe ser apreciada con detenimiento. Estos elementos permiten esbozar unos breves comentarios: el autor, tras hacer referencia a posibles alternativas concretas para la selección del espacio sepulcral, se expresa de manera ágil acerca de la complejidad que supone el acercamiento a la cosmovisión del aborigen, dada la riqueza inherente de la mente del hombre y las limitaciones, consecuentes, del registro arqueólogico para acceder a la realidad etnográfica. Y descubre así, para el lector, que ese locus puede referirse o no a un lugar físico —siempre con una carga convencional—, aunque más bien se trata de un fenómeno de mayor envergadura.

Mircea Eliade argumenta que la religión está basada en una distinción crucial entre lo sagrado y lo profano y, los mitos o los ritos permiten a los hombres tradicionales penetrar lo sagrado a través de la ¡hierofanía¡ a un hecho, lugar, objeto o sueño, que después de ser entronizado en la mente colectiva se repetirá sempiternamente, *in illo tempore*. Se arriba entonces a un esquema crucial que accede a la posible relación de dicha cosmovisión con el entorno natural y social de las sociedades apropiadoras: la doble oposición entre cueva-oscuridad-muerte//sol-luz-vida, quiasmo, cuya validez se atestigua con sus variaciones en un gran número de culturas; escenario mítico y ritual, a la vez, del paso de la vida a la muerte, o de una vida terrenal a un vida en otra dimensión; este es el caso particular de los grupos arcaicos de Cuba. El autor ha demostrado que el primer símbolo del ritual funerario es la selección del lugar sagrado y, a partir del mencionado quiasmo arriba al segundo símbolo: el enterramiento, como evidencia de «un rito de paso».

La pincelada de la corriente interpretativa que fluye del registro funerario es la siguiente: a partir de las ideas de la historiadora D. Fariñas (1993), acerca de las diferencias pertinentes entre objetos de uso corporal asociados a los cadáveres, a veces como amuleto protector, y las ofrendas funerarias se logra una nueva aproximación a evidencias obviadas con anterioridad, ahora corroboradas. Con esta nueva visión del entierro como rito de paso, donde afloran objetos y colgantes confeccionados con conchas del género *Strombidae* junto a los cuerpos de los fallecidos, se comprueba también la regularidad de ofrendas de alimentos. En sitios funerarios de la costa norte, se aprecian lechos conformados por conchas de moluscos marinos (*Isognomon alatus*) en entierros primarios o secundarios y, en ocasiones, en sepulturas conjuntas de restos masculinos, femeninos e infantes, donde fueron hallados otros moluscos y especies comestibles en fogones, encima de las sepulturas, que no habían sido violentados al efectuar la inhumación, lo cual dio lugar a una conclusión verdaderamente fascinante: la evidencia de la práctica del ¡banquete funerario! en los entierros que se correlaciona, interpreta y reporta, por primera vez en la arqueología de cubana.

Un amplio espectro de posibilidades interpretativas se desprende de ese contundente resultado, por ejemplo, entre las ofrendas en el espacio sepulcral de Bacuranao I, en vez de conchas marinas aparecen los caracoles terrestres *Zachrysia auricoma* y *Ligus spp.* Si la presencia de estas especies en los entierros fuesen estimadas como pruebas de banquete funerario, entonces se tendrían diferentes tipos de prácticas: una en la costa y otra tierra adentro. Habiéndose precisado, en el primer ejemplo, que las inhumaciones debieron efectuarse en épocas de lluvias y, en el segundo, en seca, en tales casos se tendrían banquetes funerarios simbólicos de alimentos de origen terrestre en épocas cercanas al solsticio de invierno y de alimentos de procedencia marina alrededor del solsticio de verano, lo cual se asemeja a algunas prácticas en el Viejo Continente.

No es posible sustraerse tampoco a paralelismos con algunos casos etnográficos: entre los indios cazadores-recolectores del sudoeste de los Estados Unidos, (apaches y navajos), existen mitos y ritos de una deidad femenina llamada White Shell Woman, *La Dama Concha Blanca*, asociada con el banquete nupcial de las jóvenes de la tribu, cuyos vestidos se adornan con conchas de ese color. La Dama Concha Blanca está vinculada con el Sol Padre y se ubica en el oeste tras la caída del astro (Erdoes & Ortiz, 1984). Es muy sugerente que en los lechos de conchas *Isognomun alatus*, en sitios de Cuba, aparezcan restos femeninos y masculinos que dan la idea de alianza matrimonial: ¿una boda simbólica asociada, quizás, al banquete funerario, reflejo a su vez de la fiesta profana? Al tener la Dama Concha Blanca su lugar natural en la oscuridad ¿permitiría ello especular acerca de la existencia de un paralelismo con relación, no directa, del espacio sepulcral de los arcaicos y la luz solar? Por otra parte, la Dama Concha Blanca es hermana de Changing Woman, *La Dama Cambiante*, que representa el proceso de vida, muerte y resurrección; ambas surgen por el soplo de Talking God, *Dios parlante*, en sendas conchas. La Dama Concha Blanca se matrimonia con el Señor Agua y la Dama Cambiante con el Señor Montaña; las dos serán madres de gemelos (*Ibid*), tal vez como la arawaka taína, Itiba Cauhaba. Sus colores representativos son el blanco y el amarillento, por el tono de las conchas con las cuales fueron creadas, por lo que se acentúa la oposición costa/tierra-adentro (esposos agua y montaña) y, como es conocido, el color de las conchas de *Isognomon alatus* es el blanco-perlado, mientras que la de *Zachrysia auricoma* es llamada «The golden Zachrysia», por su color dorado-amarillento. Al igual que sus paralelos apache-navajo, los ritos de los arcaicos de Cuba, en una y otra zona, también tienen que ver los colores blanquesino y amarillento del esqueleto protector de los moluscos marinos y terrestres, que se hallan entre los restos funerarios. 17

En el meticuloso trabajo de excavación y estudio de las evidencias funerarias, el investigador La Rosa Corzo debió plantearse de manera ineludible el análisis y rectificación de los criterios con que se habían etiquetado diferentes tipos de enterramiento a lo largo del tiempo, debido a ello el tratamiento de este tema constituye una fuente imprescindible para los estudios arqueológicos de las futuras generaciones en el país. Los entierros primarios y entierros secundarios, ahora están mejor conceptualizados en su contenido, definición e interpretación provenientes de una revalorización de criterios a partir de la reutilización del espacio físico conforme al proceso de selección y uso del espacio sepulcral, así como de la utilización de rocas como parte del entierro. El autor ahonda en el uso de rocas, las cuales no solo delimitan el entierro, también determinan las posiciones del cadáver y, ¡ojo!... el análisis detallado de estos casos permite llegar a la conclusión de que ¡la roca colocada sobre la cabeza del cadáver parece ser una prueba del propósito mágico de evitar la reacción del espíritu del muerto!; primera evidencia arqueológica de esa creencia universal en la arqueología del país. El hecho nos lleva a la presencia del Vlacolakas griego, espíritu que recorre las zonas donde vivió causando la enfermedad y la muerte, o el Strigoi, variante rumana al que se le echaban piedras en la tumba para que se entretuviera contándolas y no saliera de la misma, pues a esos seres se le suponía una obsesión de ese tipo (Chereches, 2018). La Rosa cita un paralelo de este tipo de creencia en los indios navajos. Un ejemplo antillano es el de «las Hupías», fantasma de una persona que hace el mal, según los cronistas de Indias; ideas que se conocen a partir de ahora, debieron formar parte de los mitos de los grupos arcaicos.

El libro de Gabino La Rosa Corzo es, en resumen, el producto de décadas de investigación dirigida y ejecutada por este eminente arqueólogo y sus colaboradores, cuyos resultados progresivos han venido apareciendo en prestigiosas revistas especializadas durante los últimos años (La Rosa y Cabrera, 1992; La Rosa, Cordiez y Martínez, 1992; Robaina y Martínez, 1993; La Rosa, 1995; La Rosa y Robaina, 1995; La Rosa, 1996; Suárez y Marichal, 2001; La Rosa, 2001, 2002, 2003; Garcell, 2009). El presente texto es un ensayo científico que supera, de forma cualitativa los resultados previos y, todo lo que se ha publicado sobre estos temas con anterioridad. Desde el punto de vista estructural, el volumen cuenta con una introducción y siete capítulos. En dos de ellos se exponen los antecedentes históricos de los estudios de las sociedades precolombinas de Cuba, en especial de la etapa de apropiación de alimentos, conocida también como preceramistas, preagroalfareros y, desde el punto de vista socioeconómico como cazadores, pescadores, recolectores, y a los que la terminología de carácter continental denomina arcaicos; luego, el autor continúa el tratamiento y el papel de estos grupos humanos en el pensamiento antropológico y el enfoque científico de la historia de las religiones, para reivindicar, a los ojos de especialistas y estudiosos de la cultura, la religiosidad del pensamiento de los arcaicos de la Isla.

En el capítulo 3 se emprende, en teoría y práctica, el estudio de los sistemas de asentamiento de los grupos arcaicos, priorizando las características de los refugios, viviendas y enclaves funerarios de aquellos hombres, como parte de la diversidad de sitios-prueba de sus estrategias en el aprovechamiento, tanto productivas como sociales, del entorno geográfico, un tema básico que adentra en los objetivos que constituyen las partes más sugestivas e impactantes de la obra. En los capítulos 4 y 5 se analizan los trabajos más significativos y actualizados, a nivel mundial, acerca de las prácticas funerarias de los grupos cazadores, recolectores y pescadores, así como las técnicas y enfoques más efectivos para llevar a cabo con éxito esos estudios, específicamente, el papel de las observaciones e idealización de los hombres, en su contacto con la naturaleza y el universo astral.

El capítulo 6 aborda en detalle y profundidad las prácticas funerarias de los arcaicos en las cavernas y su relación con la luz solar a partir de hipótesis y estrategias de trabajo novedosas, modelos de investigación e ilustración eficientes que correlacionan con la dinámica socioproductiva de los sistemas de asentamiento de aquellos pueblos. En el último capítulo, el escritor se enfrenta al tan difundido tema de la orientación de los entierros conforme a la trayectoria solar, asunto que demuestra de manera contundente, al menos en los entierros en cuevas, cuyos argumentos han sido sustentados en una persistente falasia, con anterioridad. El capítulo incluye, además, una relación del tratamiento discutible de tales casos en la bibliografía arqueológica precedente.

Sin embargo, una verdad trasciende a estos notables y variados resultados concatenados a diferentes niveles de discusión, el importante obstáculo que representa la superación del eclecticismo interpretativo que se enmascara en los trabajos de algunos arqueólogos a partir de una discreción científica no comprendida del todo en sus límites. Resultado que debe ser llamado a un proceso singular de cambio a partir de la presente obra. Ya no más excavaciones puntuales, ya no más elucubraciones acerca de costumbres funerarias a partir de hallazgos fortuitos, tampoco estudios de cementerios sin conexión con la realidad arqueológica y no más interpretaciones des-contextualizadas sin tratar de establecer las causas de los procesos, pasos todos que contribuyen a «enaltecer la relación analógica entre el registro arqueológico y la discusión teórica» y que evidencian un nuevo paradigma en los estudios de las sociedades y las costumbres funerarias de los arcaicos, con implicaciones palpables para la arqueología de Cuba, en general.

19

ALEXIS RIVES PANTOJA

De qué trata este libro

Ala llegada de las naves españolas a la exuberante isla de Cuba, cuyo nombre en lengua aruaca quiere decir jardín (Valdés, 2010), estaba ocupada por varias culturas que habían arribado en sucesivos procesos migratorios, iniciados alrededor del 5 000 a. p.[1] Todos los sitios funerarios excavados o estudiados aquí, y que nos sirven de argumentación para la tesis sobre la creación de espacios sagrados como parte de la cultura de los grupos arcaicos, no muestran ocupaciones anteriores a esa fecha ni existen argumentos al respecto relacionados con sus industrias líticas y de concha. De esta manera, el fenómeno de la difusión de culturas procedentes del norte de Sudamérica, sin descartar en algunos casos Centro y Norteamérica, fueron confluyendo en el hábitat caribeño en el cual se produjeron no pocas evoluciones locales, cambios, readaptaciones, mezclas, en fin, un complejo proceso transcultural al que se insertaron los conquistadores europeos y la fuerza laboral de africanos, que con ellos arrastraron.

El proceso que siguió fue muy rápido y violento. Los conquistadores apenas pudieron conocer, y menos describir, a los aborígenes. Los que mejor resistieron el embate fueron los de mayor desarrollo: sociedades de agricultores y ceramistas conocidos como «taínos», los que en su mayoría se repartieron entre los primeros colonizadores (encomendados), y se mezclaron o trataron de sobrevivir en zonas apartadas. En este caso, su mitología y su rica cultura material resistieron el proceso de aculturación.

21

[1.] Este es el rango comúnmente más aceptado entre los estudiosos de la región, si bien en Cuba los fechados de cueva de la Lechuza y Canímar Abajo han arrojado una antigüedad algo mayor. Los fechados radiocarbónicos calibrados más tempranos y conocidos (Cooper, 2007), antes del presente (a.p.), de estos grupos arcaicos se sitúan en los sitios: cueva de la Lechuza: rango inferior: 6 298 - Rango superior: 5 746 / Canímar Abajo: rango inferior: 5 590 - Rango superior: 5 300 / cueva Funche: rango inferior: 4 854 - Rango superior: 3 994.
En cuanto a cueva de la Lechuza, Jago Cooper aclara que ese fechado más antiguo «no parece ser corroborado por las numerosas fechas obtenidas en los niveles estratigráficos más profundos del sitio» (Cooper, 2007: 137). Otras investigaciones también parecen apuntar a ocupaciones más allá de 5 000 a.p. (Rodríguez, R., et. al., 2006 y Martínez López, et. al., 2009), aunque este último autor comenta que, factores como «la velocidad de formación de los sedimentos que pueden provocar grandes diferencias cronológicas» y el «entorno natural» pudieran incidir en la «presencia de muestras muy antiguas a tan escasas profundidades» (Ibídem, p. 19). Al respecto, los arqueólogos J. Ulloa y R. Valcárcel comentan en un trabajo acerca de los arcaicos, que la cronología de Canímar Abajo resulta compleja y «que debe seguirse estudiando» (J. Ulloa, y R. Valcárcel, 2014:21).

Pero no sucedió lo mismo con las otras «dos culturas» apenas conocidas y descritas, brevemente, por el padre Las Casas y Diego Velázquez. Los llamados «guanahatabeyes», que eran sociedades de tradiciones arcaicas integradas por bandas de pescadores-recolectores-cazadores, no resistieron el embate. A ellos, no se les registra en los listados de los encomenderos ni en la protohistoria documentada por los primeros conquistadores. Solo se les recuerda como los salvajes que habían sido confinados al extremo más occidental de la isla.

En cambio, los llamados *ciboneyes* por el padre Las Casas, y que en algún momento ocuparon gran parte de la ínsula, si aparecen en los listados de los encomenderos y con llamativas referencias en las cartas de los cronistas de Indias.

En sentido general, los ciboneyes eran también sociedades de tradiciones arcaicas o mesolíticas, cuya economía descansaba, fundamentalmente, en actividades de apropiación de los recursos naturales procedentes de manglares, costas y bosques, y describían formas de asentamiento marcados por el nomadismo estacionario. Ocupaban grandes extensiones de terreno, dentro del cual se movían numerosas células de un mismo grupo en función de recolectar alimentos en zonas de abundantes recursos naturales, según transcurrían los ciclos estacionales y los niveles de agotamiento de esos recursos. Se estima que se agrupaban en pequeñas bandas de 30 o 40 individuos unidos por vínculos sanguíneos (Robiou Lamarche, 2003:41), y se les reconoce por la expresión de cierto simbolismo expresado en artefactos líticos pulidos, bastones de mando y dibujos parietales, en los que se ha querido ver manifestaciones de un culto astral.

Estas comunidades de pescadores-recolectores-cazadores no formaban un todo homogéneo. Los estudios arqueológicos desplegados a lo largo del país dan fe de una intrincada red con características que —aun descansando en un nivel de desarrollo socioeconómico similar— acusan la existencia de diferentes sistemas culturales en los que las tradiciones de origen, la incorporación de nuevos elementos debido al intercambio y mezcla, la adaptación a diferentes ecosistemas, e incluso, los distintos desarrollos locales han dificultado la valoración de los especialistas para englobarlos en un solo término.

En el caso de los arcaicos de las Antillas una de las mejores descripciones se debe al cronista Gonzalo Fernández de Oviedo, quien al reseñar la guerra «pacificadora» que tuvo lugar en los primeros años del siglo XVI, en La Española, y en cuya etapa final se arremetió contra los indios de Guacayarima, los que vivían en cavernas, no sembraban, señala: «eran contentos... y todo quanto tenian, eso que era de cualquier género que fuese, era comun y de todos, exçepto las mujeres» (Fernández de Oviedo, 1924: 171).[2]

Jorge Ulloa considera que las tres primeras grandes oleadas producidas hacia las Antillas parecen corresponder a expresiones culturales diferentes dentro de un mismo modo de vida recolector. A esto se suman las variaciones en cuanto a los puntos de origen (Ulloa, 2005: 50-51).[3]

La destacada arqueóloga norteamericana, estudiosa por excelencia de las culturas del norte del continente suramericano y el Caribe en general, Betty Meggers, ha señalado que la arqueología como ciencia reconstruye el desarrollo y la diseminación de las culturas del pasado a partir de rastros incompletos y a menudo casuales, a lo que suma: «El cambio cultural no ocurre con un ritmo uniforme […] algunos (rasgos) se diseminan con pocas modificaciones, otros se alteran drásticamente» (Meggers, 1997: 2).

En el extremo más oriental de las grandes Antillas, en Puerto Rico, las etapas más temprana del arcaico se sitúan en el sitio de Puerto Ferro, costa sur de Vieques, ubicado cronológicamente en el 2 140 a.n.e.; en el sitio Maruca, municipio Ponce, de la misma filiación, correspondiente al 2 850 a.n.e. y, en Angostura, Barceloneta, fechado en el 4010 a.n.e.

Esto permitió afirmar a destacados estudiosos de estas migraciones que en el Caribe antiguo, durante un período de más de cinco mil años, floreció la vida arcaica «sin un conocimiento profundo de la tecnología agrícola» (Chanlatte y Narganes, 2002:16).

23

Estos arcaicos, que vivían fundamentalmente de la pesca, la recolección y la caza, han sido los grupos aborígenes sobre los que se manifiestan las mayores preocupaciones epistemológicas, y puede decirse que son los «multidenominados», intensión que persigue atrapar en un concepto la diversidad y complejidad de esta cultura readaptada, mezclada y en franco proceso de desarrollo.[4]

Los «*ciba ona ex*», o sea, los hombres de la Gran Piedra o Montaña (Ortíz, 1983) —inscritos por los conquistadores y colonizadores como *ciboneyes*—, no legaron, como los tainos, sus mitos ni grandes objetos

---

[2.] A pesar de considerarse apócrifa y ser rechazada, esta información es, sin embargo, una de las mejores descripciones de bandas de cazadores recolectores de la época. En el capítulo 3 se volverá sobre este tema.

[3.] J. C. Martínez-Cruzado (2002), de la Universidad de Puerto Rico, basado en estudios de ADN mitocondrial, reconoce tres rutas para las oleadas migratorias de los arcaicos hacia las Antillas, procedentes de la Florida, Yucatán y del delta del Orinoco. Por otra parte, M. Díaz-Matallana y J. Martínez Cruzado (2010), sobre la base de estudios similares, indican también procedencia de la cordillera oriental de Colombia para habitante de Puerto Rico.

Una de las revisiones más amplias y actualizadas acerca del proceso migratorio y las ocupaciones arcaicas en las islas del Caribe la ha realizado Scott M. Fitzpatrick (2015). Sobre la base de registros arqueológicos y selección y rectificación de fechados ofrece un convincente cuadro de esos complejos procesos en la región.

[4.] Ver Anexo 1.

rituales que expresaran sus creencias religiosas. Sin embargo, las huellas de sus creencias, símbolos, magia y ritualismo se pueden rastrear en los espacios donde prepararon a sus muertos para un pretendido viaje del que sabían sin retorno, pero, a su vez, tomaban medidas con tal de evitar que otra cosa ocurriera.

En este terreno nos debemos adentrar con las herramientas teóricas y materiales de los arqueólogos, con miras a encontrar las evidencias materiales que confirmen, amplíen o rectifiquen, lo que la etnología comparada y la antropología de los siglos XVI y XIX, e incluso, contemporánea sugieren. Mas no se puede escalar el sendero solo con las herramientas del arqueólogo. Como dijera Ortíz en el prólogo al libro *Estudios de etnología antigua de Venezuela*, de M. Acosta Saignes, editado en 1983:

> Olvidar la fecunda historia vieja de nuestra América es caer en el vicio de algunos arqueólogos modernos, que llevados por el entusiasmo de sus investigaciones y hallazgos llegan a imaginar que la humanidad por ellos desenterrada (…) era totalmente desconocida (…) Una arqueología así desentendida de la historia ha producido con frecuencia lamentables confusiones científicas, (*Ob. cit.*).

24   De esto se trata. Hace algunos años emprendí este viaje para desentrañar las formas en que el pensamiento religioso se manifestaba en esta cultura. Lo aquí expuesto es el resultado de meses y años de trabajo en rincones apartados de la geografía cubana, en cavernas, marismas y montañas; en laboratorios con excelentes colegas antropólogos de los que aprendí mucho, como del inolvidable Rivero de la Calle.

No es un trabajo acabado ni exento de vacíos. Toca a otros completarlo. El estudio en torno a las costumbres funerarias de los aborígenes arcaicos de Cuba se inició, en 1847, por Rodríguez Ferrer cuando visitara los montículos de la costa sur de Camagüey (Rodríguez Ferrer, 1876:157), y fue creciendo, paulatina y tortuosamente, en la segunda mitad del siglo XIX.

La década de los años sesenta del pasado siglo marcó el inicio de una etapa renovadora que enfocó el conocimiento hacia las prácticas sepulcrales aborígenes, pertenecientes a un mismo estadío de desarrollo, en las que se aplicaron técnicas de control y registros de evidencias, aunque limitadas debido a las nociones de la época.

Las técnicas de excavación sin control estratigráfico —realizadas hasta los años cincuenta con breves incursiones que descansaban en hallazgos ocasionales—, la incorrecta aplicación de aquellos datos etnográficos registrados por los colonizadores y primeros etnólogos, el insuficiente paquete informativo aportado por la arqueología y, sobre todo, el insuficiente desarrollo de la teoría de los símbolos hicieron que los estudiosos echaran garra a la imaginación para explicar los complejos procesos sociales y mentales existentes en los espacios funerarios.

Como señalara el gran maestro de la teoría de los símbolos, Jean Chevalier, adentrarse en esas áreas era entonces soltar a «la loca de la casa». Pero hoy, con los avances tecnológicos y científicos generados en estos terrenos, es posible ir más allá de las apariencias y «buscar la verdad, la alegría y el sentido oculto y sagrado de todo lo que existe en esta tierra seductora y terrible», como dijese Marthe Arnould. (Chevalier y Gheerbrant, 2008: XII y XLI).

Tampoco se debe perder de vista que se trata del estudio de evidencias de una cultura material donde se reflejan los complicados procesos migratorios, mezclas y diversidad de grupos coexistentes en el tiempo. Y tener presente que tainos y *ciboneyes* convivieron y compartieron espacios geográficos, aunque los segundos en planos de subordinación.

Las estructuras de aquellas sociedades, unas «igualitarias» o «comunitarias», otras «segmentarias», de «linaje» o de «jefatura», alertan acerca de los posibles intercambios o influencias no solo en el aspecto tecnológico, sino también en el ideológico. Los conquistadores confundieron a los jefes de las bandas de pescadores-recolectores-cazadores con «caciques». Tales casos son los llamados «caciques», Guaniguanico y Marién, de la región occidental del país.

25

Como se sabe hoy, los procesos migratorios tienen mucho que ver con la creación de jefaturas o liderazgo, las cuales recaen en los más fuertes, conocedores o experimentados, o sea, en aquellos capaces de guiar a los grupos en los procesos preñados de incertidumbres y peligros. Lo mismo sucede a nivel local, los más experimentados cazadores o pescadores adoptan funciones de mando, sin que esto implique la existencia de un linaje hereditario de estructura segmentaria y tributaria.

Por otro lado, como bien se dice, ninguna persona se entierra a sí misma, los cuerpos son sepultados por miembros de la comuna, ya sea la horda de menor nivel, la banda, o, el clan en los de estructura más avanzada; o sea, es la gran familia quien dirige los sepelios. En esa etapa histórica nadie escoge una tumba en particular ni los objetos acompañantes ni el rito de pasaje que le facilitará el viaje. Es el grupo, socialmente constituido, el que plasma en los ritos sus tradiciones, conceptos y símbolos, como puede ser el banquete funerario, sobre el cual aportaremos pruebas más adelante. Mediante estas prácticas se cohesiona el grupo social y se mantienen durante generaciones su identidad y costumbres.

Si se utiliza un espacio en particular durante cientos de años, por una misma cultura, para sepultar a sus muertos; si los restos son acompañados o no de símbolos, como el color rojo; si se les cubre con capas de grandes y nacaradas valvas de conchas; si se les entierra con sus adornos corporales (que no deben confundirse con ofrendas); si se les acompaña de comida para el viaje; si se les coloca una piedra o se les atan las extremidades inferiores; si una vez destruidos los tejidos blandos se realiza un entierro secundario con un tratamiento particular a los huesos, son los intereses del grupo, de la gran familia, los que están primando. Si una madre que amamanta un niño muere y es sepultada con su infante, pues la comuna no puede soportar esa carga, están presentes las tradiciones puras o corrompidas del grupo sin que se descarten las intensiones del familiar en particular. Sobre todas estas cuestiones se aportarán evidencias.

La variabilidad en las prácticas mortuorias es muy rica y diversa dentro de una misma cultura. Variación que puede tener su explicación en los procesos migratorios, de adaptación, mezclas, influencias o intercambio. Por ejemplo, en este estadío histórico las cuevas son empleadas, con bastante frecuencia, como paraderos o campamentos temporales por grupos de familias, una familia o por grupos especializados con un propósito concreto (*task group*), quienes la ocupan, cíclicamente, como parte de un complejo sistema de asentamiento marcado por el nomadismo estacionario.

Algunas de ellas fueron utilizadas para enterrar a varios de sus integrantes. No sabemos si al ocurrir esto abandonaban el lugar, como ha sido reportado en otras etnias de América del Sur en tiempos de la conquista, o, por el contrario, si al ocuparla realizaban la inhumación de algún miembro recién fallecido. Al parecer, esto fue lo que ocurrió en el montículo habitacional localizado frente a la cueva de la Pintura, en la península de Guanahacabibes, Pinar del Río.

En 1970, en el montículo habitacional localizado frente a la cueva, las excavaciones practicadas al llegar a su base destaparon el entierro primario de una aborigen. Para los excavadores, Lourdes Domínguez y Roger Montañés, resultó significativo el hecho que la sepultura precedía a la acumulación de residuos domésticos, pues las capas culturales no habían sido rotas para la inhumación. Los fechados radiocarbónicos arrojaron un uso del lugar entre 2 930±80 y 2 160±55 a.p. (Milton, 1995).[5]

Esto nos brinda la posibilidad de hallarnos ante un entierro ritual practicado al ocupar un nuevo territorio. Por desdicha, no se cuentan con publicaciones acerca de estos trabajos (L. Domínguez, com. pers., 2012).

[5.] Los fechados radiocarbónicos calibrados arrojaron un uso del lugar a.p. entre 3 341 rango inferior-2 858 rango superior y 2 332 rango inferior-1996 rango superior, Cooper, 2007.

Algunas de las cuevas —objeto de estudio aquí— sirvieron en un área como lugar de sepulturas durante generaciones, mientras la habitación se montaba en otra zona de la misma cueva (casos de Marién 2 y Bacuranao 1, que se analizarán más adelante), o en otra cueva cercana (observado en Cueva de La Santa y cueva Calero).

Sin embargo, esta costumbre no parece ser así para aborígenes de ese mismo estadío histórico asentados en humedales, en los que los testimonios de ocupación del territorio se hallan en los montículos. Estos grupos no entierran en cuevas, aun existiendo varias de ellas en lugares cercanos. Se han encontrado montículos cuyos residuos muestran evidencias de que sirvieron, exclusivamente, como habitación; en otros, además de ser utilizados como habitación, se pueden encontrar restos de varios individuos; y otros, parecen preparados solo como «cementerio», pues no se encontraron evidencias de haber sido habitados, en cambio, son abundantes los restos humanos colectados en ellos (Martínez Gabino, A. y La Rosa G., 2014).

Las sistemáticas prácticas inhumatorias, por parte de los aborígenes, se repiten en paisajes muy distintos. ¿Qué manifiesta esto? Los registros arqueológicos cubanos no acumulan suficientes datos para esclarecer dicha cuestión, pero no parece que las desigualdades sean de orden cronológico, pues los fechados no apuntan a la existencia de diferencias temporales importantes entre los tres tipos de uso ejercidos en los sitios, ya sean en cuevas o en montículos. Hasta hoy, no hay bloques temporales diferentes entre los sitios de habitación, sitios de habitación con entierros y sitios con entierros solamente. Las tres variantes ocupan, en sentido general, los mismos espacios cronológicos, tanto en cuevas como en sitios a cielo descubierto.

Las diferencias adaptativas a los distintos ecosistemas pueden explicar el no uso de las cuevas por los ocupantes de los humedales, pero no explicitan las diferencias dadas a estas, en cuanto a utilización, por otros grupos similares en desarrollo y cronología. Habría que buscar entonces en el terreno de las tradiciones, pero para ello hacen falta estudios sistemáticos y coherentes —a nivel insular— que enriquezcan, con su constancia, los registros existentes de evidencia actuales, los cuales son esporádicos.

Pero volvamos a la cuestión de la adaptación, como dice Megger (1997:5). El factor biológico es esencial en la supervivencia y adaptación, y en este proceso el medio constituye la fuerza con más influencia, de ahí las diferencias significativas dentro de los mismos grupos, cuyo proceso migratorio los fue colocando en medios alternativos y los obligó a reajustar sus tradiciones de forma continua durante siglos.

Para el presente estudio solo utilizaré los grandes cementerios en cuevas, pues es en estos espacios donde he desplegado mis incesantes esfuerzos y, la simbología de esos sitios facilita la discusión de la tesis que sustento.

Aconsejaría a los que continúen estos senderos, que presten atención a los contundentes aportes de otras ciencias y que trabajen con equipos de antropólogos, físicos, biólogos y químicos, quienes con sus métodos de laboratorio, reactivos, microscopios y análisis aportan sólidas conclusiones a la demografía, migraciones, patologías, tafonomía, fechados, ADN y paleo-nutrición. Los estudios de los isótopos estables y de ADN son fundamentales para que arqueólogos, antropólogos e historiadores reorienten sus análisis por senderos confiables. Las más recientes investigaciones desarrolladas en el cementerio arcaico de Canimar Abajo, así lo demuestran (Chinique de Armas, *et. al*, 2016).

Pero eso no es todo. Si se quiere emprender la reconstrucción etnohistó-rica de estas sociedades, poner al descubierto sus tradiciones, sus cambios culturales, creencias religiosas, rituales y símbolos es necesario mejorar las técnicas de excavación y los sistemas de registros, con el fin de hacer generalizaciones y comparaciones confiables a la luz del siglo xxi. Berggren y Hodder (2003:426), critican la separación que en ocasiones ocurre entre las fases de la excavación y la interpretación en el proceso investigativo, ya que una excavación poco especializada socaba «las bases científicas de la arqueología» y, aconsejan el fortalecimiento del trabajo de campo enfocado en el acto mismo (*trowel's edge*).

1

La arqueología y el pensamiento religioso de los arcaicos de Cuba

Todas las creencias y todos estos ritos nos conducen,
sin dudas, al dominio de la mentalidad mágica.

Mircea Eliade

Cualquier persona que intente reconstruir las formas del pensamiento religioso de los aborígenes arcaicos de Cuba se enfrenta a dos grandes desafíos: El primero, se refiere a las dudas aún existentes acerca de cuáles son las evidencias probatorias que demuestren una conciencia religiosa durante la etapa de desarrollo del hombre arcaico en la isla. Y el segundo es, si la arqueología cubana cuenta con suficientes y eficientes registros capaces de evaluar el grado de desarrollo de esas ideas religiosas.

29

El estudio del pensamiento mítico y, sobre todo, el de la religiosidad expresada en sus formas más tempranas, como el animismo, la magia y los rituales que corresponden a los aborígenes arcaicos —conocidos en la arqueología como pescadores-recolectores-cazadores,[6] y en ocasiones ciboneyes— enfrentan una aparente desventaja en relación con el análisis de dichos aspectos en sociedades ceramistas y agricultoras.

La sociedad integrada por agricultores-ceramistas, llamada taína, fue en detalle más descrita por los cronistas y colonizadores, quienes, a su vez, se mostraron muy parcos en cuanto a las observaciones sobre los grupos identificados por ellos, como ciboneyes.

Muchos cronistas no solo prestaron atención a los aspectos relacionados con las formas de vida cotidiana y sus recursos subsistenciales, sino también hicieron referencias a la espiritualidad de estas sociedades, a sus mitos, creencias y prácticas religiosas.

[6.] Los grupos arcaicos en las Antillas desarrollaron estas tres principales actividades de subsistencia, pero el orden de los términos refiere el orden de predominio de cada actividad. Esto quiere decir, que la arqueología de Cuba ha demostrado que los arcaicos dependían fundamentalmente de la pesca.

Interesados por encontrar explicaciones que permitieran encajar a estas sociedades —para ellos salvajes— en el contexto del mundo y de las ideas predominantes de ese entonces, se regodearon en describir, no siempre de manera feliz, lo que veían, así como las formas en que vivían esos desnudos y siempre sonrientes individuos que habitaban islas paradisíacas.

Los conquistadores y colonizadores dominaron, controlaron y redujeron a la mayoría de aquellos antiguos habitantes, pero se interesaron y estudiaron más[7] a los de mayor desarrollo socioeconómico, entre otras razones, por manejar algunas técnicas rudimentarias de agricultura —cuestión imprescindible para el sustento de los hombres involucrados en la gran aventura de la conquista— y por ser portadores de mitos y creencias más elaboradas, con una rica imaginería plasmada en objetos portables de concha, madera y piedra, lo cual representaba un cuerpo ideológico, cultural y religioso, que el cristianismo, en expansión, no podía ignorar o subestimar.

En fin, se trataba de individuos agrupados en grandes aldeas con una jefatura definida, que podrían ser más eficaces en el enfrentamiento a los desatinos de la conquista y a los que era necesario conocer para poder dominar.

Por estas mismas razones, la vida cotidiana, la subsistencia y el pensamiento de los grupos con menor desarrollo socioeconómico —quienes vivían de la pesca, la recolección y la caza de la abundante fauna en los litorales costeros y los bosques interiores y se agrupaban en bandas—,[8] quedaron relegados en las descripciones de los cronistas, pues ofrecían un cuadro menos reforzado contra los progresos de la conquista. A esto se suma el hecho, que la supervivencia de estas comunidades fue bastante efímera al sufrir con más fuerza los embates de los cambios económicos y culturales; además, los objetos que expresan las técnicas de supervivencia, vida cotidiana y creencias[9] eran menos espectaculares y perdurables. La reconstrucción de

30

[7.] Cristóbal Colón encargó al misionero fray Ramón Pané, el estudio de la religión y cultura taína, en el año de 1494. El misionero convivió, aprendió la lengua de los naturales y describió su mitología y creencias religiosas, constituyendo este el primer estudio etnográfico de América. Pané, 1990.

[8.] En antropología existen varios términos para identificar las formas primarias de organización social. El término *horda* se asigna a una comunidad con cierta inestabilidad y manifestaciones de violencia y se reconoce como estructura propia de los neandertales o agrupaciones similares. En cambio, el término *banda* sirve para identificar pequeños grupos con estructura social simple de familia extendida. R. Lee, de la Universidad de Toronto, define las bandas como organizaciones sociales a «pequeña escala y gran movilidad y se componen básicamente de recolectores nómadas agrupados por parentesco» (Lee, 2001: 121,). Sobre estos conceptos se ampliará la discusión en el capítulo 3.

[9.] No estudiamos aquí las posibles expresiones de fetichismo «que se manifiesta como la veneración de objetos que han sido fabricados por el hombre, o que se encuentran en la naturaleza y a los cuales se les confiere poderes sobrenaturales» (Fariñas, 1995:19). Eso supondría el estudio de los amuletos e ídolos de los arcaicos. El fetichismo ha sido sugerido como una de las manifestaciones del pensamiento religioso de los taínos, dada la presencia de ídolos de tallas considerables que se suponen representa fuerzas poderosas de la naturaleza y la descripción de algunos rituales relacionados con los mismos.

los niveles alcanzados por ellos, sus ideas y cosmovisión han sido relegadas de las agendas de los estudiosos.

Los arqueólogos e historiadores de esta etapa histórica se inclinan siempre, de forma más enérgica, a la reconstrucción de la sociedad taína, terreno en el cual se cuenta con fuentes, datos y evidencias sólidas. Esto ha generado consistentes estudios que reconstruyen los niveles socioeconómicos y culturales que le son propios. Sin embargo, no es el mismo avance en cuanto al estudio de los grupos pescadores-recolectores-cazadores; en este tema se establecen analogías formales de carácter etnográficas con reducidos muestreos y, no siempre con la necesaria correspondencia entre los diferentes niveles de aquellas sociedades de las cuales se toman los referentes.

No obstante, la arqueología contemporánea —en el plano universal— viene revelando nuevos e importantes conocimientos relacionados a sociedades en estadíos de desarrollo similar al de los pescadores de la mayor de las Antillas. Esto enriquece el conocimiento de los niveles socioeconómicos de estas sociedades y facilita la interpretación de ajuares que, por sus técnicas constructivas, materia prima y funciones, se puedan insertar en las reconstrucciones etnohistóricas.

El terreno de la religiosidad —dado en los grupos con este nivel de desarrollo— ha sido menos favorecido por las mismas razones expuestas en párrafos anteriores. Pero, desde hace varias décadas la arqueología cubana trabaja en la interpretación de las costumbres funerarias a partir del presupuesto que en ellas se manifiestan los verdaderos resortes y espirales del mundo de las ideas, la mitología, la religiosidad y el culto.

Las últimas décadas del pasado siglo y las primeras del presente son testigos del rumbo, contradicciones y encrucijadas por las que han transitado los estudios en torno a los espacios sepulcrales en cuevas; investigaciones que demuestran un heterogéneo e insuficiente trabajo de campo, con agendas y registros que resultan difíciles de estandarizar.

La mayoría de las excavaciones practicadas en grandes áreas de entierros en cuevas[10] provienen de hallazgos casuales y no por la ejecución de proyectos científicamente concebidos. Esta situación conlleva a que los resultados se ajusten, de manera general, a la descripción de los entierros, con tablas en las que se describen los tipos y categorías de los restos humanos exhumados. En ocasiones, se puntualizan algunas conjeturas con escaso soporte de evidencias o comparaciones etnográficas.

Durante el pasado siglo, la temática referente a las costumbres funerarias de los grupos arcaicos no formó parte de los proyectos de investigación arqueológica de las instituciones científicas del país, a excepción de los sitios

---

[10.] Me refiero a los sitios: Cueva de la Santa; Mogote de la Cueva Nº 1; cueva del Perico 1 y cueva Calero.

Marién 2 y Bacuranao 1 que fueron incluidos en los objetivos del Censo Arqueológico de la provincia La Habana. A pesar de esto, en los archivos personales de muchos arqueólogos y colecciones de museos obran decenas de informes y evidencias óseas procedentes de excavaciones en sitios funerarios, situación que facilita que algunos interesados en estas cuestiones revisen, en busca de información en viejos inventarios, datos, fotos, dibujos y tablas y elaboren aparatosas reconstrucciones de categorías como el canibalismo, sacrificios humanos y catastrofismo, e incluso, graves confusiones acerca de los diferentes estadíos históricos.

La antropología clásica y los hitos iniciales del estudio de la religión

Para el antropólogo, el único modo de alcanzar un conocimiento profundo de la humanidad, consiste en estudiar tanto las tierras lejanas como las próximas, tanto de épocas remotas como las actuales.

Marvin Harris

32 Los orígenes y las manifestaciones tempranas de la religión siempre fueron puntos centrales en los intereses de la antropología. Esta moderna ciencia surgió como resultado de una época: Las grandes conquistas coloniales (siglos XVIII al XIX) y, la necesidad de ampliar el conocimiento ante la diversidad de nuevos pueblos revelados por la expansión colonial.

En el terreno científico la corriente evolucionista, que emergía entonces como paradigma explicativo de la unidad del género humano, el desarrollo lineal de la sociedad y la cultura, promovió el estudio y la búsqueda de respuestas a la gran diversidad cultural del mundo y de los grupos humanos, tan diferentes, recién «descubiertos».

Una de las primeras interpretaciones remitió a la existencia de principios psicológicos fundamentales que explicaban el desarrollo en el ser humano. Fue el alemán Adolf Bastian (1826-1905) —graduado en Medicina por la Universidad de Praga (1859)—, uno de los iniciadores en viajar a países lejanos y exóticos, con el objetivo de conocer y describir las costumbres de sus habitantes. En 1861 da comienzo a sus trabajos etnológicos en sociedades tradicionales del sudeste asiático. Visitó África y América. Murió, en 1905, durante una de sus investigaciones en Trinidad y Tobago.

Bastian es considerado pionero, junto a otros, en enarbolar la idea de unidad del género humano y uniformidad de la conciencia en dependencia del medio. Fue fundador y miembro de la Sociedad de Antropología, Etnología y Prehistoria de Berlín, a la que dotó con fabulosas colecciones etnográficas. También mostró interés por temas relacionados con la familia y el matrimonio, dos aspectos que formarían espacios fundamentales en el campo de la antropología (Tókarev, 1989:24-25).

Otro fundador en esta disciplina fue Lewis Henry Morgan (1818-1881), quien trabajo durante años en los territorios de numerosas tribus «indígenas», actual Estados Unidos, y formuló una de las primeras clasificaciones sobre los estadíos de esas bandas en su libro *Sociedad Antigua*, editado por vez primera, en lengua inglesa, en 1871. Como sus principales tesis se relacionan con las estructuras de las sociedades primigenias, abordaremos su contribución en el capítulo dedicado a la sociedad arcaica.

Por otra parte, Edward Burnett Tyler (1832-1917), descendiente de cuáqueros acomodados, muy joven abandonó los negocios familiares encaminados a la fundición de bronce para dedicarse a viajar y a estudiar diferentes culturas tradicionales. En el año 1856, encontrándose en Cuba, trabó amistad con un adinerado coleccionista de antigüedades, Henry Chisty, y con él viajó a México, iniciando así sus estudios sobre religiones ancestrales. En 1866 publicó un ensayo basado en la religión de los pueblos «salvajes», en el cual define al animismo como concepto que dota de vida o espiritualidad a los fenómenos naturales (Tyler, 1866). Ya en 1871, en su libro *Cultura primitiva*, aborda los orígenes de la mitología y la religión, así como otros componentes importantes sobre la cultura humana (Tyler, 2005). Sus estudios se enmarcan en el evolucionismo esquemático y no están exentos de prejuicios raciales, típica posición mantenida por los sectores dominantes de su época. No obstante, sus trabajos aportaron una rica variedad de ejemplos tomados de las culturas tradicionales, y sus conceptos primarios fueron las bases para todos los estudios posteriores que han tratado de explicar los orígenes de la religión.

Tyler consideraba que en cualquier museo etnográfico eran elocuentes las semejanzas entre diferentes culturas con similares niveles de desarrollo, aun estando en territorios distantes y diferentes. Las herramientas originales y sus funciones se repiten «con una uniformidad maravillosa en todos los estantes de los museos que ilustran la vida de las razas inferiores de Kamchatka a Tierra del Fuego, y de Dahomey a Hawai» (Tyler, 2005:67).

Pero el concepto de «raza inferior», tan en boga por aquellos años para identificar las sociedades tradicionales, no tuvo en Tyler el sentido reaccionario que se ha querido ver. En ese propio texto subraya la conveniencia que traería para la antropología, no tomar en consideración las «variedades hereditarias o las razas del hombre, y tratar a la humanidad como homogénea, aunque situada en diferentes grados de civilización» (*Ídem*).

Los llamados antropólogos evolucionistas, como Tyler, son frecuentemente criticados por el enfoque de sus obras, pero a cada figura hay que analizarla en su contexto. Fuertes críticas, como las que sus tesis son «perjudiciales e inadmisibles para el pensamiento actual», o que, «sus ideas sociales, taxonómicas y progresivas no son hoy fundamento para entender la sociedad»(López, 2007:4), si bien pueden parecen justas en un plano general, resultan carentes de historicismo. Toda ciencia es progresiva y acumulativa. Renegar de los inicios en cualquier espacio del conocimiento no nos hace más avanzados. Por otro lado, cualquier estudio que pretenda explicar el desarrollo histórico de la religión debe hacerlo, necesariamente, a partir de aquellos conceptos elaborados por esos primeros antropólogos. Sin las categorías de magia, animismo y algunas otras, es casi imposible definir los orígenes de tan complejo fenómeno cultural y su evolución.

En el estudio sobre los orígenes de la religión ocupa un rol importante Émile Durkheim (1858-1917), quien —como sociólogo y filósofo— lo analizó como un fenómeno cultural. Su obra más trascendental, *Las formas elementales de la vida religiosa*, publicada en 1912, aduce a una de las primeras interpretaciones de la religión. En esa obra describe y discute el sistema de «clanes» con dependencia totémica en sociedades arcaicas australianas, y afirma que: «Durante mucho tiempo se ha sabido que los primeros sistemas de representaciones que los hombres han elaborado sobre su mundo y sobre el mismo, son de origen religioso. No hay religión que no sea cosmología al mismo tiempo que una especulación sobre lo divino». Más adelante opina que la religión es algo eminentemente social, cuyas representaciones son colectivas y expresan realidades colectivas: «Los ritos son una forma de actuar que no surge sino en el seno de grupos reunidos» (Durkheim, 2005:263-264).

Durkheim consideró que la esencia de la religión no reside en la creencia de un dios, sino en la existencia del «mundo sacro» y el «mundo profano», criterio que le separa de algunos antecesores, los cuales habían centrado sus estudios en el animismo como centro de toda concepción religiosa. Le prestó atención a los ritos y a los símbolos, los que podían ser, según él, de tres tipos: los negativos, representados por prohibiciones; los positivos, representados por comuniones como el matrimonio y los expiatorios, que van dirigidos a expiar o a borrar culpas. La finalidad de estos ritos y símbolos, radica en garantizar los intereses comunitarios y defender la filiación. Y a su vez, todo se fundamenta en el totemismo, principio que genera la religión. No obstante, esta última propuesta ha sido muy discutida y en la actualidad no es aceptada por la antropología.

Sin embargo, debemos decir que fue el primero en afirmar que la religión, más que el pensamiento de lo sobrenatural o la divinidad, era la división del mundo en dos partes: El «Mundo sagrado» y el «Mundo profano». Esta dicotomía no tenía carácter jerárquico, sino de separación, por lo que para conectar ambos mundos se debía recurrir a las prácticas ceremoniales.

Esta idea es esencial en el cuerpo de categorías sobre las que desarrollaré la tesis del presente libro, por lo que más adelante —tras reconocer otros aportes al conocimiento en torno al pensamiento religioso del hombre arcaico, alcanzados por importantes antropólogos a fines del siglo XIX y durante el XX— será retomada, pues corresponde a Mircea Eliade el desarrollo más acabado de la teoría sobre la existencia de un mundo sacro y un mundo profano y la importancia de este principio para el estudio del pensamiento arcaico, en la segunda mitad del siglo XX.

Pero volviendo a los hitos de la antropología del pensamiento religioso, se debe puntualizar el aporte que hizo el escocés James Frazer (1854-1941), a los estudios etnológicos de la religión, al fundamentar que en los mitos y registros etnográficos están los orígenes de la misma sobre bases evolucionistas, aunque dichas ideas no quedan exenta de prejuicios típicos de la antropología de su época. Su obra fundamental, La rama dorada, vio la luz por primera vez, en 1890 (Frazer, 2011).

35

Esta obra, muy cuestionada por considerarse que no aporta todos los argumentos de las tesis que sustenta, ha servido de basamento a muchas investigaciones posteriores. En La rama dorada también se apoya el criterio que el pensamiento humano constaba de tres etapas: la magia, la religión y la ciencia, lo que ha servido a otros antropólogos para profundizar en el estudio del desarrollo del pensamiento cognitivo.

Otro hito interesante, relacionado con la temática que nos ocupa, es Leslie A. White (1900-1975), quien mantuvo en sus estudios muchos principios de los evolucionistas anteriores. En uno de sus trabajos más interesante, El símbolo: el origen y la base del comportamiento humano, del año 1949, afirmó que: «El comportamiento humano se origina en el uso de símbolos. Fue el símbolo el que transformó a nuestros antepasados antropoides en hombres y los hizo humanos. Todas las civilizaciones se han generado, y perpetuado, sólo por el uso del símbolo» (White, 2005:347). Para él, la cultura como sistema está organizada e integrada por tres subsistemas que son:

- *Sistema tecnológico*: Integrado por los instrumentos materiales mecánicos, físicos, químicos junto a las técnicas de su uso.

- *Sistema sociológico*: Integrado por las relaciones interpersonales (parentesco, económicos, éticos, políticos, profesionales, etcétera).

- *Sistema ideológico*: Compuesto por ideas, creencias y conocimientos, expresados mediante un lenguaje articulado u otras formas simbólicas, en ciencia, literatura, etcétera.

Este estudioso consideraba que el sistema tecnológico es el primario o básico en toda cultura y toda la vida humana descansa en él (White, 2005b:350).

El belga Claude Lévi-Strauss (1908-2009), realizó trabajos de campo en amplias regiones de Brasil, como en el Mato Grosso y la Amazonía. Allí analizó las particularidades de los nambikwara, cadune y bororo. Su tesis doctoral, en 1949, fue un aporte al conocimiento de las estructuras elementales del parentesco en sociedades tradicionales (Lévi-Strauss, 1998).

En su *Anthropologie structural*, publicada en el año 1958, expuso los principios teóricos del estructuralismo en antropología apoyado en un rico arsenal etnográfico (Lévi-Strauss, 2006), pero su contribución más importante —referido al tema que nos ocupa— consistió en la defensa del principio de la naturaleza en el *Pensamiento salvaje*, obra publicada en 1962, en francés (Lévi-Strauss, 1964).

Uno de sus antecesores, Lucien Lévy Bruhl, fundamentó la existencia de una radical diferencia entre el pensamiento del hombre moderno y el hombre llamado «primitivo», mas en contraposición Lévi-Strauss argumentó con vívidos ejemplos y rigor teórico que la mentalidad del hombre «salvaje» utilizaba las mismas reglas estructurales del pensamiento científico actual, defendiendo así el origen del pensamiento científico desde el neolítico. Sus tesis y búsqueda de respuestas en culturas no europeas contribuyeron al rechazo del etnocentrismo.

Debate acerca del nacimiento del pensamiento religioso

En la misma línea de pensamiento se encuentra la polémica en torno a la existencia del pensamiento religioso en antecesores del *homo sapiens* —en el sentido que no establece diferencias entre ambos niveles de la conciencia humana—. Los trabajos realizados acerca del surgimiento del lenguaje y de las estructuras del pensamiento cognitivo arrojan mucha luz al respecto.

Para Philip Lieberman,[11] la mentalidad religiosa existe desde hace 100, 000 años, lo que incluye a los antecesores del *homo sapiens* como seres con un

---

[11.] Lingüista de la Universidad de Brown, en Estados Unidos, ha centrado parte de sus estudios en descifrar la naturaleza y la evolución de las bases biológicas del conocimiento y el lenguaje. Después de una

pensamiento religioso. Desde ese estadío histórico se tienen evidencias de entierros intencionales en los que hay presencia de ofrendas y uso de colorante rojo sobre los restos humanos. Pero estos argumentos, tanto por la época como por las técnicas utilizadas en su exhumación, siempre han sufrido los embates del pensamiento racionalista al poner en dudas su veracidad, sus asociaciones e interpretaciones. Sin embargo, son los mismos presupuestos que han contribuido al conocimiento de las costumbres funerarias del *homo sapiens* y, ya bien sea porque existen registro más confiables y las técnicas para la obtención de datos son más desarrolladas, nadie en la actualidad pone en entredicho la existencia del pensamiento religioso de esta especie.

De tal manera que, puede afirmarse que el homo sapiens se clasifica como tal debido a sus capacidades mentales, mediante las cuales pudo aprender y crear, poseer pensamiento abstracto, elaborar símbolos y estructurar el lenguaje como sistema de señales.

Pero en realidad sería un error pensar que el pensamiento religioso surge de la nada en el *homo sapiens*, para que ello se diese debieron existir pasos anteriores capaces de acumular presupuestos, por lo que a mi juicio no deben desecharse todas las observaciones compiladas sobre los paleoantrópidos.

La antropóloga norteamericana, Bárbara King, hace apenas unos años, presentó uno de los más sugestivos enfoques sobre los orígenes de la religión. Ella aporta un elemento importantísimo en esta controversia: los chimpancés comparten con el *homo sapiens* un antepasado común que vivió hace unos cuatro o seis millones de años. Estos primates, que en modo alguno son eslabones anteriores al humano, sino parientes por descender ambos de un antepasado común, si bien no son «religiosos» muestran en su conducta elementos que nos pueden guiar hacia las formas más tempranas de religión y los rasgos necesarios para la evolución de la misma. Ellos actúan con reciprocidad y son capaces de cambiar la conducta basados en los mensajes que reciben. Hacen empatía con nosotros, son imaginativos y pueden crear herramientas. En resumen, puede afirmarse que poseen una inteligencia desarrollada; capacidad para la comunicación simbólica; sentido de las normas sociales, pues siguen las reglas del grupo y desarrollo del «ego» (King, 2007).[12]

---

polémica acerca de la posibilidad de existencia del lenguaje semejante al humano en los neandertalenses, David Frayer (1992), quien se dedica al estudio del conocimiento y el lenguaje de los orígenes, como paleontólogo en la Universidad de Kansas, basó sus estudios en el análisis de numerosos cráneos neandertalenses; investigación que le permitió afirmar que ya estaban dadas en ese período las estructuras anatómicas que permitían la existencia del lenguaje en esa especie. Sobre esta base, Lieberman (1997; 2002a; 2002b y 2006) ha argumentado que la mentalidad religiosa ha existido desde hace 100, 000 años, pues los ritos mortuorios están cargados de espiritualidad, misticismo, magia y animismo, como aspectos que pudieran desarrollarse de forma separada, pero que luego se combinan en la religión.

[12.] En una entrevista que se le realizó, en febrero de 2007, a Barbara King, profesora de Antropología de B.A. Douglas College y autora del libro *Envolving god: A provocative niew on the origins of religion*,

Según ella, los neandertales posiblemente mostraron una conducta religiosa al diferenciar los espacios en los que sepultaban a sus difuntos, con los espacios en que sepultaron los restos de osos (King, 2007:100) y, en las sociedades de cazadores-recolectores lo sagrado se entrelazaba con las actividades diarias, por lo que los animales se conectaban con lo divino. No había diferencia entre el mundo animal, lo humano y lo sobrenatural.

Mucho antes que las valoraciones de King, Eliade había afirmado que los «documentos» más antiguos para el estudio de los orígenes de la religión se localizan a partir del musteriense, es decir, hace 70, 000 o 50, 000 años. Desde esa época puede hablarse con certeza de la existencia de sepulturas que atestiguan la costumbre de los paleoantrópidos de conservar los cráneos y trasladarlos consigo. La prueba más concluyente sobre la creencia en la existencia de una vida en el más allá en esos grupos fue el uso del ocre rojo como «sustituto ritual de la sangre», símbolo de la vida (Eliade, 1999:3 y 30).

Eliade es tajante ante el no reconocimiento de algunas manifestaciones de pensamiento religioso antes del *homo sapiens*. Para él, esta dicotomía entre el pensamiento religioso de los paleoantrópidos y la mentalidad de las civilizaciones de cazadores es, desde el punto de vista metodológico, «peligrosa», pues significa dejar «en blanco una parte enorme de la historia del espíritu humano» y sugerir que este se limitaba a la transmisión de la tecnología (Eliade, 1999:30).

La teoría de la construcción del espacio sagrado, como eje del conocimiento de la religiosidad arcaica

> *...el buen presidente blanco nos quiere comprar nuestras tierras pero nos va a dejar un poco para tener donde vivir (...) vamos a contemplar su propuesta y le dejaremos saber nuestra decisión (...) pero si lo aceptamos será con la condición de que tengamos el privilegio de visitar las tumbas de nuestros antepasados (...) a juicio de mi gente toda esta tierra es sagrada.*

CACIQUE SEATTLE[13]

---

manifestó que se había propuesto explorar las raíces más profundas de la conducta religiosa humana, y a cerca del *homo sapiens* temprano, los contempla unidos en un paraje oscuro de la cueva, bailando y cantando juntos. Así, se adentró en la aflicción de los neandertales que se reunían alrededor de una tumba y lamentaban la muerte de un miembro del grupo, lo que ella denomina como un ritual. *(Blog oficial: Campaign for the American reader).*

[13.] En el mes de enero de 1854, el cacique Seattle, de la tribu suquamish, pronunció un discurso frente a su gente en la que daba respuesta a la solicitud del presidente de los Estados Unidos de la compra de sus tierras. Una versión del mismo fue publicada por Henry A. Smith en el *Seattle Sunday Star*, el

La teoría de la selección del espacio o mundo de lo sagrado, por parte del hombre, en oposición al espacio o mundo de lo profano, lo contaminado —que tuvo como punto de partida las ideas de Émile Durkheim—, encontraron eco en las trascendentales obras del filósofo e historiador de las religiones Mircea Eliade.[14] Esta tesis ha devenido en una teoría cognitiva de la realidad y se ha aplicado a diferentes contextos y épocas. Para él, lo sagrado se manifiesta siempre como una realidad de un orden totalmente diferente a las realidades naturales. De esta manera, la definición de lo sagrado se opone a lo profano y se manifiesta como una hierofanía (algo sagrado se nos muestra), pues «… no se trata de la veneración de una piedra o de un árbol por sí mismos. La piedra sagrada, el árbol sagrado no son adorados en cuanto a tales: lo son precisamente por el hecho de ser hierofanías, por el hecho de demostrar algo, que no es la piedra ni el árbol, sino lo sagrado» (Eliade, 1981:9).

En numerosos momentos de sus obras afirma que el culto a las piedras, por ejemplo, no está dirigido a la piedra como sustancia material, sino al espíritu que la habita, al símbolo que la sacraliza.

De esta manera, en sus estudios, la teoría de la selección o creación de los espacios sagrados descansa, fundamentalmente, en el profundo conocimiento de los símbolos míticos y religiosos a escala universal. Nadie como él ha explorado a escala mundial el origen de los mitos y los símbolos que sustentan el pensamiento religioso. Fue él quien defendió la importancia del simbolismo para el conocimiento del mundo arcaico, pues los mismos desempeñan en las sociedades tradicionales un rol fundamental. En su libro *Imágenes y símbolos* estudió las estructuras y funciones de los símbolos y la morfología de la imagen primordial (Eliade, 1979). Mientras en su *Historia de las creencias y las ideas religiosas* planteó que las creencias y costumbre de los cazadores paleolíticos sobreviven todavía en Europa Septentrional. También afirma que, en muchos casos es posible reconocer las concepciones y mitos religiosos arcaicos, aun bajo el disfraz lamaísta, musulmán o cristianismo (Eliade, 1983, vol. VIII, p. 21), pues los rasgos principales que denotan esta herencia se manifiesta en:

39

29 de octubre de 1887. Sobre esa base el profesor y guionista Ted Perry elaboró una supuesta carta de respuesta del cacique con fines ecologistas. Esto ha creado dudas acerca de la fidelidad del discurso. Agradecemos a la arqueóloga Susan Kepecs, profesora adjunta del departamento de Antropología de la Universidad de Wisconsin, por sus gestiones para la localización del discurso original y su traducción.
[14.] Mircea Eliade (1907-1986) ha sido el más fecundo y conocido historiador de las religiones a escala mundial en las últimas décadas. Rumano de nacimiento, realizó estudios en su país, Italia y la India. Fue profesor de la Escuela Práctica de Altos Estudios de París y catedrático de Historia de las Religiones en la Universidad de Chicago. Se le considera el fundador de la historia moderna de la religión. Entre sus numerosas obras, se encuentran: *Historia de las creencias y las ideas religiosas*, en cuatro volúmenes y, el *Tratado de historia de las religiones*. Ambas obras han sido editadas en numerosas lenguas y constituyen fuentes imprescindibles para los estudiosos de la religión.

- Creencia en dioses celestes
- Tipo de cosmogonía
- Solidaridad mística con los animales
- Chamanismo

Según el estudioso, los símbolos se crean por una necesidad vital del hombre. Para el hombre arcaico el mundo es un microcosmos en cuyos límites yacen lo desconocido, el peligro, fuerzas hostiles y destructoras. En ese microcosmos de lo conocido y habitado existe un centro, el lugar sagrado que se manifiesta en forma de hierofanía (Eliade, 1979:37).

Entre los tres espacios en los que el hombre arcaico tiene representación —tierra, cielo e inframundo— el centro sirve de punto de intercepción. El centro puede ser una montaña, un árbol u otro elemento vinculado a la madre tierra. Por eso en muchos mitos arcaicos los hombres son creados a partir de la tierra o salen de ella.

La elección de un lugar como centro en su microcosmos es porque en él se manifiesta lo sagrado. Para el hombre arcaico —que Elide define ya como hombre religioso— el espacio sagrado es, en su concepto, lo real, el centro de todo, que puede manifestarse al hombre a través de una hierofanía.

En su *Historia de las creencias y las ideas religiosas* (Eliade, vol. I., 1999:17), afirma que en los niveles más arcaicos de la cultura, el vivir es ya de por sí un acto religioso; tomar el alimento, ejercer la sexualidad y trabajar son actos que poseen un valor sacramental, pues lo sagrado es un elemento de la estructura de la conciencia, no un estadío de la historia de esa conciencia.

Al estudiar Eliade la religiosidad de las sociedades nómadas de cazadores y recolectores consideró que para el hombre actual aquellas ideas podrían parecer excéntricas y difíciles de comprender, pero cuando nos colocamos en las perspectivas de aquel hombre arcaico, es posible entenderlo, pues para él «el mundo existe porque ha sido creado por los dioses» (Eliade, 2001:94) y los dioses se muestran a través de la vida cósmica.

Gracias a los ciclos estacionales y al de los astros, como el sol y la luna, el hombre arcaico, vinculado poderosamente por razones de supervivencia a esas fases, desarrolla un pensamiento alegórico relacionado con el nacimiento, la muerte y la resurrección, al mismo tiempo que maduran en él ideas de dualismo, posibilidades, oposiciones, conflicto y reconciliación. Así, la idea de que la muerte no es algo definitivo, sino que se comporta como un nuevo nacimiento, es natural a su condición.

Tanto en las sociedades primitivas integradas por cazadores nómadas, como en las primeras sociedades agricultoras sedentarias, el hombre vive «en un cosmos sacralizado». Esto facilita al hombre arcaico el establecimiento

40

de una homología entre su cuerpo, la casa o lugar que habita y, el cosmos (Eliade, 1981:11 y 98). Pero allí, en el recinto o espacio sagrado se hace posible la comunicación con los espíritus y los dioses, ya que ese espacio de veneración permite la comunicación con el otro mundo

De esta manera el hombre de las sociedades arcaicas tiende, según él, a vivir lo más posible en lo sagrado o en la intimidad de sus objetos sagrados. Lo sagrado equivale a la potencia o realidad por excelencia, a la perennidad y eficacia. Por esta misma razón afirma que: «El hombre de las sociedades tradicionales es, por supuesto, un homo religioso» (1981:11), y basado en los estudios de Van der Leeuw,[15] considera que todos los actos importantes de la vida corriente han sido revelados *ab origene* por los dioses o héroes (Eliade, 2001:22).

Como muchos otros historiadores y estudiosos en torno a los comienzos de la religión, Eliade opina que los documentos más antiguos y más numerosos para el estudio de esos orígenes son, precisamente, las evidencias arqueológicas, en particular aquellas relacionadas con el tratamiento a los difuntos.[16]

Esta costumbre de espolvorear con ocre rojo los cadáveres está universalmente difundida, y confirman la creencia en una vida que continúa tras la muerte — asevera en su estudio el investigador—, pues de otra manera resultaría incomprensible la solicitud y el trabajo de enterrar a sus muertos bajo este presupuesto.

Como las interpretaciones de las evidencias arqueológicas (consideradas evidencias opacas) se han prestado siempre a discusión, Eliade defiende el hecho de que la opacidad semántica de los documentos prehistóricos, o sea, las evidencia materiales, no son una singularidad de este tipo de documento, incluso, las fuentes contemporáneas resultan especialmente opacas mientras no logren descifrarlos e integrarlos a un sistema de significados (Eliade, 1999:28).

Importancia del registro etnográfico para el estudio de las expresiones de religiosidad en los aborígenes arcaicos de Cuba

Lo primero a puntualizar, para tener una correcta aprehensión del pensamiento religioso de los arcaicos de Cuba, es que la vía principal para arribar a dicho conocimiento es mediante la arqueología, ya que se trata de culturas desaparecidas y sobre las cuales en las Antillas apenas existen registros escritos que permitan caracterizarlos socialmente.

[15.] G. Van der Leeuw, autor de *Fenomenología de la religión*, define el espacio sagrado como un lugar que se transforma en sitio, o sitio de culto. Para él, no es sagrado porque se convierta en tal, sino al contrario, se escoge como santuario, porque es sagrado. No se erige, sino se encuentra (Van der Leeuw, 1964:379).

[16.] La teoría de M. Eliade acerca de la creación de los espacios sagrados en sociedades arcaicas se aplicó, por vez primera en la arqueología de Cuba, en el trabajo titulado: *La selección del espacio fúnebre aborigen y el culto solar* (La Rosa, 2002).

Como ya vimos —según Eliade—, las evidencias arqueológicas son en realidad muy opacas y para hacerlas traslúcidas es necesaria la revisión del rico arsenal aportado por los conquistadores, misioneros, etnólogos y antropólogos. Existen muchas anotaciones y descripciones referentes a las costumbres y niveles de desarrollo de numerosas culturas aborígenes tradicionales en el continente americano. Particularmente, de las regiones del centro y norte de Suramérica, desde el siglo XVI hasta avanzado el siglo XIX. Incluso hoy, aunque en menor medida y confiabilidad, se pueden encontrar descripciones antropológicas acerca de grupos humanos que han conservado sus tradiciones, algunos ya muy alterados y mezclados, otros que asombran por su rusticidad y originalidad.[17]

Los documentos que desde los primeros años de la conquista describieron las culturas establecidas en el continente, aunque a veces de forma muy subjetiva y prejuiciada, permiten, si se hace uso de la crítica historiográfica, interpretar las evidencias.

En 1947, Alfred Metraux[18] realizó un contundente balance sobre las costumbres funerarias de muchas de estas etnias, basado en la documentación generada durante la época de la conquista y fuentes etnográficas contemporáneas; potenciales informaciones con que cuenta la arqueología, y a las cuales asirse, en el momento de las interpretaciones.

42

[17.] Para solo citar dos ejemplos de bandas que habían permanecido aisladas, se tiene a los **xavánte** del Mato Grosso, Brasil, quienes se autotitulan «A'uwe Uptabi» (pueblo verdadero), y fueron contactados en 1946, cuando aún eran nómadas, condición que hoy día ha variado totalmente, y los **ayoreo-totobiegosode**, una sociedad nómada no amazónica de la región del Chaco, en Paraguay, que está siendo amenazada por una empresa ganadera procedente de Brasil. Estos últimos no habían sido contactados con anterioridad y se desconoces sus características. La ONG Survival International, insta a que se respete su territorio, noticia difundida el lunes 30 de abril de 2009, en el *blog*: *Indígenas ecologiablog*. La FUNAI, Fundación Nacional Indígena de Brasil, tras años de investigación, afirma que como mínimo existen 50 tribus en el Amazonas que no han tenido contacto con el hombre blanco. Algunas de ellas tienen una estructura simple de bandas seminómadas. Disponible en: FUNAI WAKAN, tribus amazónicas. También el texto: *Lenguas y tradiciones orales de la Amazonía. ¿Diversidad en peligro?*, es un sólido ejemplo de la existencia de culturas autóctonas en la región, vistas por numerosos especialistas y académicos (Vacherón y Betancourt, 2006)
Muchos otros grupos, como los **Yagua**, aún cazadores-pescadores (Brasil, Perú y Colombia); los **lengua**, nómadas estacionarios en el Chaco, Paraguay; los **macorí**, cazadores nómadas fabricantes de cerámica; los **kogi**, quienes después de reducidos han regresado a sus territorios, los cuales consideran sagrados y se niegan a tener contacto con el hombre blanco, se localizan en la Sierra Nevada, Colombia; los **cayapó** del Mato Grosso, viven de la caza, pesca y recolección y los **huaorani** de Ecuador, cazadores recolectores, se agrupan en grandes familias dentro de una misma vivienda. Estos son algunos ejemplos de sociedades indígenas que habitan, prácticamente, como lo hicieron «nuestros» arcaicos, y aunque muchos de estos grupos practican hoy una agricultura incipiente, constituyen fuentes a las que hay que recurrir. Disponible en Internet: *Tribus nativas del Caribe y amazonas-taringa*.
[18.] Alfred Metraux (1902-1963), realizó amplios trabajos de campo con aborígenes y pueblos de diferentes culturas en Argentina, Bolivia, Brasil y Haití. Fue un importante colaborador del monumental *Handbook of South American Indians* y elaboró una de las primeras compilaciones de etnografía comparada acerca de las costumbre funerarias de los aborígenes de América del Sur: «Mourning rites and burial form of the South American Indians» (1947).

El austriaco Gerardo Reichel-Dolmatoff (1912-1994), trabajó desde 1930 en Colombia, donde desarrolló importantes trabajos antropológicos relacionados con los aborígenes sobrevivientes a la conquista y las culturas arqueológicas de la región. Tras los resultados de sus investigaciones consideró que, a pesar del proceso desastroso de la conquista, las sociedades nativas habían mantenido sus costumbres y pensamientos tradicionales. Por ello, aplicó información etnográfica en la interpretación de las evidencias arqueológicas, cuyo colofón se alcanzó con su obra *Orfebrería y chamanismo*, publicada en 1988, por el Museo del Oro de Colombia.

En esta obra define ese método como «etnoarqueológico», aunque pretende no establecer analogías en los terrenos de los sistemas vivenciales y organización social, pero sí es partidario de la continuidad del pensamiento arcaico en el mundo de las ideas (Langebaek, 2005).

La importancia del uso primario de los paralelismos etnográficos en la historia y en la arqueología está suficientemente apuntalada por grandes obras de carácter universal.[19] Además, los estudios actuales con las más variadas tendencias filosóficas admiten, en cierta medida, la validez de los datos etnográficos.

En América Latina se han realizado también reconstrucciones etnohistóricas sobre bases arqueológicas que demuestran la ganancia recíproca de ambos enfoques. Ana Paula de Laures Olivera aplicó estos principios en sus pesquisas arqueológicas en la zona de Mata Mineira, en Minas Gerais, Brasil. Su contacto directo con los descendientes aborígenes le permitió comprobar que las creencias evidenciadas en la cultura material arqueológica no habían sido soterradas a pesar del actual mestizaje de esta población y, a su vez, la arqueología patentizó que dicha fusión era una vía para la preservación de su patrimonio cultural (Olivera, 2003:267).

Si partimos de estas bases, no existe duda alguna en cuanto a la existencia de pensamiento y acciones de tipo religiosos en el hombre arcaico de Cuba, pero los símbolos de esas manifestaciones de tipo animista o mágico y los rituales que le acompañaron, tal como se hace a escala universal, hay que buscarlos en los restos de la cultura material de estos grupos humanos y su interpretación tiene que apoyarse, necesariamente, en los registros etnográficos.

De todos es conocido como los aborígenes australianos, que han mantenido su estructura social y niveles de subsistencia durante siglos, han servido a muchos antropólogos para el estudio de las tradiciones, la cultura y las ideas religiosas de las sociedades en las que el régimen comunal gentilicio ha permanecido casi inalterable.

[19.] En cuanto a su valor para la reconstrucción de las costumbres funerarias, basta con la revisión del libro *The Archaeology of Death and Burial,* de Mike Parker Pearson (2001).

Se sabe, por numerosos estudios de estas sociedades que en los aborígenes tiene mucha fuerza el totemismo[20] o parentesco que los vincula a algún animal u objeto de valor. Se ha comprobado, además, que poseen lugares sagrados como: una montaña, cañada o cueva, localizadas en zonas alejadas de los sitios de habitación. Allí concurren y celebran diferentes ritos y guardan sus famosas churingas.[21] Algunos pudieran objetar que la cultura aborigen australiana está demasiado distante de las que ocuparon el Caribe antiguo. Pero la sociedad humana ha descrito diferentes niveles de desarrollo y, los paralelismos entre momentos similares de desarrollo pueden ayudar a comprender lo que sucedía.

Pero más cerca tenemos el caso de las culturas del continente del cual arribaron nuestros primeros pobladores, las cuales aún hoy mantiene algunas de las estructuras sociales y costumbres tradicionales.

El destacado antropólogo venezolano Miguel Acosta Saignes se dedicó durante años al análisis de los aborígenes que poblaron los llanos venezolanos. Basado en las observaciones de los primeros misioneros que visitaron y habitaron la región, más el conocimiento actual de muchas de estas culturas, afirma que todavía hay indígenas en los que pervive su cultura prehispánica.

Según plantea, estos nativos no tienen caciques, solo algunos «capitanes» que por ser valerosos los dirigen. No tienen pueblo alguno, sino rancherías en las que viven pequeños grupos y se mudan con regularidad. No saben cosa alguna de agricultura, viven de la caza y la pesca, y algunas raíces y frutos. Estos grupos siempre han sido numerosos, lo que ilustra con la descripción que Ildefonso de Zaragoza hiciera en 1650, en carta dirigida al Rey, en la que aseguraba que estos grupos viven en «rancherías portátiles por las riveras de los ríos y montes, permaneciendo en ellos el tiempo que dura la caza y la pesca» (Acosta Saignes, 1983:250).

En estas condiciones viven los gaumenteye, los guamo, guahibo, chiricota, achagua, guaiquerie, tamanaco y aruacayma. Muchos de estos grupos dependían en gran medida de la palma moriche; planta a la que otorgaban mucho valor, tanto, que los vara-murucú se consideraban hijos de ella.

Mara Casillo-Star, en su importante ensayo *Sout America: Sabana and tropical foreste* (2004: 414-416), afirma que muchas de las culturas del continente mantienen intactas sus tradiciones. En ellas desempeñan un papel importante los chamanes o sanadores, quienes usan el tabaco y alucinógenos

---

[20.] El término fue tomado de la cultura ojibwa de América del Norte y se generalizó para identificar la creencia de un ancestro animal u objeto de las sociedades tradicionales. La relación tiene carácter metafísico y se establece mediante asociaciones simbólicas. Se han identificado ejemplos en América y Oceanía, como una de las creencias primarias del hombre arcaico, pero en modo alguno se le considera religión. Esto fue sólidamente argumentado por Lévi-Strauss en diferentes trabajos (ver: Suret-Canale, 1975).

[21.] Pequeñas piedras con dibujos que simbolizan el tótem del grupo.

para conectarse con el más allá en sus ceremonias. Sus mitos, que se trasmiten oralmente, tienen como personajes heroicos al sol, la luna y animales entre los que destacan las aves y el jaguar. Creen en los espíritus provenientes del sol, la luna, el trueno, la lluvia y otros fenómenos naturales. Algunos practican la prohibición (tabú) de no consumir carne de ciervos, jaguares y algunos otros animales, porque consideran que el espíritu de los fallecidos puede vagar por el bosque y ocupar el cuerpo de estos animales, como en los Nukak.

Por estas razones, destacados arqueólogos del continente fundamentan sus interpretaciones de las culturas arqueológicas contrastando y estableciendo paralelismos con las culturas sobrevivientes en la región.

Alberta Zucchi, la conocida arqueóloga venezolana, autora de numerosas investigaciones sobre las culturas aborígenes del norte del continente suramericano, considera necesario el uso de las fuentes etnográficas, debido a que en las fuentes arqueológicas, aun siendo abundantes en cuanto a la diversidad de las prácticas funerarias, puede inferirse muy poco —de forma directa— de las concepciones «mítico-religiosas» que sustentan los ritos del pasado. De esta manera, cuando ella hace el recuento de las costumbres funerarias en un largo período histórico en Venezuela, ejemplifica con sus estudios las culturas wayuu, sanema y warao (Zucchi, 2000, p. 12). Puede afirmarse entonces que, para una buena parte de los arqueólogos en sus tareas de reconstrucción histórica los datos etnográficos se usan, pero siempre con un carácter complementario.[22]

En el caso de la mayor de las Antillas, esos paralelismos deben hacerse con mucho tacto y discernimiento, pues algunos de los registros con los que actualmente cuentan los estudiosos del país, relacionados a la cultura arcaica, están saturados de no pocas contradicciones y lagunas que hacen difícil el establecimiento de patrones estables.

Para emprender este camino, repasemos primero la forma en que la arqueología de cubana ha indagado, registrado y evaluado los testimonios arqueológicos del pensamiento religioso arcaico.

[22.] Desde los años sesenta del pasado siglo ha existido una estrecha relación entre los estudios de antropología cultural y la arqueología, no exenta de debates a la hora de la explicación de las bases económicas y la cultura de las sociedades de cazadores-recolectores. El derrotero de estos encuentros puede seguirse en: (Bailey, 1983; Kabo *et al*, 1985; Cashdan, 1991; Lee, R. and R. Daly (1999); Ripoll López, 2002; Kelly, 2013; Hawkes, K., *et. al*, 2018; Hitchcock, 2019 y Lavi and Friesen, ed., (2019).

2

Abriendo la caja negra

La arqueología de Cuba en la búsqueda del pensamiento religioso arcaico

Toda la historia es necesariamente una reconstrucción y el grado de probabilidad de una reconstrucción particular depende de las pruebas disponibles.

Evans Pritchard

El establecimiento de conceptos y categorías mediante los cuales se puedan aprehender las realidades del pensamiento arcaico en Cuba pasa, necesariamente, por la revisión cuidadosa de la forma y los presupuestos con los que la arqueología cubana ha estudiado los espacios funerarios de estos grupos.

Como ya se dicho, las investigaciones arqueológicas en torno a los **espacios fúnebres en cuevas** de los arcaicos realizados en el país, durante la segunda mitad del siglo xx y principios del xxi, se han centrado en el registro de la variabilidad de las evidencias, con una descripción pormenorizada de las posiciones de los entierros, profundidades de los restos y objetos acompañantes. Es decir, se trata de las notas de las excavaciones, donde se hace alguna que otra referencia a cuestiones generales, como puede ser el pensamiento religioso. Lo que cada uno de estos trabajos aporta en cuanto a la proyección global es necesario verlo de forma particular, pues no siempre existió el seguimiento a los aspectos tratados con anterioridad.

A excepción de las síntesis contenidas en los libros *La prehistoria de Cuba* y *Religión en las Antillas*, donde se exponen criterios acerca de las implicaciones de los diferentes indicativos arqueológicos identificados en las cuevas funerarias, los restantes reportes de excavaciones en los sitios funerarios registraron el tipo y cualidad de las evidencias exhumadas, pero en pocas ocasiones se aventuraron a dar criterios sobre las ideas religiosas que las explicaban. Sin embargo, de manera implícita se reconocía la relación entre el pensamiento religioso y las evidencias exhumadas, lo cual ocasionó, en un principio, que se deslizaran juicios en torno a los ritos funerarios vinculados al concepto de sacrificios humanos. Independiente a este tipo de criterio, lo que sí podemos afirmar es que no hubo uniformidad en los registros ni se siguieron patrones de búsqueda y comprobación de cada uno de los antecedentes que ya existían en el momento en el que se daba inicio a nuevas excavaciones; hecho que obliga a retomar aquellos registros y comprobar la manera en que abordaron la presencia de evidencias relacionadas con el pensamiento religioso de los arcaicos de la isla.

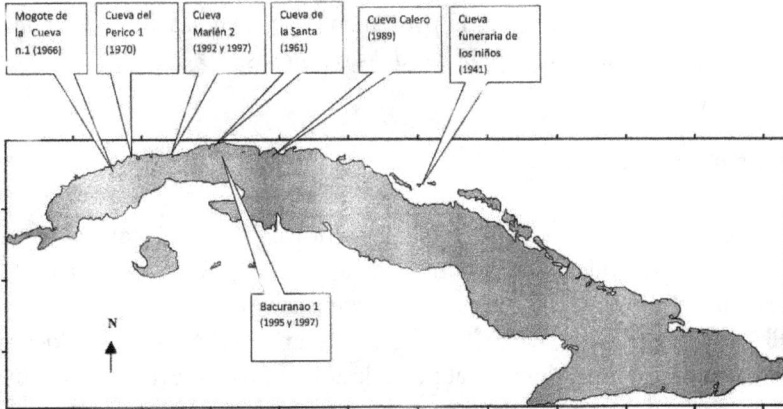

Fig. 1. Localización geográfica de los cementerios en cuevas de los arcaicos de Cuba cuyas excavaciones (con más de 10 individuos exhumados) aportaron las variables para el estudio de los ritos funerarios de estos grupos

En esta relatoría[23] no se tomaron en cuenta los sitios funerarios que registraron cifras muy reducidas de restos humanos, con el fin de no atomizar la discusión, entre otras razones de más peso. Tampoco fueron contemplados los localizados en áreas despejadas.[24] Solo se tomaron en consideración aquellas cuevas que contaban con registros detallados del proceso y propuestas de variables. Incluso, aunque el sitio Mogote de la Cueva N.º 1 (Tabío, 1970),

---

[23]. En sentido general, se decidió no tomar en consideración aquellas solapas o cuevas de grupos arcaicos en las que las cifras de restos se comportaron por debajo de diez individuos, ya que se trata de numerosos ejemplos a lo largo del territorio insular y las fuentes que contienen los datos acerca de esas evidencias, en muchas ocasiones, se han perdido, deteriorado, o no ofrecen el mínimo de elementos necesarios para su discusión. Además, dados los presupuestos teóricos de este trabajo, que parten del reconocimiento de la selección de un espacio sagrado para enterrar a individuos durante generaciones, se excluyen aquellos sitios de habitación en cuevas con entierros poco numerosos, lo cual evidencia una utilización ocasional como lugar de entierro.
[24]. Ver Anexo 2.

fue considerado cementerio no fue estudiado, por cuanto, los resultados de las excavaciones no han sido publicado, hecho que impide su análisis y comparación. Sin embargo, como algunas referencias registraron determinadas variables de los ritos funerarios de esa cueva, consideramos necesaria su inclusión en el anexo 2 y la figura 1 en calidad de antecedentes (Fig. 1).

En este sitio, además de registrar abundantes restos humanos muy fragmentados, algunos quemados y otros coloreados de rojo, se valoró la posibilidad de estar en presencia de entierros secundarios, pero no se hicieron consideraciones de carácter interpretativo en relación a los significados de dichas de evidencias. Los fechados radiocarbónicos del sitio Mogote de la Cueva n°. 1 arrojaron un uso del lugar entre 1 620 ± 150 y 650 ± 200 a.p. (Pino, 1995).[25] Por esto, revisaremos aquellas excavaciones en las que las relatorías permiten identificar la presencia de evidencias sobre las cuales pudiera sustentarse la existencia de ideas religiosas.

Cueva de los niños

Esta pequeña cueva se encuentra en la falda norte del cerro localizado al sur de Cayo Salinas, en la bahía de Buenavista, en la antigua provincia de Las Villas, hoy Sancti Spíritus, ubicado al norte y centro de Cuba.

El 7 de abril de 1941, aficionados del grupo Guamá, dirigidos por los doctores René Herrera Fritot y O. Morales Patiño, realizaron excavaciones no estratigráficas en todo el piso de la cueva, que tiene una extensión de 5 x 3.35 m.

La revisión del diario de estas excavaciones permite inferir que varios pozos fueron abiertos simultáneamente, de donde se extraían de forma inmediata las evidencias colectadas. Ellos comprobaron, de manera expedita, cierta asociación entre los cráneos y unas bolas líticas. El grupo se entusiasmó tanto, que en el diario se reseña como al encontrar un cráneo se buscaba, rápidamente, la bola que le correspondía y viceversa (Morales Patiño y Herrera Fritot, 1941). Sobre esta expectación, Álvarez Conde (1961:161), refiere que uno de los participantes «anunciaba con antelación el tamaño aproximado de la bola que iba a extraer, juzgando por los restos del cráneo y otros huesos que encontraba previamente».

Herrera elaboró un plano de las excavaciones en el que se registraron 13 individuos exhumados con sus correspondientes objetos acompañantes. Este plano fue elaborado al día siguiente de concluir una jornada de excavaciones.

Tras las extracciones de los retos se afirmó que eran niños comprendidos en un rango de edad entre uno y diez años. Todos los esqueletos estaban

---

[25.] Los fechados radiocarbónicos calibrados del sitio Mogote de la cueva arrojaron un uso del lugar a.p, entre 1 874 rango inferior-1 278 rango superior y 957 rango inferior–299 rango superior (Cooper. 2007).

acompañados de bolas líticas colocadas muy cerca de los cráneos, las cuales —según los arqueólogos— conforme a su tamaño guardaban relación con la edad de los infantes. Según el diario, los entierros formaban un círculo y el niño de más edad, colocado al centro, tenía más ofrendas (dos dagas líticas, además de su correspondiente bola). También se hicieron algunas consideraciones frente a la posibilidad de estar en presencia de un entierro simultáneo asociado a algún tipo de sacrificio, pues las evidencias mostraban cierta jerarquía social (Fig. 2).

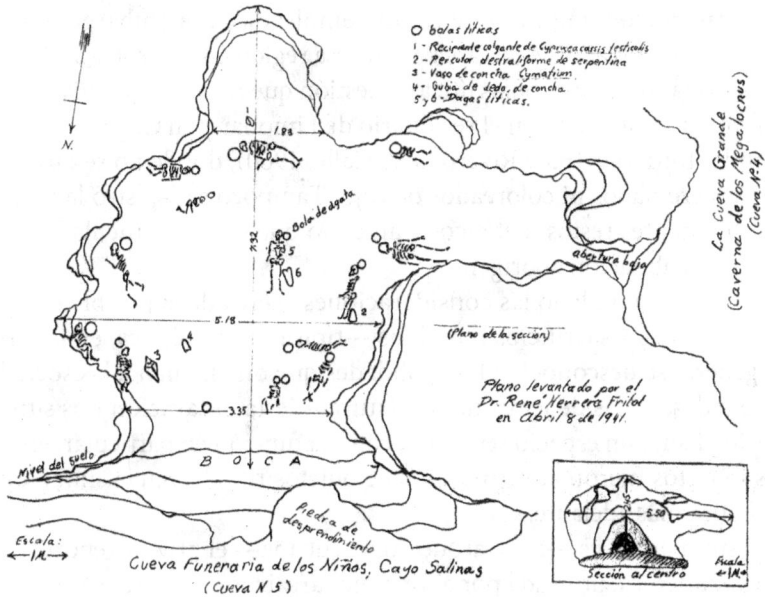

Fig. 2. Plano original de la Cueva Funeraria de los Niños, elaborado por R. Herrera Fritot
Foto: Cortesía de M. Rivero de la Calle

En una revisión, llevada a cabo por Álvarez Conde, sobre los trabajos arqueológicos desarrollados en ese territorio, se afirma: «Se ha expuesto la posibilidad de que el hecho se produjo con motivo de la muerte de un 'niño jefe', sacrificándose en su honor doce muchachos; o que fuera el jefe de la tribu que sacrificara a su propio hijo y otros de la comunidad para pedir protección a los dioses frente a alguna calamidad» (Álvarez Conde, 1961:146).

Cuando en 1970, Ernesto Tabío realizó el recuento de las actividades arqueológicas efectuadas en el país hasta esa fecha, registró catorce entierros, y no trece como se había expresado (Tabío, 1970:52).

Rivero de la Calle, en los momentos en que estudiábamos los restos humanos exhumados de la cueva funeraria Marién 2, me comentó que eran diecisiete restos humanos los hallados en la Cueva de los niños, y no trece. El mayor de los infantes debió tener cinco años de edad, según la revisión de los restos del sitio hecha por él. Además, era del criterio que en la colección de huesos recolectados había fragmentos muy pequeños que correspondían a un adulto (Rivero de la Calle, com. pers., 1994).

Estas observaciones demuestran que en el informe rendido sobre las excavaciones en la cueva Funeraria de los niños existen algunas imprecisiones típicas de la época, pues la arqueología de entonces no podía hacer otra cosa. No se trata de limitaciones de los individuos, sino de las herramientas teóricas, metodológicas y de campo empleadas. Sin embargo, una cosa quedó clara, los aborígenes arcaicos de esa región enterraron a sus difuntos acompañándolos con bolas líticas, cuestión que resultó reiterativa en algunos otros sitios, como en el residuario de Limonar y en Caguanes (Álvarez Conde, 1961:159-163 y Rivero de la Calle, 1960), donde no se observaron huesos cremados ni coloreados de rojo. Tampoco se registró la presencia de abundantes restos dietéticos y ajuar, lo que hubiese vinculado el lugar con una habitación aborigen.

Dejando a un lado las consideraciones acerca de la posible existencia de jerarquías y sacrificios humanos —típicas de esa época, en la que por lo general se desconocían las cualidades que distinguían a las sociedades de bandas, de las de jerarquía y jefatura—, esta excavación nos sitúa con claridad ante un espacio sepulcral, con esa función en particular, en la que los muertos fueron acompañados de objetos rituales, cuya simbología se discutirá más adelante.

Este ejemplo es —en la arqueología cubana— el primer reporte de una cueva funeraria utilizada por aborígenes arcaicos en el que se pueden medir, con mayor grado de certeza, los indicativos arqueológicos asociados a la existencia de ideas religiosas. Por lo tanto, es posible afirmar que el recinto fue empleado exclusivamente con fines rituales. Que en el mismo, estos grupos enterraron a sus difuntos acompañándolos con objetos muy conspicuos, por lo que el sitio tiene una simbología particular dentro de las costumbres funerarias correspondiente a este estadío de desarrollo.

Cueva de la Santa

Entre los años 1961 y 1965, los doctores Pastor Torres y Manuel Rivero de la Calle llevaron a cabo excavaciones arqueológicas en la Cueva de la Santa, al este de La Habana. El diario y las informaciones de las excavaciones vieron la luz en un folleto titulado «Cueva de la Santa» (Torres y Rivero de la Calle, 1970) (Fig. 3).

Fig. 3. Entierro A1, considerado el principal en Cueva de la Santa
Foto: Cortesía de M. Rivera de la Calle

Según los datos y criterios registrados en dicho documento, los autores tomaron en consideración los siguientes indicativos arqueológicos asociados a las prácticas funerarias y a posibles creencias religiosas: Un lugar exclusivamente para enterrar; selección del lugar bañado por la luz solar para practicas las inhumaciones; presencia de un complejo rito mágico-funerario y existencia de sacrificios humanos.

En el sitio no se encontraron evidencias de entierros secundarios ni el uso del colorante rojo en las sepulturas, así como tampoco regularidades en las orientaciones de los entierros. Pero fue la segunda ocasión en que en la arqueología cubana se subrayaba la existencia de un «cementerio aborigen» arcaico, en un lugar que no había servido de habitación. Esta información pasaba a la categoría de un presupuesto que el resto de los arqueólogos estaban obligados a comprobar. Se suponía que desde ese momento las técnicas de excavación se perfeccionaran de tal forma, que afirmaran o negaran dicha cualidad en las futuras excavaciones en recintos similares. Mas esto no fue así, entre otras razones, porque buena parte de los recintos funerarios en cuevas han sido excavados con cierto carácter de rescate, pues sus hallazgos obedecen, en sentido general, a «descubrimientos» por parte de campesinos, buscadores de tesoros o aficionados. Cuando las instituciones científicas toman carta en el asunto, ya una parte del sitio fue violentado y la tarea emergente, no planificada, cuenta con la participación de personas no siempre entrenadas para un trabajo tan complicado y meticuloso, lo cual compromete en ocasiones la comprobación de los presupuestos a los que arribaron con anterioridad.

El trabajo en Cueva de la Santa estableció además un presupuesto de mucho interés: la relación entre el lugar de los entierros y la luz solar directa; presupuesto que sería objeto de observaciones e investigaciones en décadas posteriores y constituiría uno de los principales indicativos a defender por algunos arqueólogos.

Las consideraciones en torno a la existencia de un complejo rito-mágico-funerario y la posibilidad de sacrificios humanos variaron por parte de los propios autores en intercambios con otros colegas y en la medida que se avanzó en el conocimiento de las sociedades arcaicas.[26]

Costumbres funerarias y religión según Tabío y Rey

En el año 1966 vio la luz la primera edición del libro *Prehistoria de Cuba*, de Ernesto Tabío y Estrella Rey (1979). Esta obra, bajo un esquema demasiado ortodoxo dentro de presupuestos marxistas, examinó con lujo de detalles las evidencias que caracterizaban las diferentes culturas arqueológicas del territorio.

El trabajo abordó de forma independiente las costumbres funerarias y la religión de los grupos llamados «ciboney aspecto Guayabo Blanco», considerado por aquel entonces la primera etapa del arcaico y, los «ciboney aspecto Cayo Redondo», que se correspondía con la segunda fase de ese estadío. Pero en aquellos años no existían suficientes y eficientes reportes de sitios y fechados que permitieran discriminar de forma precisa, ambos complejos. También se tenía poca información de los sitios «protoagrícolas», sociedades con tradiciones arcaicas que se hallaban en la fase final del estadío, pues comenzaban a incursionar en el cultivo de algunas plantas y a fabricar útiles de cerámica, aunque sin la presencia del burén. Solo a partir

---

[26.] Por los años cuarenta y cincuenta del pasado siglo, en la arqueología de la región predominaba un enfoque romántico con mucha influencia de las descripciones de los conquistadores y pocos conocimientos de las sociedades que se investigaban. No fue un fenómeno particular de Cuba. Recientes investigaciones han probado que conceptos como «enterrados vivos», «decapitados», «mutilados», «asesinados» fueron interpretaciones de Samuel K. Lothrop sobre los restos aborígenes del cementerio de playa Venado, en Panamá, en 1951. Dichos conceptos han sido rechazados por actuales investigaciones realizadas sobre los mismos restos (Smith-Guzman y Cooke, 2018).

del sitio que sirvió para identificar esta variante cultural, se reconoció la existencia de una nueva cultura: «*mayarí*».

En el capítulo 3 se abordarán las razones teóricas y artefactuales que permiten hoy considerar dentro de los arcaicos tres variantes, pero sin que existan, hasta el presente, diferencias cronológicas de importancia. Estas variantes pueden considerarse como tres fases que representan distintas tradiciones y adaptaciones, siendo la última de ellas la que se corresponde con los asentamientos en los que se encontraron evidencias del inicio de la domesticación de plantas y de una incipiente industria ceramista.

Volviendo a las propuestas de Tabío y Rey, en cuanto al pensamiento religioso de los arcaicos en su primera fase, afirman que: «el conjunto de las actividades mágicas y animistas debió constituir el basamento de la religión primitiva» (*Ídem*: 47). Ese tipo de religión «primitiva» o «natural» debió estar estrechamente vinculada a los procesos naturales y a las acciones de los hombres.

Basados en los estudios de algunas cuevas y montículos funerarios, consideraron que el principio de sepultar a los muertos llevaba implícita la preocupación del grupo por garantizar al difunto una continuidad de la existencia, y que los entierros secundarios y el uso del colorante rojo denotaban el culto a los muertos.

Valoraron, como una cualidad importante de los entierros en estas 53 comunidades, el hecho que los cuerpos eran sepultados con los cráneos orientados hacia el este, y citan el ejemplo del montículo funerario Guayabo Banco, en la Ciénaga de Zapata, en el que los siete entierros se encontraban «perfectamente orientados», pero no hicieron ninguna consideración acerca de las causales de dicha costumbre (*Ídem:* 49). Mas al final de esas páginas aclaran: «sobre la base de tan pocas evidencias, es festinado y anticientífico pretender establecer conclusiones de este tipo» (*Ídem:* 50), y concluyen que lo señalado por ellos debía ser avalado en el futuro.

En cuanto a «ciboney aspecto Cayo Redondo» evaluaron de: «difíciles de aislar las evidencias arqueológicas que aseguren manifestaciones mágicas o animistas entre estas comunidades». Sin embargo, discurren que las bolas líticas que caracterizan las sepulturas de estos grupos, pueden ser «tentativamente» objetos mágicos simbólicos (*Ídem:* 86), al igual que otros objetos que no presentan huellas de uso.

Apoyados en los principios del enfoque empleado certificaron que, en el estadío histórico de los ciboneyes no se había elaborado aún el concepto de divinidad mediante el cual se personifican las fuerzas de la naturaleza, por lo que se encontraban en el período animista y mágico de la religión, pero además, las evidencias arqueológicas demostraban la ausencia de dioses.

Respecto a estos grupos, los autores reafirman sus criterios en cuanto a la orientación hacia el este de los entierros, aunque sin justificar esta particular costumbre funeraria. Critican las interpretaciones en torno a la existencia de sacrificios humanos en este estadío y no consideran la presencia de «caracoles, conchas, huesos de fauna asociada, restos de artefactos y aun artefactos mismos» como ofrendas, sino como desechos de la vida diaria (*Ídem*: 92).

Los grupos arcaicos que se encontraban en una fase superior de desarrollo, con la existencia de una agricultura y cerámica incipientes, fueron considerados como exponentes de una cultura diferente. Mas a pesar de eso, por las escasas evidencias de entierros conocidos entonces, los autores consideraron, muy atinadamente, que:

> Imaginar entre los aborígenes mayarí algún otro tipo de idea religiosa que no sea la natural muy primitiva, que hemos señalado para las comunidades de la fase ciboney es ir más allá de lo que pueden permitirnos la aplicación teórica y la práctica de las evidencias. El desarrollo de su economía y su organización social no permiten suponer otra cosa (*Ídem*: 112).

54   Cueva del Perico 1

Bajo la dirección de Milton Pino, en el año 1970, se efectuaron excavaciones controladas en la cueva del Perico 1, localizada al oeste de Bahía Honda, en la provincia de Pinar del Río. El diario de las excavaciones, con algunas consideraciones generales, fue publicado en forma de folleto bajo el título *Excavaciones en la cueva del Perico 1*. (Fig. 4).

La revisión de dicho documento permite afirmar que los indicativos arqueológicos tomados en consideración fueron: Entierros en sitio de habitación; existencia de entierros secundarios; presencia de ocre rojo en algunos restos, tanto primarios como secundarios; presencia de ofrendas; selección del área bañada por la luz solar para inhumar los restos humanos y destrucción de tumbas anteriores para nuevas inhumaciones, por parte de los aborígenes.

Al referirse a las ofrendas, los autores del informe —Pino y Alonso, 1973— registraron una cualidad de interés, además de algunas ofrendas consistentes en alimentos, varios restos habían sido sepultados sobre o debajo de capas de brillantes conchas nacaradas, lo que resultaba un nuevo indicativo dentro de las costumbres funerarias de estos grupos, pues nunca antes se había observado tales maneras.

Incuestionablemente, la excavación en la cueva del Perico 1 constituye uno de los hitos fundamentales de la arqueología en los espacios funerarios en la isla, pero el carácter de salvamento del trabajo, el grado de alteración del recinto y el poco conocimiento acumulado hasta entonces acerca de la complejidad del trabajo arqueológico en este tipo de espacio quedaron reflejados en el informe, donde se pone de manifiesto importantes contradicciones.

En el diario de las excavaciones se afirma:

> Desde principios de este siglo [xx] las extracciones de guano de murciélago han alterado distintas zonas del interior de la cueva [...]. Recientemente se habían reiniciado las extracciones de guano de murciélago, extrayendo el personal encargado de dichos trabajos restos humanos pertenecientes a unos 8 individuos, (Pino y Alonso, 1973: 6).

Entre el 7 y el 9 de febrero de 1970, personas vinculadas a la arqueología realizaron unas excavaciones en las que «encontraron» tres entierros primarios (*Ídem*: 6). A partir del 25 de abril, Milton Pino, comisionado por el departamento de Antropología, emprendió las excavaciones controladas, reportando 26 entierros: 12 adultos y 14 niños, de ellos, ocho y tres, respectivamente, secundarios. «O sea, que el total de entierros exhumados […] en la cueva del Perico, es de 34…» (*Ídem*: 7).

Los tres diferentes momentos de las excavaciones y la forma en que fueron inventariadas trajeron consigo imprecisiones en cuanto al número de inhumaciones de los restos humanos, por lo que para llegar a la cifra real se hace necesario, literalmente, «reconstruir» el informe. Aunque en el diario se sugiere, no queda bien aclarado si los tres entierros «encontrados» en las excavaciones de reconocimiento —efectuadas en febrero, antes de la incorporación de Pino— finalmente se «levantaron» como parte de las excavaciones controladas, y si los restos registrados con los números 1, 2 y 3, o estos números, sobre todo el 3, fueron reasignados a nuevos descubrimientos. Más adelante se plasma en el informe otros entierros, numerados del 4 al 14 y seguidos por los números 20, 26, 27 y 28, 15 y 17, en ese orden, con tales vacíos en la serie.

Hasta aquí, y sometiendo el informe a un brevísimo análisis, encontramos que en el texto se reportan 20 entierros —23, en el caso de no estar incluidos en esa cifra los tres encontrados en febrero— que, sumados a los ocho colectados por los extractores de guano de murciélago, arrojan un total que oscila entre 28 o 31, pero nunca 34 inhumaciones.

A lo anterior se añade el hecho que, durante las excavaciones, fueron desestimados dos de los entierros, el número 7: «Se comprueba que el entierro n.º 7 no existe, por constituir solo escasos fragmentos de cráneo». Y el n.º 10, del cual se dice: «Se comprueba que los escasos fragmentos de cráneo que se tomaron como entierro n.º 10, por no haber otros elementos definidores, no constituyen entierro, o lo que es igual, el entierro n.º 10 no existe» (*Ídem*: 16). Pero, estos dos números tampoco fueron conmutados a otros hallazgos posteriores, como no se aclara si se restaron de la suma total.

Contradictoriamente, en algunas de las fotografías que acompañan el informe aparecen algunos de los entierros omitidos en el texto, en tales casos están los números 16, 21, 22, 23, 24, 25 y 26. Además de la confusión provocada por los diferentes momentos de las excavaciones y las imprecisiones en cuanto a las cifras de entierros y a la relatoría, existieron factores de mayor peso que incidieron en los resultados, como el hecho de que se trataba de una excavación de gran complejidad técnica, a lo cual se sumó el inconveniente de que en la arqueología cubana existían muy pocos antecedentes de este tipo de trabajos. El lugar estaba muy alterado desde hacía mucho tiempo. Constantes referencias dentro del diario confirman esto:

Se colectan 4 fragmentos de cráneo, 4 falanges y una vértebra, correspondientes a seres humanos adultos, muy dispersos [...] sale debajo, lo que parece ser un entierro muy deteriorado, «machacado» ..., etcétera, (*Ídem*: 23-25).

Por otro lado, la mentalidad coleccionista aún imperante por aquellos años, hacia estragos en las conclusiones de este tipo de investigación. En el reporte de las excavaciones en Cueva de la Santa, efectuadas en 1965, se afirma: «El compañero [...] hundió su pala y al extraerla observamos con júbilo unos pequeños fragmentos de hueso, correspondientes al cráneo de un niño aborigen. Acababa de ser descubierto el mayor cementerio aborigen hallado en una espelunca cubana» (Torres y Rivero de la Calle, 1970:16).

Entretanto los colegas excavadores de la cueva del Perico 1, afirmaban:

... el total de entierros exhumados hasta el momento en la cueva del Perico, es de 34, lo que la hace ser el sitio arqueológico en que se ha encontrado un mayor número de entierros aborígenes (Pino y Alonso, 1973, 7).

A fines de 1989, concluidas las excavaciones en la cueva funeraria Calero, en Matanzas, el médico forense y arqueólogo, E. Vento afirmó: «... es el sitio funerario en cueva más grande de las Antillas. Hasta ahora hemos encontrado alrededor de sesenta y seis esqueletos... » (Romeu, 1989:39).

A pesar de ello, en cuanto a los resultados del trabajo en Perico 1, se pueden aislar, como válidas, las siguientes observaciones: Uso del colorante rojo en algunos entierros primarios y secundarios; presencia de ofrendas consistentes en restos alimenticios; presencia de objetos acompañantes; no estabilidad en las orientaciones de los cráneos y uso del espacio para inhumar los restos bañado por la luz solar. Pero también, como indicativos nuevos: Presencia de gruesas capas de conchas nacaradas sobre o debajo de los entierros y destrucción de tumbas anteriores, hechas por los propios aborígenes para hacer nuevas inhumaciones. Se consideró que la cueva del Perico 1 era un área de habitación en la que se habían practicado entierros.[27] Los fechados radiocarbónicos de este sitio probaron una utilización del espacio fúnebre entre el 1 990 ± 80 y 1 350 ± 70 a.p., (Pino, 1995).[28]

---

[27] En el año de 1997, profesores adscritos al Museo Montané, de la Universidad de La Habana, realizaron una nueva campaña en el sitio cueva del Perico 1, mediante la cual se reportó un total de 162 exhumaciones (Brito, 2004:101).

[28] Los fechados radiocarbónicos calibrados de este sitio probaron una utilización del espacio fúnebre a.p. entre 2 146 rango inferior –1 734 rango superior y 1 376 rango inferior– 1 146 rango superior, (Cooper, 2007).

Cueva Calero

A mediados del año 1989, Aída Martínez Gabino fue asignada —por el Centro de Antropología de La Habana—, para dirigir las excavaciones de rescate en una cueva funeraria localizada en Cantel, Matanzas, en la que unos aficionados habían extraído once esqueletos humanos. En correspondencia con el informe de las excavaciones —discutido en sesión científica del departamento de Arqueología del Centro de Antropología, en el mes de noviembre de ese año (Martínez Gabino, 1989)—, se pueden subrayar los siguientes indicativos arqueológicos descritos por la directora de la excavación: Exhumación de 66 entierros de forma controlada y 11 sin este requisito; presencia de ofrendas consistentes en pequeñas herramientas líticas, alimentos y destrucción de tumbas anteriores para nuevas inhumaciones, hecha por los propios aborígenes.

Fig. 5. Excavaciones en la cueva funeraria Calero (Matanzas, 1989)
Foto: Cortesía de A. Martínez Gabino

En relación al presupuesto del uso del espacio, bañado por la luz solar, como área para inhumar, la colega Martínez Gabino no lo tomó en consideración, pues había zonas de entierros en los que nunca daba la luz directa.[29]

[29.] Tuve la oportunidad de participar durante la primera semana de excavaciones controladas en esta cueva funeraria y realicé exploraciones en los alrededores con el objetivo de anotar los componentes

En cambio, E. Alonso, quien se incorporó algo después, alegó haber encontrado una relación directa entre la luz solar y el área de los entierros, y que dicha relación sucedía en horas de la tarde (Alonso, 1995:115).

En este cementerio, localizado en uno de los salones de la cueva, no se encontraron entierros secundarios ni huesos coloreados de rojo. La colega Martínez Gabino, en su informe de las excavaciones optó por dejar pendiente la definición de si se trataba de un sitio de habitación con entierros o si, por el contrario, se trataba de un lugar especial solo para inhumar, aunque las evidencias de habitación, tales como herramientas y otros útiles, fueron muy pobres. La presencia de restos de alimentos asociados a los cadáveres se prestó a confusión, pues no se pudo definir con claridad si se trataba de restos de fogones de habitación o de algún tipo de ritual funerario (Fig. 5).

Los trabajos exploratorios desarrollados en los alrededores del lugar arrojaron la existencia de varios recintos cavernarios, relativamente cercanos, que habían servido de habitación a grupos de similar desarrollo socioeconómico. En el informe entregado por los especialistas a la colega Martínez Gabino, con los resultados de los trabajos exploratorios, se subrayó:

> La cueva Calero consiste en una gran dolina con derrumbe en el centro, lo que dejó al descubierto dos grandes entradas, una que abre hacia el S-E y la otra que abre hacia el N-W, que es en la que se localizan los entierros, y en la que al parecer, por los resultados parciales de la excavación, no fue sitio de habitación (La Rosa, 1989).

Coincidiendo con este criterio, Vento afirma: «No creo que los indios hayan vivido allí; los restos de animales que hallamos no son de dieta, sino que parecen haberlos utilizado para acompañar a sus muertos» (Romeu, 1989:39).

La colega Martínez Gabino valoró que eran las «ofrendas de especies animales como evidencia de creencias de tipo totémico coincidentes con la etapa mesolítica» (1989:10). Vento, por su parte, interpretó la exhumación de un grupo de dientes del perezoso cubano (*Megalocnus rodens*) como evidencia de ofrenda (Romeu, *Ídem*).

Cueva Marién 2

Del 8 y 30 de julio de 1992, se desarrolló la primera campaña de excavaciones controladas en la cueva funeraria Marién 2 —localizada al oeste de la bahía de Mariel, por aquel entonces perteneciente a la provincia La Habana, hoy

---

del sistema de asentamiento del grupo que allí sepultaba. Coincidí con la colega Martínez Gabino sobre sus observaciones sobre de la luz solar en el sitio.

a la actual Artemisa—, como parte del proyecto del Censo Arqueológico de La Habana, dirigido por G. La Rosa.[30]

Fig. 6. Excavaciones en la cueva funeraria Marién 2

Para la realización de los trabajos se elaboró un plan que incluía objetivos específicos a perseguir con dichas excavaciones. Para ello se tomaron en cuenta los resultados obtenidos en todas las excavaciones anteriores en cementerios arcaicos en cuevas. Esta estrategia reiteró algunos de los indicativos arqueológicos, así como nos permitió subrayar la presencia de otros no contemplados en los resultados anteriores o vagamente referenciados (Fig. 6).

Entre los principales indicativos puestos al descubierto diferenciamos los ya observados con anterioridad: destrucción de tumbas por parte de los aborígenes para realizar nuevas inhumaciones; presencia de entierros secundarios; no existencia de regularidad de los cráneos hacia el este; presencias de ofrendas, consistentes en grandes caracoles y objetos acompañantes; uso reiterado y variado de rocas en las sepulturas (La Rosa y Robaina, 1995).

Se comprobó además que, el área excavada de la cueva había sido dedicada, exclusivamente, a entierros y había presencia de gruesas capas de conchas muy brillantes (*Isognomus alatus*) encima o debajo de los restos humanos, tal como se había apuntado en la cueva del Perico 1.

[30.] En el año de 1950, Ernesto Tabío realizó varias calas de prueba, mediante las cuales exhumó restos muy deteriorados de cuatro infantes, y en 1952, Morales Patiño aplicó una cala en la que encontró un infante en malas condiciones para su exhumación.

Las ofrendas de caracoles consistieron en grandes ejemplares de sigua (*Cittarium pica*), muy cerca de los cráneos de los entierros números 10, 11, 21 y 22, todos niños de muy corta edad.

Entre los indicativos no contemplados con anterioridad puede afirmarse que: se probó la existencia de fogones encima de las sepulturas, sin que estos fuesen alterados por las inhumaciones, y la existencia de un osario, como espacio particular para la práctica de entierros secundarios. No se identificaron restos óseos pintados de rojo ni se confirmó, durante el período que duraron las excavaciones, una relación directa entre el área sepulcral y los rayos solares.

Durante las excavaciones se pudo apreciar una alta incidencia de entierros de niños de corta edad sepultados sobre, debajo o a los costados de adultos. Debido a la reiteración de estos reportes en sitios funerarios, en general, se sugirió la necesidad de prestar atención a este tipo de relación, pues podría ser indicativo de prácticas de infanticidio, y se apuntaron las razones históricas, etnográficas y económicas que prueban la presencia de estas prácticas en sociedades arcaicas.

En 1997 se efectuó una segunda campaña en otra área de la cueva, pudiéndose identificar la zona que había sido destinada a habitación humana, en la que se hallaron numerosos fogones, restos dietéticos y un rico ajuar de concha y piedra. Se estimó que el espacio pudo albergar un grupo reducido de varias familias. Este hallazgo permitió reconocer, en el mismo lugar, un área destinada a prácticas reiteradas de entierros y otra utilizada como campamento. Ambas áreas estaban separadas por un grueso muro de rocas desprendidas del techo de la dolina. Los fechados radiocarbónicos probaron el uso del espacio fúnebre entre el 2 220± 80 y 780± 100 a.p. (La Rosa y Robaina, 1995:16).[31]

Cueva Bacuranao 1

A principios del mes de octubre de 1995, la dirección del Centro de Antropología del Ministerio de Ciencia Tecnología y Medio Ambiente, me encomendó la tarea de asumir la dirección de una excavación que un grupo de aficionados a la espeleología había iniciado unas semanas antes en una cueva del municipio de San José de las Lajas, provincia La Habana. Este grupo colaboraba en las labores del Censo Arqueológico del territorio, y como parte de esas labores habían excavado un pozo de 1X1 m, casi en el centro de un área en la que se

---

[31.] Estos fechados se efectuaron en el departamento de Química de la Facultad de Ciencias de la Universidad de Louvain, Bélgica, y calibrados por Cooper (2007) probaron el uso del espacio fúnebre a.p., entre 2 293 rango inferior-1 819 rango superior y 924 rango inferior–553 rango superior (Cooper, 2007).

estimaba podían existir entierros, pues en ocasiones se colectaban en superficie piezas dentarias aborígenes. Aunque las excavaciones fueron iniciadas por parte de este grupo aficionado, estas se caracterizaban por su precisión, control y un registro adecuado. Dicha modalidad nos puso ante la disyuntiva de puntualizar los objetivos a alcanzar a partir de ese momento, por lo que las secciones de excavaciones estuvieron acompañadas de intercambios y precisiones que reorientaron la investigación.

Fig. 7. Excavaciones arqueológica en la cueva funeraria Bacuranao 1

Para el trazado de los objetivos de este nuevo trabajo tuvimos en cuenta los presupuestos descubiertos en las excavaciones de los recintos funerarios Cueva de La Santa, cueva del Perico 1, cueva Calero y cueva Marién 2, con el fin de mejorar el registro arqueológico y poder contrastar los resultados.

No se comprobó la presencia de fogones encima de las sepulturas, aunque sí algunos restos de ceniza y fragmentos de carbón vegetal. Esto podría responder a la propia característica del sitio: un espacio pequeño muy reutilizado por los aborígenes, quienes perturbaban viejas sepulturas para realizar nuevas inhumaciones (Fig. 7).

El ajuar y las evidencias dietéticas confirmaron que no se trataba de un sitio de habitación utilizado como lugar de entierros, sino un área particularmente fúnebre. Se comprobó la presencia de objetos acompañantes, como adornos corporales.

Las excavaciones practicadas en 1997, en otra área de la misma cueva, permitieron comprobar la existencia de un sitio de habitación de aborígenes de similar nivel de desarrollo socioeconómico, aunque también topamos con algunos entierros aislados.

No se colectaron huesos teñidos de rojo ni tampoco entierros secundarios, aunque el grado de alteración y deterioro de varios restos humanos, que se encontraron sin articulación alguna dentro de las tumbas de entierros primarios, podrían apuntar hacia el hecho de que muchos de estos restos reposaran en otro lugar en condición de entierro secundario. Pero esto, hasta el presente, es solo una conjetura. Durante las excavaciones se comprobó que los restos no presentaban la supuesta orientación hacia el este como punto cardinal, pero sí se evaluó con mucha claridad la existencia del predominio de las orientaciones de los cráneos hacia las paredes y fondo de la dolina, y se les explicó a los participantes la importancia de esta variable.

Por nuestra parte, se le orientó al arquitecto J. Garcell, jefe del grupo de aficionados del municipio, realizar mediciones de la incidencia de la luz solar en el espacio sepulcral, pues se había detectado cierta relación entre el área donde se encontraban las tumbas y la luz solar, en algunos momentos. Los fechados radiocarbónicos probaron el uso del espacio fúnebre entre el 3 331 ± 17 y 3 152 ± 26 a.p., (Garcell, 2009:65).[32]

63

Religión y costumbres funerarias, una mirada de E. Alonso

En un texto dedicado al estudio integral de los grupos de más bajo nivel de desarrollo socioeconómico dentro de los arcaicos de Cuba, o sea, a los llamados «guanahatabeyes», Enrique Alonso dedica cinco páginas y media al estudio de la religión y las costumbres funerarias (Alonso, 1995:111-116).

Dentro de los comentarios sobre el pensamiento religioso de estos arcaicos, hace referencias a los sitios Cueva de la Santa, cueva del Perico 1 y cueva Calero. Sus observaciones se refieren al establecimiento de regularidades observadas por él en estos tres sitios. Pero algunos de estos sitios se encuentran en una fase intermedia dentro de los arcaicos y no al estadío histórico que analizó en su monografía acerca del guanahatabey.[33]

[32.] Estos fechados fueron realizados en los laboratorios de la Academia de Wissenchaften, Heidelberger, Alemania.

[33.] Desconozco las razones por las cuales se desechó la información existente relacionada con las prácticas funerarias en la península de Guanahacabibes, pues en ese territorio existen numerosos reportes de entierros en cuevas, que parecen apuntar a tradiciones como la de enterrar en los sitios de habitación; la no existencia de «cementerios»; el uso de colorante rojo en las sepulturas; entierros secundarios y otras regularidades de la región, que hubiesen enriquecido el conocimiento acerca del guanahatabey de Cuba.

No obstante, sus observaciones, necesariamente, hay que tomarlas como válidas para los arcaicos en general, cuestión que considero atinada desde todo punto de vista, pues establecer diferencias a partir de estos tres sitios es aventurado. De esta manera, contrastando las evidencias de los tres sitios, el colega Alonso establece las siguientes regularidades: Sitios dedicados únicamente a entierros; presencia de entierros secundarios; existencia de ofrendas; uso del colorante rojo en algunos restos; selección del área de la cueva iluminada por la luz solar con el propósito de inhumar y no regularidad en las orientaciones de los entierros.

Ahora bien, estas cualidades no se comportan de igual manera para todos los sitios que él enumera dentro de las páginas de la monografía. Solamente Cueva de la Santa estaba reportada como sitio funerario. La cueva del Perico 1 fue considerada sitio de habitación con entierros y a cueva Calero, se dejó pendiente durante la investigación, por parte de la directora de las excavaciones, debido a la falta de argumentos sólidos acerca de si se trataba de un sitio de habitación con entierros.

Con los entierros secundarios pasa otro tanto. Este tipo de enterramiento se reportó en cueva del Perico 1, pero no en Cueva de la Santa ni en cueva Calero. El uso del colorante rojo en las sepulturas fue reportado en cueva del Perico 1, pero no en Cueva de la Santa ni en cueva Calero.

En cambio, el uso de ofrendas se registra en cueva del Perico 1 y cueva Calero, pero no en Cueva de La Santa. En fin, es necesario reconocer importantes variaciones en el comportamiento de las variables mortuorias dentro de este estadío histórico y la necesidad de verificar si estos matices tienen como base tradiciones, cronologías o adaptaciones al medio. Pero sobre todo, con esta muestra disímil y reducida no se prueban regularidades.

Aunque Alonso defiende la tesis de que los aborígenes arcaicos enterraban en los lugares de las cuevas que eran iluminadas por la luz solar, y afirma que ese presupuesto está comprobado en las tres cuevas —a las que hace referencia en sus páginas—, lo cierto es que en cueva del Calero, Aída Martínez, quien dirigió esa campaña, estima como yo que no todos los entierros eran iluminados por los rayos solares (A. Martínez, comunicación personal, 2012), aunque se presiente que el establecimiento de la relación entre la luz solar y las áreas de entierro es una manifestación del culto solar en los arcaicos de Cuba, pues la misma debe ser la razón de tales sugerencias, aunque nunca se ha argumentado por los defensores de esta relación.

Esta cuestión es de trascendental importancia en el conocimiento del pensamiento religioso aborigen, pero no es posible resolverla en estos párrafos. Para ello dedicaré un capítulo completo con el fin de discutir y comprobar en otras cuevas su comportamiento, pues la relación directa y mecánica de ambos principios, luz solar-área de entierros, es desmentida por las propias evidencias. En cambio, parece existir otra relación más dialéctica y compleja en el plano simbólico entre ambos principios.

Religión en las Antillas: el punto de vista de la historia de la religión

En 1995, la doctora María Daisy Fariñas publicó un texto que sería trascendental en la temática que nos ocupa: *Religión en las Antillas*, en el cual dedica siete páginas a discutir las manifestaciones de religión en los aborígenes pescadores-recolectores-cazadores. Pero en las páginas precedentes se apuntan valiosas referencias sobre las manifestaciones de las ideas religiosas en los primeros estadíos históricos a escala universal, lo que permitió valorar, de forma directa y certera, las evidencias que expresaban esta cualidad del ser humano en los aborígenes arcaicos de la isla.

A diferencia de todas las investigaciones anteriores este había sido elaborado por una especialista en Historia de las Religiones que, a la sazón, trabajaba en el departamento Socio-religioso del Centro de Estudios Psicológicos y Sociológicos, adscripto al Ministerio de Ciencias Tecnología y Medio Ambiente.

Entre los indicativos arqueológicos que testimonian la existencia de una conciencia religiosa dentro de los arcaicos cubanos, Fariñas subraya entierros intencionales y reiterados en cuevas exclusivamente funerarias, o sea, lugares escogidos de manera precisa; uso de ofrendas; uso del color rojo en algunas osamentas y presencia de entierros secundarios

Para la autora, los «aspectos más relevantes de los entierros ciboneyes sirven para caracterizar las manifestaciones de índole religiosa presentes en ellos: la práctica de ritos funerarios en los que se aprecia una fuerte carga animista» (Fariñas, 1995:34).

Afirma que la presencia de objetos acompañantes, como herramientas sin huellas de uso, se pueden interpretar como la existencia de una concepción fetichista según la cual, los instrumentos de trabajo confeccionados por el hombre podían dotárseles de poderes y propiedades sobrenaturales, aunque también se pueden vincular con un ritual asociado a ideas animistas. Todo ello, en opinión de la autora, se asocia con un complicado rito fúnebre de carácter mágico: «era uno y no otro, el lugar adecuado».

A mi juicio, el aporte principal de estos trabajos —con independencia de aceptar la existencia de la magia, animismo y ritualismo— consiste en el reconocimiento de la selección de un lugar muy particular para las prácticas inhumatorias de forma prolongada, pues esta afirmación nos llevará de la mano hacia la comprobación de la creación del espacio sagrado por los aborígenes arcaicos de la isla, cuestión que se abordará en detalles más adelante.

El análisis que acabamos de hacer permite puntualizar los aspectos principales a abordar, con miras a promover el conocimiento del pensamiento religioso de los arcaicos de Cuba. Algunos de ellos sirven para completar las observaciones e ideas propuestas con antelación, sobre la base de nuevos elementos. Pero en otros casos para disentir de algunas observaciones, sugerencias o afirmaciones que encuentran su remate en nuevas evidencias.

De esta manera, en el Capítulo 4 se abordarán los argumentos a favor de la creación del espacio sagrado en cuevas como lugar de entierros y las demostraciones de dicha regularidad para los arcaicos, así como de la existencia de rituales funerarios y el carácter simbólico de los mismos.

3

Arcaicos de Cuba: economía, organización social, espacio doméstico y vivienda

La familia no es solo un grupo reproductor es también una unidad que es la más dominante en la comunidad. Está asociada con su domicilio y a menudo con la producción.

Bronislaw Malinowski

La cuestión del parentesco y la familia constituyen dos puntos claves en cualquier análisis antropológico de las sociedades arcaicas. Desde las investigaciones de Lewis Henry Morgan sobre la sociedad antigua, publicado por vez primera en 1877, se probó, para la antropología, que la familia y los sistemas de consanguinidad eran los gérmenes de la organización social de ese estadío histórico, así como sus relaciones con la explotación de los espacios, tecnología específica, e incluso, la vivienda.[34] Sobre esta tesis, Morgan intentó ordenar los períodos de las sociedades antiguas y caracterizarlos. El principio de dicha caracterización era válido, pero las propuestas resultaron insuficientes.

Su visión, enmarcada en el enfoque evolucionista, aunque limitada por los conocimientos de su época, ha influido de manera considerable en las proyecciones de algunos antropólogos y arqueólogos, especialmente en Gordon Childe y Leslie White.

Al igual que Morgan, los antropólogos del siglo xix y principios del xx buscaron en las sociedades tradicionales las respuestas sobre los orígenes de las sociedades y el pensamiento religioso, pues en ellas se conservaban, en cierta medida, las estructuras sociales, formas de vida y pensamiento, con fuertes tradiciones en un pasado perenne, ya que no habían logrado sobreponerse a los embates de una economía que dependía, grandemente, de lo que

---

[34.] Lewis Henry Morgan (1818-1881) estudió más de setenta tribus aborígenes de Norteamérica para su indagación acerca de la existencia de un sistema de parentesco. Bohannan y Glazer (2005:30), consideran que su libro *Systems of consanguinity and affinity of human family,* publicado en 1871, es un monumento y gran fuente de datos.

la naturaleza brindaba. Estas razones conllevaron a convertir en objetivo de estudio a los aborígenes cazadores-recolectores del continente australiano.

Estos aborígenes llamaron la atención de los pioneros de la antropología, quienes, como Émile Durkheim, buscaron las formas de sobrevivencia y organización primaria en las uniones de parejas, por lo que se le prestó atención al matrimonio y el parentesco.

Sus estudios marcaron uno de los senderos —casi siempre explorados por muchos antropólogos— y probaron la existencia de lazos consanguíneos que mantenían y cohesionaban aquellas bandas o grupos «primitivos modernos». Las indagaciones iban dirigidas a conocer la forma en que estas sociedades habían logrado mantenerse y reproducirse a lo largo de milenios, teniendo como elemento de cohesión grupal, precisamente, la existencia de vínculos consanguíneos, los cuales se irían verificando durante muchos años mediante numerosos trabajos de campo llevados a cabo por antropólogos de variadas escuelas y en diferentes contextos, como Wilmsen (1974:118) y Kabo (Gavor and Kabo, 2002-2016).

Este último autor afirma que dentro de los parámetros universales de las bandas de cazadores-recolectores, el tamaño del grupo y la estabilidad dependen de las condiciones ecológicas, y en la vida social predomina el colectivismo. En la distribución, nadie se queda afuera, *nobody is lef out*.

Pero en las Antillas, la organización social de los pescadores-recolectores-cazadores también ha sido abordada desde varios ángulos por la arqueología, así, las interrogantes relacionadas con el parentesco, la economía, la división territorial y la autoridad pasaron a formar parte de las agendas de algunos investigadores (Lleonart, *et. al*, 1999; Luna Calderón 2002; Brito, 2004 y Martínez, *et. al*, 2006).

Para los arqueólogos cubanos Tabío y Rey: «La sociedad en la "fase" ciboney debió sustentarse en un núcleo económico fundamental de carácter gentilicio. Es decir, que los indocubanos que estudiamos estaban organizados en comunidades gentilicias» (1979:42), y basados en un texto de Rouse[35] —quien había planteado que cada grupo local, consistente en varias familias que vivían juntas, debían constituir una «banda» independiente—, subrayan que a lo que el estudioso norteamericano llama banda, ellos lo denominan «comunidad» o «grupo».

Ahora bien, los términos comunidad o grupo resultan demasiado amplios, pues permiten identificar agrupaciones humanas de diferentes rangos, estadíos históricos y número de integrantes.

De manera implícita estas precisiones conceptuales, utilizadas para definir la estructura social de los arcaicos en su primera fase, se aplicó en momentos en que se estudiaban las fases intermedia y tardía, en las cuales se hallaron

---

[35.] Se refieren al trabajo de Rouse: «The West Indies: An introduction, the cibone». Bull, 1943, *Handbook of South American indians,* vol 4, Bureau of American Ethnology, Smithsonian Institution, Washington, D.C.

similitudes, así como una mayor complejidad en las áreas de habitación, explotación territorial y nivel de desarrollo de las aldeas (*Ídem:* 83 y 111).

Por otra parte, la colega Lilian Moreira afirma que:

> La organización social de estas comunidades debió estructurarse mediante formas de parentesco. Quizás a causa de sus prácticas económicas y a la necesidad de mantener el equilibrio con su medio, los grupos no sobrepasaban las 100 personas cuando se reunían en el campamento principal (Moreira, 1999: 78).

El término empleado por esta autora para identificar estas agrupaciones humanas es el de *sociedades comunitarias.*

El arqueólogo chileno Luis Felipe Bate, uno de los fundadores de la arqueología social latinoamericana que se desarrolló como paradigma alternativo al enfoque anglosajón, considera que los arcaicos constituían comunidades primitivas de recolectores-cazadores-pescadores pretribales (Bate, 1986 y 1998).

Entre tanto, el arqueólogo venezolano Mario Sanoja Obediente, en su obra *Historia socio-cultural de la economía venezolana,* considera que:

> La Formación Económico Social Apropiadora venezolana, que denominamos de recolectores-cazadores-pescadores resumen las características de una sociedad donde no existían las clases sociales y cuyo modo de producción, es decir, cuya esfera de reproducción económica de la vida material carecía de una producción sistemática de excedentes (Sanoja, 2010:35).

Análisis concluyente al aseverar que se trata de una organización social para el trabajo normado por relaciones de reciprocidad y cooperación entre los individuos de una misma o diferentes bandas.

Así, el término banda ha sido reconocido por la antropología a escala internacional, con independencia de las diferentes escuelas filosóficas.

Sanoja opina que en los arcaicos existen tres «modos de vida»: Cazadores específicos; recolectores-pescadores-cazadores y pescadores-recolectores-cazadores litorales (Sanoja, 2010:42). Y su cosmovisión le hace comprender que lo distintivo de esta formación social es que las relaciones de producción son de naturaleza colectiva, lo cual indica la existencia de formas de posesión colectiva de carácter consensual sobre los productos de la tierra y las aguas (*Ídem:* 34).

Según el investigador venezolano, el conocimiento del territorio donde habitaban era esencial para que las bandas de recolectores-cazadores pudieran organizar las rutinas de vida —espaciales y temporales— que aseguraban el acceso a fuentes de aprovisionamiento permisible y seguro, lo cual creaba derechos territoriales.

En una categórica tesis sobre los términos especializados más utilizados en arqueología para definir la estructura de las sociedades arcaicas, Gonzalo Águila, de la Universidad de Granada —basado en los trabajos de Alcina Franch (1998), de Elman Service y Sanders y Webster, referidos en Renfrew y Bahn, en 1998—, considera que el paulatino desarrollo de las prácticas de subsistencia y especialización propiciaron la transformación y el progreso de las formas de organización social en los siguientes estadíos de evolución: bandas, tribus, jefaturas y estados (Águila, 2005:261).

En el esquema del moderno evolucionismo cultural, tanto las tribus como las bandas forman parte de las sociedades comunitarias, y define: «Las bandas son pequeñas sociedades locales y autónomas, mientras que las tribus son grandes sociedades multicomunitarias» (*Ídem:* 268).

A escala internacional, uno de los trabajos más contundentes en el que se reconstruyen las formas de vida, organización social, explotación de grandes unidades territoriales y la existencia de diferentes sitios o residuarios como consecuencia de la explotación de los diferentes medios ambientes por parte de sociedades arcaicas, se le debe a la investigación de Lewis Binford sobre los cazadores-pescadores nunamiut, de Alaska. Binford no tomó en consideración solamente a estas comunidades. Su libro, *En busca del pasado* (1991), es uno de los mejores exponentes de cómo la etnografía comparada puede contribuir al conocimiento e interpretación del registro arqueológico. Sociedades cazadoras-recolectoras de numerosos continentes aportaron importantes ejemplos al análisis: los ayawara y ngatatjara, de Australia; los bosquimanos de África, en particular los !kung; los mrabi de los bosques tropicales de Tailandia; los birhor de la India y los navajos, de Norteamérica.

Como él mismo afirmara, el papel de la etnología es el de brindar datos significativos para la interpretación del registro arqueológico (*Ídem:* 28). Esto permitió explicar, de forma adecuada, los resultados de las exploraciones y excavaciones arqueológicas en sitios de sociedades de similar nivel de desarrollo; definir los territorios de caza, pesca y recolección; la ocupación cíclica de los mismos y los tipos de vivienda que les corresponde.

Los resultados de sus trabajos contribuyeron a aconsejar a los arqueólogos: «El uso del espacio a gran escala [...] demuestra que los arqueólogos deben recalibrar la perspectiva que poseen de los cazadores y recolectores en función de una unidad de excavación de 0,5 m2 y trasladarla a un área de más de 300 000 km2 (*Ídem:* 118).

Es claro que esta gran unidad que representa la amplitud del dominio del medio ambiente de los nunamiut, no necesariamente debe ser igual para sociedades de otras latitudes, en las que los territorios de pesca, caza y recolección en islas como las del Caribe debieron ser menos extensos.

Al adentrarnos en las relaciones de los individuos dentro de esos territorios, tenemos que una de las explicaciones más elaboradas y razonables en torno al matrimonio y el parentesco se le debe al antropólogo norteamericano Marvin Harris.[36] Esta problemática, aunque parece estar alejada de la temática de los estudiosos en cuanto a las costumbres funerarias es, sin embargo, un presupuesto imprescindible, pues cuando se encuentran restos humanos en cualquier cueva utilizada por los arcaicos cubanos, se debe tener presente que los restos de los individuos allí sepultados expresan vínculos sanguíneos y formaban parte de bandas que ocuparon sitios vecinos. Lo mismo pasa con los restos hallados en otras cuevas o abrigos rocosos ubicadas en los territorios de caza y recolección de bandas y grupos que se movían, de forma cíclica, en grandes espacios geográficos.

Los estudios y reflexiones de Marvin Harris en cuanto al estadío histórico de los grupos arcaicos, a escala internacional, constituyen uno de los mejores marcos teóricos para contrastar y arribar a conclusiones acerca de la organización social y las características de los arcaicos de la isla.

Basado en la convivencia antropológica de otros investigadores con «esquimales» y aborígenes australianos, así como por sus experiencias personales con los !kung[37] de Kalahari, entre muchas otras sociedades de cazadores-recolectores, Harris afirma que estas sociedades gozan de un alto grado de seguridad personal, sin la necesidad de tener soberanos y leyes, y que esto puede ser así, gracias a:

- Pequeño tamaño de las sociedades organizadas en bandas y pequeñas aldeas.
- Importancia central de los grupos domésticos y el parentesco en su organización social.
- Ausencia de desigualdades acusadas en el acceso a la tecnología y los recursos.

[36.] Marvin Harris (1927-2001), fue profesor de Antropología en la Universidad de Columbia y principal exponente del materialismo cultural. Realizó trabajos de campo en Mozambique, India, Brasil y Ecuador. Una de sus obras fundamentales, traducidas al español, *Antropología cultural* (1990), ha merecido múltiples ediciones.

[37.] !Kung es la designación de un sonido especial llamado chasquido. Los !kung viven en el desierto de Kalahari, en África. Como muchos otros miembros de sociedades cazadoras-recolectaras recorren grandes distancias diariamente en busca de animales y plantas silvestres. Los hombres se especializan en la caza y las mujeres en la recolección. Construyen viviendas temporales de reducido tamaño, y el número de individuos de un campamento oscila entre veinte y cuarenta miembros. La convivencia con estas bandas, durante cuatro semanas, probó que el 60 % de las calorías consumidas por el grupo dependieron de la recolección femenina.

Para este antropólogo, la posición central del grupo doméstico y las relaciones de parentesco significan que la reciprocidad puede ser el principal modo de intercambio (Harris: 1990, 81). También asegura que los estudios antropológicos llevados a cabo en medio de estas culturas han probado la existencia de territorios de caza y recolección concebidos como propiedad, por las familias nucleares organizadas en bandas. Y basado en los !kung, opina que los territorios de caza y recolección son considerados por el grupo central de bandas concretas, pero al que pueden acceder las bandas vecinas si están emparentadas.

En cuanto a los líderes afirma que, ese liderazgo existe como en todas las sociedades organizadas en bandas o pequeñas aldeas, pues es un «poder» detectado en un cabecilla, que destaca por ser una figura relevante por sus conocimientos, destrezas y dominio de las problemáticas de la comunidad, como por ejemplo, en los esquimales, donde los cazadores y pescadores notables asumen esa función, sin que en modo alguno ese poder conlleve a exigencias, obediencia y control, ya que no pueden forzar, sino persuadir. Se afirma que lo mismo sucede en los !kung y los semai de Malaya. En estas sociedades, Harris comprobó lo que Lévi-Strauss había puesto al descubierto sobre los nambikwara de Brasil, referente a que los jefes tenían apoyo, pero no poderes ni autoridad pública; a su vez verificó la conclusión a la que arribara Thomas Gregor, quien afirmó que en los jefes de los grupos mehinacu, también de Brasil, las actitudes más importantes para el liderazgo eran las habilidades y atributos de exploradores, pescadores o cazadores y que dichos jefes, cuando regresaban de una expedición, distribuían la mayor parte de su captura (Ídem:113)

Los estudios en torno a los orígenes de la religión afirman que en las sociedades de bandas y tribus, el chamán o curandero desempeña un rol fundamental.

En cuanto al tipo de familia en este estadío histórico, y apoyado en las teorías de George Peter Murdock —quien comprobara con sus trabajos de campo que la familia nuclear había sido identificada en 250 sociedades—, considera que su estructura tiene rango universal, pues la misma cumple las funciones vitales que otros grupos no pueden llevar a cabo, como:

1. Satisfacer las necesidades sexuales, lo que reduce las fuerzas perturbadoras de la competencia en este terreno.
2. Garantiza la protección de la mujer durante el embarazo y el tiempo de lactancia.

3. Es una estructura esencial de la «endocultura», pues solo el hombre y la mujer adultos que residen juntos son los adecuados para la endoculturación de los niños.

4. Dada la especialización impuesta a la hembra humana por su papel reproductor y las diferencias anatómicas y fisiológicas en comparación con el hombre, la división sexual del trabajo hace más eficiente la subsistencia.

De esta manera, la familia prueba su eficacia en el sostenimiento de la economía (*Ídem:* 60).

Estas sociedades —que basaban la subsistencia en actividades primarias de pesca, recolección y caza en sus diferentes combinaciones, en correspondencia con el medio geográfico y las tradiciones de que eran portadoras—, edificaron viviendas que expresan su carácter funcional para los pequeños grupos humanos que se establecían, temporalmente, en determinados territorios y, el carácter recurrente de los materiales utilizados para tales fines.

Cómo se han visto los sistemas de asentamientos de los arcaicos en la arqueología de Cuba

Hasta mediados de los años ochenta en Cuba, hacer buena arqueología era estudiar de forma meticulosa un sitio sin prestarle atención a la cercanía de otros yacimientos con similares ajuares. La cuestión era la sumatoria; mientras más sitios se tuvieran, era mejor. Poco se decía de las posibles relaciones recíprocas. Eso no formaba parte de las agendas investigativas. Pero como consecuencia de los avances ocurridos en la arqueología a escala internacional, comenzó a prestársele atención a los conjuntos de yacimientos que compartían un mismo territorio y similares ajuares. Así, cada sitio debería considerarse como parte de un sistema en el que sus componentes (sitios de habitación, paraderos, campamentos, áreas de extracción de materias primas y alimentos, talleres, áreas de entierros, etcétera.) interactuaban como un todo. De esta manera, la supervivencia de los grupos humanos que ocupaban grandes extensiones de terreno emergía como una brújula que orientaba los proyectos de investigación, la búsqueda de yacimientos y los presupuestos teóricos. Cada yacimiento o componente del sistema resultaba imprescindible e importantes, sobre todo, por la función que desempeñaba dentro del conjunto. De tal suerte, que un simple paradero o área de extracción de materia prima y alimentos, como los conchales costeros[38] —hasta

---

[38.] Los conchales costeros reportados durante la realización del Censo Arqueológico de la región habanera, no deben confundirse con montículos concheros. En este caso, se trata de residuarios que no presentan superposiciones de capas y pueden alcanzar hasta 50 m de extensión a lo largo de la línea costera. En ellos

entonces relegados a un plano inferior como sitio arqueológico— cobraron vigor por ser lugares que demostraban activas zonas de subsistencia de los grupos estudiados.

En 1990, cuando se iniciaban las tareas preliminares para el desarrollo del Censo Arqueológico Nacional de Cuba, en la *Carta Informativa* —publicada en enero de ese año por la Editorial Academia (Rives, 1990)— se anunciaba el desarrollo de este gran proyecto a una escala parcial que comprendería, en una primera etapa, las provincias de Pinar del Río, La Habana, Ciudad de La Habana (por aquel entonces consideradas como provincias administrativamente independientes), Matanzas, Ciego de Ávila, Holguín, Santiago de Cuba y el Municipio Especial Isla de la Juventud, y para una futura etapa serían contempladas el resto de las provincias del país.

La comunicación del Centro de Antropología de La Habana, definía que el Censo implicaba un inventario riguroso de los sitios arqueológicos aborígenes del país y el estudio de los sistemas de asentamiento de las comunidades aborígenes cubanas. Este enfoque se había aplicado con resultados satisfactorios en estudios regionales de sociedades agroalfareras, como el elaborado por la colega Domínguez, en 1987, en la región centro sur de Cuba (Domínguez, 2009).

74 En la provincia más occidental de la isla, marcada por la ocupación arcaica, E. Alonso afirmó haber identificado la presencia de cientos de sitios, que evaluados en sus diferentes magnitudes y complejidades le permitieron argumentar la existencia de dos tipos fundamentales de sistemas de asentamientos.

A uno de los sistemas lo identificó con el nombre de *Guanahacabibes*, cuyo descubrimiento puso al descubierto el emplazamiento de un «campamento» permanente de toda una comunidad ubicada en un medio boscoso, alrededor del cual, y en un radio de cuatro kilómetros, se erigían varios paraderos y talleres en los que se instalaban, de manera temporal, grupos menores con tareas económicas concretas.

Basado en las muestras, el estudio comparativo de la dieta de algunos de estos sitios posibilitó confirmar que los paraderos periféricos eran ocupados por pequeños grupos en la estación lluviosa (Alonso, 1995:88,89).

Por su parte, la colega Aída Martínez Gabino, en la síntesis sobre el poblamiento aborigen en el territorio de la provincia de Matanzas, comprobó que el sistema de asentamiento de las comunidades arcaicas se fundamentaba en

---

se presentan abundantes caracoles y conchas marinas, principalmente el *Strombus gigas,* con la perforación apical usada por los aborígenes para extraer el molusco; no se ha reportado la existencia de fogones y son muy raras las evidencias de herramientas. Han sido consideradas áreas de obtención de alimentos y extracción de materia prima. No fueron reportados, en la península de Guanahacabibes, por E. Alonso. En el territorio del Mariel, en el sitio Sigua 1, cuantificamos más de 200 ejemplares de *Strombus gigas* sobre la plataforma rocosa del arrecife costero, cerca de la cueva funeraria Marién 2.

el establecimiento de sitios cabeceras o de base, con otros menores, depen-
dientes y utilizados, cíclicamente, durante actividades concretas de recolección
o caza. Hecho que le permitió aseverar que los sitios cabecera y de mayores
dimensiones se localizan en la costa; los restantes, muestran incursiones en
el interior del territorio (Martínez Gabino, Vento y Roque, 1993: 63).

Las investigaciones de E. Alonso y A. Martínez constituyeron importantes
aportes al constatar, mediante el estudio comparativo de los restos alimenticios, los artefactos y el medio ambiente, los sistemas de asentamiento y el
carácter itinerante de los grupos que habitaron esos territorios. Pero ambos,
prestaron mayor atención a los asentamientos cabeceras y a los residuarios
de grupos de actividades concretas.

En los sistemas de asentamientos de los arcaicos es necesario subrayar
que, los grupos de familias y familias aisladas son los componentes de esas
sociedades. Los grupos de propósito concreto (*task groups*) tienen una composición preferentemente unisexual, por ser desprendimientos ocasionales,
de carácter temporal, que retornan a la base con el producto de sus tareas,
mientras que los movimientos cíclicos estaciones suponen un traslado de las
bandas, de las familias o parte de ellas. Cuando A. Martínez Gabino prueba
el intercambio de productos y materias primas entre los sitios arqueológicos,
no se percató que estos intercambios se basaban en relaciones de parentesco
(Harris, 1990), aunque los grupos de propósito concreto también pudieron
establecer intercambios. 75

Sobre este particular Harris opinó:

> A lo largo del año, los pequeños grupos familiares se benefician de
> la libertad de moverse entre los campamentos, y bajo condiciones
> imperiosas hacer campamentos solos. De ahí que la vida doméstica
> de las bandas de cazadores-recolectores generalmente gira en torno
> a las familias nucleares independientes relacionadas por matrimonio
> y descendencia que mantienen hogares separados, pero comparten
> alimentos a través de intercambios recíprocos (Harris, 1980:80).

Por todo esto, me gustaría subrayar que el tratamiento teórico de la dis-
persión de las bandas de pescadores-cazadores-recolectores de la isla tiene,
para la arqueología, un significado determinante a la hora de identificar los
diferentes sitios que componen los sistemas de asentamientos. Las bandas
de sociedades arcaicas son agrupaciones muy funcionales que se unen y
dispersan en correspondencia a las disponibilidades estacionales de los
recursos. Al ser la banda la agrupación mayor (puede tener 30, 50 y quizás
más individuos), y dividirse en grupos de familias, familias individuales o

grupos de actividades concretas, dejarán huellas diferentes de sus actividades a su paso por el territorio.[39]

Esta dialéctica debe reflejarse en las dimensiones de los yacimientos, los nichos ecológicos, donde se encuentran los tipos de deposición, cantidad y variedad de evidencias, e incluso, el número de fogones.

Pero además del factor de la distribución espacial de los diferentes yacimientos —resultado de los movimientos cíclicos de estos grupos humanos, arqueológicamente—, también es comprobable la superposición de diferentes ocupaciones por parte de los mismos grupos durante varias generaciones. La prueba más contundente del carácter cíclico de las ocupaciones como habitación de las cuevas se tiene de los fechados obtenidos de restos de carbón en cueva de la Lechuza, en el occidente del país, habitada entre el 6 298 y el 1 568 a.p., según el rango inferior, y el 5 746 y el 1 178, según el rango superior de los fechados de c14 calibrados. Traducido a la norma más comprensible, esto nos dice que esa cueva fue utilizada por los aborígenes arcaicos entre el 4 348 y 3 799 a.n.e., como ocupación inicial, y hasta el 382 y 772 d.n.e., como último momento de ocupación. Dentro de esos rangos se lograron fechados que prueban los intervalos de la ocupación. Esta selección se presenta en la tabla 1.

Una tabla completa de los fechados obtenidos en esta cueva pone en evidencia la contradicción de la toma de muestras bajo parámetros muy reducidos, o sea, cada 10 cm —como fueron tomadas—, en sitios de habitación en cuevas. En estos lugares las evidencias se traslapan con facilidad, por razones postdeposicionales entre los 10 y 20 cm, desde el momento que el lugar es habitado.

[39.] Binford (1980), había desarrollado un modelo global de estrategia de movilidad para cazadores-recolectores al distinguir entre la movilidad residencial y logística. El primero refiere al movimiento de un grupo residencial completo, mientras que el segundo señala el movimiento de individuos o grupos orientados a tareas desde y hacia una ubicación residencial. Según este criterio, los cazadores-recolectores organizados de manera residencial se mueven como una unidad hacia los recursos disponibles, en tanto que los cazadores-recolectores, organizados logísticamente, envían grupos de tareas especiales para colectar los recursos y traerlos a su regreso, al grupo. Por otra parte, Gregg, Butzer y Friedman (1988), al tratar la cuestión de las bandas en el estudio de la prehistoria europea, precisaron más detalles y ofrecieron una idea más flexible. Eder (1984:84), argumentó que la movilidad de asentamiento es un fenómeno grupal que debe investigarse a nivel de grupo. Está de acuerdo en que los subconjuntos de los grupos locales (como grupos de tareas, hogares individuales, o grupo de hogares dentro de los grupos locales se mueven para explotar los recursos. Por lo tanto, la movilidad residencial y logística no son continuas. Las poblaciones con movilidad residencial, generalmente, no almacenan alimentos contra niveles estacionales o inesperados en la disponibilidad de los recursos. En cambio, la movilidad en sí misma proporciona el mecanismo adaptativo clave para amortiguar el estrés periódico de los recursos.

Tabla 1: Fechados radiocarbónicos calibrados: Cueva de la Lechuza

Muestra	Pozo Nivel	Rango inferior	Rango superior
4269	0,25m	1568	1178
4274	0,45m	2349	1510
4272	0,65m	3328	2490
4270	1,05m	3718	2850
4282	1,25	3834	2346
4283	1,95m	6298	5746

Por esto las altas y bajas, en una frecuencia que debía comportarse de forma escalonada, resultan frecuentes. Para darle cierto sentido a las frecuencias de fechados se seleccionaron los niveles que expresan —por orden— la reiterada ocupación de aquellos grupos con similares niveles de desarrollo, durante largos años, según las evidencias exhumadas. Sin embargo, hay que tener presente que en el mismo pozo no necesariamente tiene que existir un registro estable y periódico mediante fogones, pues el registro arqueológico de excavaciones en cuevas ha demostrado que los fogones, en ocasiones, se superponen, aunque no siempre en el mismo lugar. Esto lo pudimos comprobar durante las excavaciones practicadas a lo largo del mes de enero de 1990, en la cueva de la India, en río Hondo, Cienfuegos, cuando producto de la excavación de una trinchera quedaron al descubierto numerosos fogones que se superponían, pero no siempre uno encima del otro.

Los estudios de Alonso en Pinar del Río, la región más occidental de Cuba, y los de Martínez Gabino en la región de Matanzas, convocaban a la realización del Censo en el territorio habanero ubicado entre ambas regiones, el cual dio inicio en 1990, cuando ya los trabajos de los dos arqueólogos casi había concluido. De tal suerte, que para la realización del Censo en la región habanera se contó con los presupuestos de estos colegas, quienes a su vez se apoyaron en las tesis de Kabo (1980), con el objetivo de reconstruir el sistema de asentamiento. Para la nueva zona de estudio se aplicaron, además, los principios de organización de la explotación de los territorios develados por las investigaciones de Harris, sobre los !kung de África y de Binford, referente a los nunamiut de Alaska.

Sobre estas bases teóricas se elaboró un conjunto de presupuestos no explícitos en los estudios de los censos precedentes:

1). Acceso marítimo a un conjunto de sitios de similares características culturales.
2). Existencia de fuentes de agua natural.
3). Área extensa de ocupación dentro de la cual se ubicaba cada yacimiento.
4). La búsqueda conjunta de yacimientos que por sus dimensiones y características pusieran al descubierto los asentamientos principales, o de mayor magnitud, como testimonios de una aldea; de igual manera, las aéreas de extracción de materia prima (lítica y concha), así como las zonas de obtención de alimentos (marismas, manglares, bosques en los que se podían practicar las actividades de caza, pesca, captura y recolección) y sus relaciones comprobadas con los yacimientos de mayor tamaño y permanencia.

Estos presupuestos guiaron la búsqueda de las evidencias en diferentes yacimientos del territorio habanero, con el objetivo de establecer la existencia de conjuntos de asentamientos que mostraran entre sí funcionalidad y eficiencia.

78
A La Habana de los años noventa del pasado siglo corresponden hoy las actuales provincias de Mayabeque y Artemisa. La realización del Censo demostró que dichos territorios eran la frontera final hasta donde arribaron las sociedades agricultoras en su expansión hacia el este, dentro de la isla, pues en las restantes regiones —desde Matanzas hasta la punta más oriental, conocida como Maisí—, los sitios arcaicos y los de grupos ceramistas y agricultores se mezclan dentro del territorio, en el que prevalece la tendencia a la disminución de los arcaicos a medida que nos extendemos hacia el oriente.[40]

De los grupos ceramistas se identificaron un total de once sitios, situados preferentemente en la costa norte del este del territorio y en la costa sur del centro de la provincia. Ambas áreas de ocupación parecieron conectarse por medio de un corredor.

En cambio, los sitios arcaicos correspondientes a emplazamientos de primera, segunda y tercera magnitud[41] —expresión del tipo de actividad, complejidad

---

[40.] El censo de la región habanera incluyó además la provincia Ciudad de La Habana, que estuvo a cargo de Ovidio Ortega.

[41.] Para el territorio habanero fueron considerados sitios de primera magnitud aquellos yacimientos de más de 150 m de diámetro en áreas descubiertas, en los que las concentraciones de evidencias mostraban la existencia de una pequeña aldea con zonas de actividades diversas. Los sitios de segunda magnitud refieren asentamientos reiterados, en áreas descubiertas o grandes cuevas, por parte de una o varias familias, y los de tercera magnitud eran campamentos ocasionales, en los que no en todos se comprobó la reutilización del espacio en diferentes momentos, tanto en cuevas como en áreas descubiertas.

del grupo y reiteración cíclica en un mismo emplazamiento—, aparecieron repartidos por todo el territorio; si bien predominaron los sitios cabecera o de primera magnitud a lo largo de toda la costa norte, casi siempre en las desembocaduras de los grandes ríos, igual se concretaron en la rivera izquierda de la desembocadura al mar. Esta ubicación reiterada fue interpretada como la selección del mejor lugar para un asentamiento humano, pues son, en sentido general, zonas de por sí elevadas, con suaves colinas, en las que las brisas liberan el lugar de mortificantes plagas e insectos, a la vez que permiten el rápido acceso a la corriente fluvial y a los manglares cercanos a las desembocaduras.

Un componente importante que tuvimos en consideración a la hora de definir la existencia de los sistemas de asentamiento arcaicos en el territorio habanero fue la existencia de fuentes de agua potable. El geólogo Fernando Ortega, miembro del laboratorio del Centro de Antropología, participó en numerosas expediciones y excavaciones y nos auxilió en la identificación de este presupuesto, como uno de los componentes imprescindibles de los sistemas de asentamiento arcaicos.

La proximidad de agua potable a los asentamientos confirmó un presupuesto universal para este estadío histórico: estos grupos se establecían en los lugares donde existía alguna fuente de agua capaz de satisfacer su vida doméstica. De tal suerte, que la existencia de ríos y arroyos fue una de las pistas principales a seguir en la identificación de estos sistemas.

79

En el sistema *Marién*, los sitios Marién 1, Marién 4 y Marién 5 se localizaron en la cuenca de una *peleo cause* de un arroyo que corría del SE al E y desembocaba en una pequeña ensenada al oeste de la bahía de Mariel, donde se localizó el sitio Marién 3, en un área pantanosa en la línea de la costa.

Por su parte, el sistema denominado *Banes* se desarrolló a lo largo de la cuenca del río de igual nombre. La existencia de campamentos en los causes de los arroyos que alimentan dicho río, fortaleció este criterio. Además, en el sitio Banes 1, localizado en la ensenada y desembocadura del río, existe un manantial del que fluye, aún hoy, abundante y cristalina agua que es aprovechada por los habitantes de esa playa.

En los sistemas de asentamiento de la región de Matanzas, la concentración de los sitios arqueológicos cercanos a las corrientes fluviales conllevó a la colega A. Martínez, a definirlos como la vía de comunicación que facilitó el intercambio de materia prima y alimentos entre los grupos arcaicos del territorio.

Pero en los territorios como *Guahacabibes*, la región más occidental del país —en la que E. Alonso estudió durante años el sistema de asentamiento de los guanahatabeyes—, de llanuras cársicas en su costa meridional, que emergen como terrazas marinas, las fuentes de agua potable se corresponden con microdepresiones del terreno, lagunas y cuevas que retienen el agua lluvia o la filtran desde el subsuelo. Estas fuentes debieron ser uno de los presupuestos para el establecimiento de los sitios cabecera y los campamentos.

Esta dependencia de los sitios cabecera, así como la de los paraderos o campamentos que debían su existencia a estas casimbas, pudimos comprobarla en 1990, cuando se efectuaron exploraciones y excavaciones en cayo Cantiles (sistema de Los Canarreos), al sur de la antigua provincia de La Habana. En Cantiles fueron localizados tres sitios, y los tres se encontraron alrededor de estas oquedades, de las que todavía hoy emana el agua (La Rosa, G. (1990). Cuando se hicieron las excavaciones en el sitio cabecera —este consistía en un gran montículo de forma alargada de más de 10 metros de extensión cubierto por una duna de arena que se forma en una pequeña ensenada denominada playa Cadenas (La Rosa, 1992)—, se extrajo el cieno que cubría la gran casimba, de alrededor de dos metros de diámetro, localizada detrás del montículo. Del fondo de ella se sacaron numerosas gubias de concha, otros objetos, herramientas, así como numerosas vasijas elaboradas con *Strumbus gigas*. Al concluir las labores, la casimba se encontraba totalmente vacía; pero al día siguiente, cuando se regresó para continuar las excavaciones, la casimba estaba cubierta de agua.

Como parte de las exploraciones en esta cayería, se visitó cayo Ávalos; allí se localizó un sitio al lado de una pequeña laguna natural. El colega F. Ortega tomó muestras de las aguas de todas estas fuentes asociadas a sitios arqueológicos y determinó el grado de salinidad de las mismas, comprobando que eran aptas para el consumo humano, aunque su uso no debía ser muy prolongado (Ortega, cum. pers.1991).

En los sistemas de asentamientos de la región habanera se le prestó mayor atención a la región de Marién, debido a que ya existían algunas referencias históricas acerca de este territorio aborigen, además, se había localizado en la costa una cueva funeraria relacionada con estos grupos (La Rosa y Robaina, 1995:14 y 15).

De igual suerte, se identificó un sistema de asentamiento correspondiente a los arcaicos tardíos, entonces identificados como *protoagrícolas*, en la cuenca del río Banes, en el municipio Caimito. En este caso, los sitios de arcaicos con un desarrollo incipiente en la cerámica y horticultura, no se mezclaban con los de fases anteriores, pero no sabemos si esto responde a una ocupación en la que se respetaron los respectivos espacios, por cuanto no se cuentan con fechados.

Sobre la base de los antecedentes conocidos de Leroi-Gourhan y M. Brézillon (1966 y 1972) y del uso que de sus modelos hicieron Binford y Harris, se intentó poner al descubierto, mediante el registro arqueológico, las estructuras espaciales internas de las grandes áreas ocupadas, con el objetivo de identificar el emplazamiento de viviendas, hogares y áreas de tratamiento de los alimentos y talleres.

En el territorio de Marién se definió un sistema de ocupación de todo el territorio comprendido al W de la bahía, en una extensión de cerca de 22 km2 como mínimo, que dejó testimonios materiales de numerosos sitios arqueológicos. El mismo comprendía dos residuarios en las colinas cercanas a la costa, de forma ovoide, en áreas despejadas y hasta 200 m. de extensión en sus ejes mayores (Marien 1 y 4). También dos yacimientos en áreas despejadas, pero de dimensiones más reducidas (Marien 3 y 5). A su vez se encontraron lugares de beneficio primario de productos de la recolección marina (Sigua 1, 2 y 3) y una cueva funeraria (Marien 2) (La Rosa y Cabrera, 1992). A excepción de este último lugar los tres conchales costeros, el resto de los sitios habían sido roturados para la siembra de caña o estaban ocupados por la ganadería y la siembra de forrajes (Fig. 8).

81

Fig. 8. Sistema de asentamientos de los arcaicos en las costas W de la Bahia de Mariel. El mapa cuya base cartográfica se tomó de Google Earth, 2014

Las colectas controladas de superficie y algunas calas practicadas en las áreas menos alteradas, parecían mostrar espacios en los que predominaban actividades de tratamiento de materias primas como la concha y la lítica, pero el grado de alteración era tal, que resultaba imposible la identificación reiterada de determinados registros. Ningunos de los sitios arqueológicos de este estadío en áreas descubiertas ocuparon capas superiores a los 20 o 30 cm de grosor.

Todo el material exhumado o colectado en superficie se correspondió con las industrias líticas y de concha que caracteriza a los arcaicos en su fase media.[42]

Es claro que el sistema de asentamiento del territorio aborigen denominado *Marién* por los conquistadores, debió extenderse mucho más al sur, sureste y suroeste, dibujando una ocupación espacial mucho más amplia, respaldada por numerosos sitios esparcidos hacia esas direcciones y de similares ajuares, dentro de los que predominan los campamentos en cuevas y solapas.

Fig. 9. Sistema de asentamientos de los arcaicos en su fase final.
Mapa cartográfico de Google Earth, 2014

[42] Todos los lotes de evidencias arqueológicas fueron entregados al Museo Municipal de Cultura del territorio, incluyendo los restos humanos de la cueva funeraria Marién 2.

En cuanto al sistema de asentamiento de los grupos arcaicos en su fase tardía, se estudiaron once sitios ubicados en el municipio Caimito (Fig. 9), y que parecen responder a la explotación de un mínimo territorio de unos 30 km2. De ellos, ocho se localizan en la cuenca del río Banes; dos en la costa, cercanos a la desembocadura del río (Cobo 3 y Cobo 4), y uno, en la ladera NE de la Sierra de Anafe, denominado Banes 6.

Hacia el sur del territorio de ese municipio se localizan sitios correspondientes a campamentos y habitaciones de arcaicos en su fase media. Por lo que puede considerarse que el sistema de asentamiento de estos arcaicos en su fase tardía o protoagrícolas ocupó un espacio natural bien delimitado, dentro del cual no se hallaron sitios correspondientes a otros grupos más tempranos. De los sitios vinculados a esta filiación solo uno se correspondió con un pequeño taller para el tratamiento del sílex, en una solapa en la ladera norte de la Sierra de Anafe —Banes 6.

Banes 1, localizado en la costa, en la margen izquierda del río, ocupaba una extensión de más de 200 m2 que iba desde la duna de arena o tibaracón en la misma desembocadura, hasta un manantial al oeste en la misma línea de la costa y penetraba hacia el sur, justo donde termina la primera terraza costera. Sus capas culturales en la costa alcanzaron un grosor superior al metro. En este sitio fueron exhumadas, por el colega J. Martínez, dos dagas líticas ceremoniales de más de 30 cm de largo cada una, las cuales se encuentran en el Museo Municipal de Cultura del municipio Caimito.

Banes 2 se localizó en una colina intermedia dentro de la cuenca, a pesar de forma irregular resultó ser la de mayor dimensión, casi los 300 m de diámetro. Banes 4 y 5, muy similares a la anterior, tenían apenas 150 m de diámetro; tres paraderos en áreas despejadas que, al parecer, respondían a pequeños campamentos levantados por los grupos durante sus incursiones a lo largo del río.

Todos los sitios estaban vinculados a la cuenca del río. Los asentamientos de primera magnitud, como Banes 1 y 2, así como los de segunda magnitud, Banes 4 y 5, se encontraban a orillas del río —todavía navegable en gran parte—, mientras que los campamentos se localizaron a orillas de los arroyos que se conectan con el río: Banes 3, 7, 8 y 9. El yacimiento denominado Banes 7 consistió en un pequeño campamento a orillas de un manantial que alimenta un arroyo, el cual desemboca en el río de igual nombre.

Estos sitios se caracterizan por contar con una industria lítica de pequeñas dimensiones, de gran perfección y variedad. En los asentamientos de primera magnitud se constató la abundancia de majadores y objetos para triturar y moler; una incipiente industria alfarera, definida por tiestos muy fragmentados, sin decoración, amasados y cocidos con métodos muy elementales; la existencia de pequeñas aéreas donde se evidenció el trabajo en madera (abundancia de gubias con huellas de uso), o talleres de confección de útiles de concha, más los restos de fogones, aunque muy alterados, prueban la existencia de una aldea que debió albergar varias decenas de personas (La Rosa *et. al.*, 1992).

Sin embargo, el sitio localizado en la playa, Banes 1, se encontraba ubicado debajo del lugar ocupado en la actualidad por vecinos y pescadores. A pesar de ello, se pudo realizar la colecta de superficie, no solo en el terreno, sino también en las aguas poco profundas de la orilla en las que se colectaron importantes evidencias. También se efectuaron numerosas calas y una excavación. El sitio Banes 4, después de haber sido sometido a una colecta controlada de superficie, fue destruido por la construcción de un pozo para la extracción de petróleo, que luego sería abandonado. Los terrenos de Banes 2 y Banes 5 habían sido roturados para la siembra de caña de azúcar, durante años.

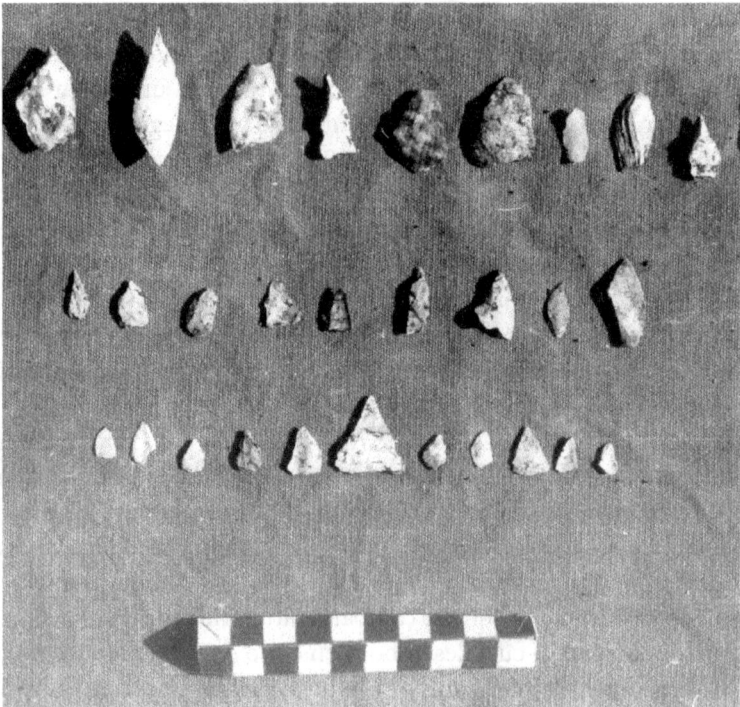

Fig. 10. Micropuntas de conchas procedentes de Excavaciones del sitio Banes 2

No obstante, las exploraciones y colectas controladas de superficie, permitieron identificar dos áreas de menor grado de alteración en el sitio Banes 2. Las excavaciones, ejecutadas en 1992, probaron que ambas áreas estaban destinadas al tratamiento de materia prima. Una de ellas contaba con un gran taller de concha (Robaina y Martínez, 1993 y Suárez y Marichal. 2001), del que se exhumaron abundantes restos del taller, adornos corporales y micropuntas de proyectil (Fig. 10). La otra correspondía a un taller en el que al parecer se trabajaba la madera, por cuanto se colectaron y exhumaron varias decenas gubias de concha,[43] fracturadas o con huellas evidentes de uso, que se encontraban concentradas en esa zona específica del sitio. El taller estaba conformado por un espacio circular separado del gran asentamiento por un abrupto talud natural y rodeado por el río que, en esa parte, formaba una pronunciada curva. Las gubias aparecieron en menor cuantía en el resto del residuario. Recuérdese que estos grupos eran diestros en la fabricación y uso de canoas.

El estudio de la vivienda en los arcaicos

El estudio de las viviendas de las sociedades nómadas o seminómadas, de cazadores, recolectores y pescadores, en general, ha sido objeto de un análisis reiterado desde hace varias décadas. Bajo los términos de viviendas «prehistóricas», «primitivas», «populares» o «vernáculas» se ha insistido en la idea central que relaciona el tipo de vivienda con el nivel de desarrollo alcanzado por la sociedad y, sobre todo, con su estructura social y funcionalidad, en respuesta a las necesidades concretas de cada grupo humano.

Pero la vivienda no es considerada solo una estructura, sino algo creado para varios fines, es, por lo tanto, un fenómeno cultural (Rapoport: 1972:65). Para el autor citado, «la casa es, para el hombre primitivo algo más que un techo y, casi desde el principio, la —función— era mucho más que un concepto físico o utilitario» (Ídem).

Los estudiosos que han investigado los orígenes de la vivienda humana desde el punto de vista histórico o arquitectónico, como desde el punto arqueológico (Leroi-Gourhan y Brézillon: 1966 y 1972: Guidoni: 1977; Rapoport: 1990; Binford: 1991; Blanton: 1994; Vela: 1995; Maldonado y Vela: 1996 y Óliver: 1997), han enriquecido el conocimiento acerca de la vivienda «primitiva». Los tratamientos etiológicos, antropológicos y arqueológicos, permitieron comprender la correlación entre los factores

---

[43.] Durante varios años este sitio fue visitado en numerosas ocasiones. Se comprobó que después de grandes lluvias o de haberse roturado el terreno, se volvían a encontrar grandes cantidades de gubias.

culturales y étnicos, las técnicas constructivas, los materiales disponibles y la funcionalidad de dichas viviendas.

La mayoría de los estudios parten de los ejemplos pioneros de Leroi-Gourhan y Brézillon (1966 y 1972). Se reconoce que, para este estadío de desarrollo, las viviendas describen, en general, una tecnología, tipología y función similares, con independencia a las variaciones climáticas y geográficas. Estas dos últimas condiciones introducen ciertas variaciones en los materiales y formas externas, pero todas se corresponden con cuatro cualidades fundamentales:

- Viviendas de pequeño tamaño.
- Número reducido de viviendas agrupadas.
- Carácter temporal.
- El registro arqueológico prueba mayor concentración de evidencias frente a las mismas (Fig. 11).

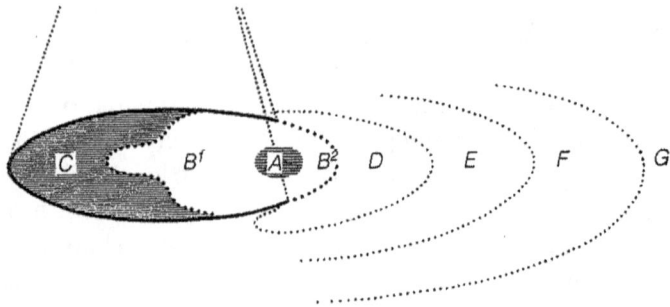

Fig. 11. Modelo de lugar de residencia según propuesta de Leroi-Gourthan

En cuanto a la concentración de las evidencias alrededor del fogón, L. Binford (1991:163164), ofreció un modelo más exhaustivo y complejo, el cual amplía las posibilidades en la interpretación del registro de evidencias.

Se sabe que durante los milenios que duró el paleolítico superior en Europa, los humanos vivieron en cuevas «al menos parte del año» (Combier: 1988:114). Sin embargo, se ha probado, arqueológicamente, la existencia de estructuras que demuestran la erección de techos, paredes y pisos, lo que se ha definido como «arreglos espaciales» en algunas de las grandes cuevas ocupadas. Estas adecuaciones de los espacios en las cavernas, hechas con el fin de mejorar las condiciones habitables del lugar, se han identificado en Laugerie Haute, en el valle de Vézère; en Pechdela Boissière y FourneauduDiable del solutrense, en Dordoña. En la cueva Renne, en un nivel fechado en unos 35 000 años, se encontraron huellas de chozas circulares (Ídem). Este tipo de construcción ha sido interpretada como «viviendas que de alguna manera son intermedias entre las cuevas y los sitios al aire libre» (Ídem). También, Jean Combier (1988), registra numerosos ejemplos de construcciones en espacios abiertos como en el valle de Loira.

La vivienda «primitiva» reportada en América del Sur y la región caribeña, ha descrito variadas tipologías: los techos pueden presentar una estructura en forma de cúpula o cono, a dos aguas, o ranchos sin de paredes, pues, en ocasiones, se trata de «paravientos», y sus paredes ser circulares, cuadradas o rectangulares (Malpass y Stothert: 1992). Los materiales de las estructuras base pueden ser ramas gruesas o troncos; en casos muy especiales, de piedras amontonadas, cubiertas de ramas pequeñas, hierbas, hojas o pieles. En algunos lugares tienen la cualidad de poderse transportar al cambiarse el campamento, como en el caso de los nómadas recolectores querandíe, de las Pampas, o simplemente abandonarse, pues su construcción es fácil y rápida.

En grupos cazadores, pescadores y recolectores de la Patagonia, se han identificado pequeñas viviendas con paredes de piedra, otras con estructuras de madera, que en verano se cubren de ramas y hojas y en invierno con pieles.

Los nómadas charrúas, que originalmente se encontraban en el Chaco, Uruguay, construían paravientos con cuatro estacas, esteras en las paredes, y no tenían techo. En otros casos, los paravientos son una especie de techado inclinado que apoya uno de sus lados en el suelo. El carácter temporal de estas viviendas es considerado evidencia de cierto nomadismo, así como el uso de materiales muy perecederos en la construcción.

Las investigaciones arqueológicas desarrolladas en la isla no han arrojado hasta el momento resultados que despejen el velo de dudas en cuanto a la existencia de viviendas de los arcaicos. Esto se debe a numerosos factores, entre ellos, se encuentra el hecho de que los cronistas de la conquista y colonización no aportaron información significativa sobre la existencia de viviendas edificadas por los aborígenes no ceramistas. Incluso, los datos más precisos hablan de la inexistencia de ellas en los grupos de menor desarrollo, o sea, las comunidades con tradiciones mesolíticas tempranas.

El conquistador Diego Velázquez, quien recorrió la isla en su proceso de reconocimiento y consolidación de la conquista, afirmó en una carta fechada el 1ro de abril de 1514, que en dos "provincias" indias que se encontraban:

> (…) en el cabo de esta isla, a la vanda del poniente están, que la una se llama guaniguanico; y la otra guanahacabibes, que son los postreros indios della; y que la vivienda de estos guanatabibes

(*sic*) **es a menera de salvaje, porque no tienen casas, ni asientos,
ni pueblos,** ni labranzas, ni comen otra cosa sino las carnes que
toman de los montes, y tortugas y pescado (Pichardo, 1965: 80).

Por su parte el padre Las Casas, en un documento elaborado para denunciar los excesos que se cometían con los indígenas, opina sobre los mismos grupos: «unos indios que están dentro de Cuba, en una provincia al cabo della, los cuales son como salvajes, ni tienen casas, sino están en cuevas contínuo, si no es cuando salen a pescar; llámanse Guanahatabeyes» (*Ídem:* 63). Pero las descripciones de Velázquez y Las Casas han sido cuestionadas. En una importante contribución a las discusiones en cuanto al poblamiento arcaico en las Antillas, aunque enfocado a su posible localización en Puerto Rico, y basado en la información disponible, Daniel Rodríguez Ramos (2008), de la Universidad de Puerto Rico, rechaza dichos testimonios (incluyendo el de Oviedo sobre la existencia de grupos similares en Haití). Hoy existe consenso acerca de que la visión de esos «indios salvajes» fue exagerada y producto del imaginario colectivo de los conquistadores. A pesar de esto, parece que algo hubo de cierto en la leyenda y algunos argumentos matizan la cuestión. El fundamento arqueológico de la crítica se apoya en los trabajos de Lovén (1935) y Keegan (1984), por considerar que la existencia de los guanahatabeyes no tiene respaldo arqueológico; pero en la arqueología de la mayor de las Antillas se han realizado, desde hace varias décadas, importantes investigaciones que han supuesto la existencia de una variante cultural denominada Funchoide (Guarch, 1981 y 1987) o Guanahatabey (Alonso, 1989), la cual se localiza en la península de Guanahacabibes. De igual manera, los estudios de Dacal (1968); Dacal y Pino (1968); (Guarch 1970 y 1981); Alonso y Carmentate (1986) y Alonso (1995 y 2010), han contribuido a probar que en ese territorio se asentaron comunidades que, aunque culturalmente no pueden aislarse del resto de los grupos pescadores-cazadores-recolectores, gozaban, sin embargo, de cualidades propias como son: Sistemas de asentamiento diferentes en la región, basados en la proximidad de los ecosistemas costeros con los boscosos que no contempla la migración estacional de cada comunidad (Alonso, 1988 y 2010:45); número más reducido de individuos agrupados en bandas; abundancia de habitaciones y paraderos en cuevas, e instrumental lítico en el que predominan la piedra utilizada y artefactos rústicos. En cuanto a los razonamientos históricos que desechan las descripciones de Velázquez y Las Casas, sobre la base de un relato de Bernáldez, en el que refiere que Cristóbal Colón visitó una bahía cercana en la que observó la existencia de viviendas, a mi juicio, resulta tan cuestionable como las anteriores, por cuanto la península de Guanahacabibes, territorio de los guanahatabeyes, se encuentra muy distante de las bahías visitadas por el Almirante, en las que él describió comunidades de mayor desarrollo socio-económico. Además, el «Cura de los Palacios» nunca estuvo en Cuba. Esto no quiere decir que niegue la existencia de viviendas rústicas para estos grupos. Las evidencias de asentamientos en áreas despejadas, en porcentaje reducido, así lo sugieren, aunque hasta el presente no se hayan encontrado evidencias ni los cronistas las vieran. El guanahatabey de Cuba fue una de las tantas visiones «desenfocadas» de los cronistas. Como dijera Roger Bartra (1992:13):«El mito del hombre salvaje es un ingrediente original y fundamental de la cultura europea». El modo de vida de estas bandas no fue más que el reflejo de procesos de adaptación sociocultural a un medio particular, por lo que los guanahatabeyes no fueron los «salvajes» que se tenía idea. Culturalmente están vinculados a los grupos no agricultores de la isla y, especialmente, a los que se asentaron en los humedales del sur de Camagüey y la Ciénaga de Zapata. A mi juicio, los primeros conquistadores que contactaron con ellos, de manera ocasional, tuvieron una visión muy parcial de estas comunidades; opinión que fue reflejada por los cronistas, quienes describieron no solo lo que vieron, sino también lo que les contaron. Sin embargo, este es un tema demasiado complejo y con muchas aristas. Sobre el mismo se requieren amplios y actualizados estudios. Se debe tener en consideración que en la visión distorsionada del guanahatabey de Cuba intervino no solo la mentalidad europea, sino también el criterio de los aruacos que acompañaron a Cristóbal Colón en calidad de intérpretes, los cuales contactaron con ellos y aseguraron que no pudieron entenderlos. Los sitios arqueológicos de la costa sur de la península, que debe haber sido la zona en la que ocurrieron los primeros contactos, están constituidos, fundamentalmente, por habitaciones en cuevas, mientras que los grandes residuarios en áreas descubiertas (donde existen elementos que fortalecen la hipótesis de la existencia de viviendas) se encuentran distantes de las costas, tales como: los montículos habitacionales cerca de las cuevas de La Pintura, de Funche, de la laguna interior del valle de San Juan y la laguna de Malpotón, entre otros.[44]

89

[44.] La supuesta extinción del guanahatabey de Cuba, estimada en unos 1 000 años por J. M. Guarch (1970), no parece tener respaldo en algunos objetos colectados en capas superficiales de sitios de la península. Pero con independencia a esto, no es posible arribar por el momento a conclusiones definitorias acerca de la desaparición del guanahatabey antes de la llegada de los españoles, pues se carece de una buena serie de fechados y la arqueología en el territorio, enfrascada en la búsqueda de cuevas, hasta el momento no ha contemplado en su agenda el estudio de las evidencias de contacto indo-hispánico, aunque hay certeza de ello. Pero, las descripciones «apócrifas» de los cronistas registraron rasgos significativos encuanto a la existencia de pequeños grupos de bandas de pescadores-cazadores-recolectores (en la terminología moderna), que se desplazaban de continuo, y la arqueología ha probado la existencia de esos rasgos en decenas de sitios en la península. La pregunta es lícita: ¿Cómo pudieron los cronistas coincidir en sus descripciones con lo que la arqueología ha demostrado sobre la ocupación

Otro de los factores presentes para las inexistentes respuestas a tan importante cuestión, es que la vivienda no ha formado parte explícita de los proyectos investigativos.

Al concluir los trabajos del censo arqueológico de la provincia de Pinar del Río, el colega Enrique Alonso afirmó, que no debía descartarse la posibilidad «de que los aborígenes objeto de estudio —se refiere a las comunidades con tradiciones mesolíticas tempranas— hayan construido algún tipo de casa… en sus campamentos en áreas despejadas…cuestión esta sobre la cual no se dispone aún de pruebas definitivas» (1995:92).

Por su parte, los colegas Martínez Gabino, Vento y Roque, confirman, para la región de Matanzas, que:

> La ausencia de evidencias directas no descarta la posibilidad de que estos grupos hayan construido algún tipo de vivienda de troncos y ramajes para protegerse de las inclemencias del tiempo, cuestión esta que puede ser inferida (1993:28).

Igualmente, como ya se dijo en el caso del Censo Arqueológico de La Habana, aunque se trazaron objetivos para alcanzar una respuesta sobre esa interrogante, no fue posible debido al grado de alteración de los residuarios en las áreas despejadas, ya que las zonas en las que se encuentran habían sido sometidas a la explotación agrícola.[45] Por lo tanto, la respuesta a la factible existencia de viviendas en los arcaicos se ha movido en el terreno de las inferencias.

Para Fernando Vela: «La respuesta limitada de la arqueología al problema de la vivienda del espacio doméstico viene determinado por dos factores fundamentales: la conservación del registro arqueológico y la dificultad de su interpretación» (1995: 259).

A esto puede agregarse, que en el caso de Cuba, las excavaciones en áreas descubiertas de los arcaicos tienen siempre un marcado carácter puntual. O sea, se realizan excavaciones en montículos o en residurarios, pero limitadas a un espacio reducido, casi siempre, en el área en la que abundaron las evidencias en la superficie. No obstante, no se han buscado los espacios sociales y familiares de estas aldeas. Cuando en la arqueología de la isla se apliquen los enfoques espaciales y se trabajen grandes áreas

---

aborigen del territorio, si supuestamente habían desaparecido varios siglos antes de que ellos arribaran al lugar? Quizás la respuesta se encuentre en el «Cayo Redondo» que habitó en la península y sobre el cual no se ha cuestionado su presencia en los momentos de la conquista.

[45.] No ha sucedido así en el caso de las comunidades ceramistas y agricultoras, acerca de las cuales los cronistas de Indias dejaron importantes descripciones. Además, se han realizado importantes investigaciones (Curet Salim, A. 1992; Jardinez y Calvera, 1999 y Valcárcel Rojas, R. et al.,2006 y Hernández de Lara, 2007).

en los asentamientos de los arcaicos, será posible la reconstrucción de los espacios sociales y familiares, así como de sus posibles viviendas.

La antropología comparada y la arqueología desarrolladas desde hace algún tiempo en América del Sur, pueden suministrar algunos elementos que permitan visualizar las huellas de las viviendas arcaicas en la isla de Cuba.

Estudios antropológicos actuales acerca de numerosos grupos étnicos de las zonas boscosas y apartadas en América del Sur —algunos de los cuales mantienen aún hoy costumbres similares a los arcaicos de las Antillas, en el sentido de su dependencia económica de la caza, la pesca y la recolección, cierto nomadismo y agrupados en bandas de estructura familiar—, han demostrado la pervivencia de tradiciones constructivas arcaicas en sus viviendas. Recordemos que Amos Rapoport (1972), en su contundente trabajo sobre la vivienda primitiva, desde el ángulo de la antropología, puso al descubierto «la ausencia de cambios rápidos y la persistencia de la forma» como características de las viviendas primitivas.

Pero como no siempre las descripciones de los colonizadores y misioneros, así como los estudios antropológicos que se realizan en torno a las diferentes etnias que habitan las selvas de América del Sur, detallan las viviendas, es necesario rastrear esta información mediante las imágenes que acompañan a diferentes fuentes acerca de los grupos humanos que habitan en esta región, y en las cuales, las viviendas aparecen por lo general en un segundo plano, aunque en algunas ocasiones la vivienda es el objeto de estudio y de la fotografía.

Este tipo de información es bastante frecuente en fuentes actuales, aunque en su mayoría resultan poco confiables al tratarse, en algunos casos, de grupos que tiene cierta influencia del exterior. Sin embargo, interesa visualizar los tipos de viviendas que tenían los grupos étnicos de esa región durante los primeros siglos de la colonización, incluso, en el presente, pero dichas imágenes deben reflejar continuidad en las tradiciones constructivas, con el fin de encontrar posibles paralelismos que nos ayuden a explicar las borrosas edificaciones de los pescadores-cazadores-recolectores de Cuba.

Repasando diferentes fuentes obtenemos las fotografías de Louis Boccard, en territorios del Alto Paraná, Paraguay, Misiones y Brasil, entre 1898 y 1899, en las que aparecen, en primer plano, indígenas, y en segundo plano, sus viviendas. Lo importante de estas imágenes es que se trata de los «indios caínguas», los que según el fotógrafo eran de una «tribu» integrada por unos cincuenta o doscientos individuos de «estatura pequeña [...] completamente salvages (sic) desnudos» (citado por Giordano y Reyero, 2016:262). Se segura que: «Viven exclusivamente de caza, pesca y frutos silvestres» (*Ídem:* 265).[46] Dado el tipo de fotografía que insiste en el grupo humano, no es posible apreciar los espacios socialmente construidos, pero en cuanto a las viviendas, se pueden aislar las siguientes:

- Viviendas en forma de Barbacoa, Ranchos con techos de dos aguas sin paredes, ranchos con paredes y techos de dos aguas, con estructuras muy simples y de descuidada terminación. Todas de planta rectangular.

La existencia de ranchos de forma rectangular y techo de dos aguas se ha interpretado como una influencia de la colonización. Sin embargo, en mayo de 2008 fue contactada, por vez primera, una comunidad aislada en las selvas de Brasil. En las fotos tomadas desde del aire por G. Miranda, se puede apreciar un grupo de «indios» desnudos, con los cuerpos pintados de rojo o negro, que defienden su espacio aéreo lanzando flechas. Sus viviendas están constituidas por ranchos rectangulares de techos a dos aguas, sin paredes (funai.gov.br.).[47]

Hugh-Jones (1985), en su estudio sobre los aborígenes del noroeste de la Amazonía, consideró que la *maloca* o rancho de planta rectangular, sin paredes, de techo a dos aguas que rozan el suelo, era la vivienda típica de la región, aun con algunas variaciones. Para este autor, la maloca era para los aborígenes el centro del mundo: era vivienda, comedor, cocina, dormitorio, área de juego y baile, cementerio y templo. Era «como un símbolo patente que representa la estructura de la sociedad» (*Ídem:* 81)

En otro excelente trabajo sobre la vivienda colectiva de los yanomamis, que detalla todo el proceso constructivo de las viviendas de estos grupos desde una óptica espacial, lo cual permite identificar la construcción de los espacios sociales en los que se insertan y aprehenden los espacios construidos para la vida familiar y colectiva (Gasparini y Marglies: 2004), se pueden identificar los siguientes tipos:

92

[46.] En el año de 1932 Jules Henry, profesor de Antropología de la Universidad de Washington realizó trabajos etnográficos en el sur de Brasil. Según él, los grupos de habla «kaingán» se encontraban desde Sao Paulo hasta Argentina. En el estado de Santa Catarina estudio unos grupos de esta denominación. Para Santos (1973), se trató de los xokleng. El antropólogo norteamericano los describió como grupos que se movían por el bosque: «en pequeñas bandas en busca de comida». Llevaban consigo el fuego y sus viviendas eran muy simples hechas con ramas arqueadas que se sostenían sobre dos montantes hundidos en el suelo. "El resultado era un refugio largo y completamente abierto en tres lados. Dormían en el suelo con los pies dirigidos al fuego (Henry,1964:10). En un breve pero valioso estudio de la vivienda «kaingáng» se registran las habitaciones comunales y los campamentos temporales de grupos de esta denominación que habitan en el sur de Brasil (D'Angelis e Veiga,2003).

[47.] En el diario de navegación del tercer viaje de Cristóbal Colón, el marinero afirmó que en el Golfo de Paria se habían reunido con los naturales en: "...una casa grande, hecha de dos aguas y no redonda",(Colón, 1989).

- El paravientos y ranchos ligeros de techos planos inclinados de carácter ocasional en los Yanomamis. Todas las construcciones de estos grupos presentan una estructura y acabado de extraordinaria perfección y estética.

En un trabajo acerca de las tradiciones constructivas indígenas kawésqar, en Puerto Edén, se observa detenidamente cómo se construían algunas viviendas de pequeño tamaño, mediante el entrelazamiento de grandes varas de madera flexibles que se encajan en el suelo, formando una estructura circular. Así tenemos:

- Choza circular con el techo en forma abovedada, elaborada con tradiciones de la comunidad indígena kawésqar en Puerto Edén (Pulgar Pinaud: 2007).[48]

También tenemos el trabajo de Fernando de Tocca (2011), en el que se incursiona en las imágenes fotográficas de indios de Brasil. En ellas se pueden apreciar dos tipos que pudieran acercarse a las simples construcciones de los arcaicos de Cuba. La primera, que ya vimos en el caso de los caínguas, en los grupos contactados en 2008, en Brasil, y en los estudios de Hugh-Jones (1985):

- Ranchos amplios sin paredes en el frente y fondo, pero en el que el techo de dos aguas casi llega al suelo, según fotografía de A. Frisch, en 1865, en Manaos (Tacca: 2011). (Se trata de la cocina de una maloca).

Y la segunda, que considero la más sugestiva, se trata de las fotos tomadas por Jean Manzon desde una avioneta en 1946, en las que aparecen los sorprendidos «xavantes» lanzando flechas contra el objeto intruso que sobrevuela su aldea. Este acontecimiento fue el primer contacto con esta etnia. Una de las fotos en cuestión testimonia la existencia de una aldea de unas 18 viviendas. Así tenemos:

- **Viviendas circulares de techo abovedado** agrupadas en un gran círculo de los grupos *Xavánte*. El centro es un gran espacio vacío. La disposición en círculo de las chozas parece separar y proteger el

---

[48.] Este tipo de vivienda pequeña y circular, de techo abovedado, ha sido registrada en estudios etnográficos en numerosas culturas a escala mundial. Se asocian a bandas no sedentarias. En América se destacan las de los héta o xetá de Brasil (Kozak et. al., 1981 y Viana, 2014) y los "seri" de la isla Tiburón en el Golfo de California (McGree,2015)."

espacio habitacional de la selva circundante y en su centro el terreno despejado constituye el espacio social construido.

Desde hace varias décadas, las investigaciones arqueológicas desarrolladas en América del Sur han venido aportando pruebas irrefutables acerca de las primeras viviendas construidas por grupos de pescadores-cazadores-recolectores. En un contundente balance de estos avances de la arqueología en la región, Michael Malpass y Karen Stothert (1992), ponen de manifiesto los resultados de las investigaciones desplegadas en Ecuador, Chile y Perú.

Las excavaciones arqueológicas demostraron diferentes tipos de plantas de viviendas, e identificaron sus bases constructivas, testimonios de postes y modificación del suelo. Fechados radiocarbónicos y estudios de la dieta, así como de los ajuares de estos asentamientos, confirman que se trata de grupos no ceramistas. Aunque en algunos de los lugares, como por ejemplo, en el sitio Las Vegas, en Ecuador, se puso de manifiesto el proceso de neolitización, el cual se produjo como resultado de una prolongada ocupación del lugar. Una de las cuestiones más sugestivas del estudio, es que la vivienda circular de pequeño tamaño aparece con frecuencia.

Estos trabajos no se limitaron a las estructuras de las viviendas, sino que se desarrollaron basados en el concepto *household*, como el componente social de la existencia humana con énfasis en el rol de las actividades económicas (*Idem*).

94

Por todos estos motivos, la arqueología de Cuba debe seguir insistiendo en la identificación de las viviendas de los arcaicos. Los presupuestos etnográficos y arqueológicos están dados. Es muy posible que su identificación, en el caso de los grupos de tradiciones mesolíticas tempranas, resulte muy compleja, debido a que cobijos como los paravientos o los simples ranchos en Guanahacabibes, no hayan dejado huellas palpables.

Mas no debe ser así en el caso de los grupos con tradiciones mesolíticas en su fase tardía, pues en sus territorios fue probada la existencia de grandes residuarios en aéreas descubiertas con presencia de espacios para el trabajo especializado, lo que se ha interpretado como el testimonio material de la existencia de aldeas. En estos lugares, las viviendas debieron tener un mayor grado de complejidad.[49]

[49.] El estudio de las estructuras básicas de las viviendas «primitivas» ha ocupado un espacio dentro de las investigaciones arqueológicas (Robbing, 1966 y McGuirre and Schiffer, 1983). Dado que existen evidencias que remiten a viviendas de plantas circulares y rectangulares, una de las cuestiones fundamentales debatidas han sido las razones que facilitan dicha elección. En los años de la década de los 70 (Flannery, 1972), consideró que la vivienda circular representaba una primera etapa, y las viviendas de planta rectangular, una segunda etapa, las cuales eran ocupadas por familias nucleares; criterio que a la luz de los avances de los estudios se ha enriquecido (Flannery, 2000). Para A. Feather (1996), existe un vínculo significativo entre la forma de la planta de la vivienda y la permanencia del asentamiento, pues considera que las plantas circulares están asociadas a asentamientos temporales y las plantas rectangulares a asentamientos permanentes.

Pero en los asentamientos de los grupos con tradiciones mesolíticas en su fase media —según mi experiencia y la visión que tengo de los yacimientos del sistema de asentamiento denominado Marién—, sus viviendas pueden haberse erigido como chozas de grupos de familias individuales, con planta circular, poca altura, dimensiones reducidas y agrupadas formando un redondel o figura ovoide.

Esta hipótesis se fundamenta no solo en la información etnográfica y arqueológica de la región y en el hallazgo de sitios de gran magnitud en aéreas despejadas, sino también en la reconstrucción de una posible vivienda de grupos de similar nivel de desarrollo en un sitio emblemático para la arqueología de Cuba.

Este tipo de vivienda circular y de techo abovedado parece ser la identificada por A. Rives y J. Poce, quienes han reconstruido la vivienda que se puso al descubierto durante las excavaciones en el sitio arqueológico Victoria 1, al sur de Camagüey, Cuba, y que corresponde a comunidades con tradiciones mesolíticas medias (Rives, com. pers., 2020). Este montículo habitacional fue excavado en el año 1971, por los colegas J. R. Guarch, M. Pino y L. Domínguez, pero sus resultados nunca fueron publicados. Sobre la base de copias de las notas de campo, los planos del sitio y las fotografías, ambos arqueólogos lograron identificar, por vez primera en la arqueología de Cuba, una vivienda de los arcaicos, sobre la cual no se ha encontrado ninguna referencia en los cronistas de Indias. Las huellas de postes en el fondo y paredes de la excavación arrojan una estructura circular de madera que se alza y se entrecruza, formando un techo abovedado. Los fechados radiocarbónicos de Victoria 1 mostraron un uso del lugar entre el 2040±100 y 960±50 a.p., (Pino, 1995). A la hora de identificar los posibles restos de viviendas de los arcaicos, se debe tener presente el tipo de estructura familiar, pues el tamaño, la forma y su funcionalidad, dependen, en gran medida, del número de personas que la habitan y los lazos que los unen.

Recordemos que Lévi Strauss (2006), cuando estudió las estructuras sociales en aborígenes de las regiones central y oriental de Brasil, mostró las relaciones que existen entre las viviendas, las relaciones sociales y la familia, en el planeamiento y distribución espacial de las viviendas dentro de una aldea

Maldonado y Vela (1996: 353), en sus trabajos acerca de la reconstrucción de una cabaña del yacimiento en Alcalá de Henares, pusieron al descubierto las relaciones entre las funciones de la vivienda y los condicionamientos preestablecidos por el medio físico, las características bioclimáticas y los materiales disponibles. En sus investigaciones han ofrecido, además, argumentos bastante convincentes en cuanto a la relación de este tipo de vivienda con la estructura familiar.

La cueva como vivienda del arcaico en el territorio habanero

Al igual que con el sistema de asentamiento de Marién, correspondiente a lo que arqueológicamente se definiría como arcaico en su fase media, no fue posible identificar, mediante el registro, la posible presencia de viviendas. Sin embargo, atendiendo a los presupuestos macros develados en ambos sistemas, todo parece indicar en que en la cuenca del río Banes, ocupada por grupos arcaicos tardíos (protoagrícolas) predominan los grandes residuarios como testimonio del carácter más estable de la comunidad y del control de todos los ecosistemas de la zona, que incluyen una pequeña y poco profunda ensenada, la desembocadura del río y manglares.

Las aldeas levantadas sobre las suaves colinas que bordean la cuenca, indican formas más complejas y elaboradas en la ocupación del lugar, lo que puede ser indicativo de los progresos de una economía aldeana, aún en ciernes, pero que supera a las agrupaciones de las pequeñas bandas de los arcaicos tempranos.

En el caso de los arcaicos en su fase media, como los del territorio aborigen de Marién, los asentamientos no alcanzaron la extensión de los de Banes, aunque los campamentos y talleres se conjuraron de forma más estable, demostrando una mayor dependencia de los recursos estacionarios.

Sin embargo, a nivel micro fue posible identificar el uso de los espacios en un sitio, correspondiente a una habitación en cueva, que si bien no era de primera magnitud, o sea, un gran asentamiento, superaba el tamaño y las deposiciones de los simples campamentos o paraderos de grupos arcaicos en su fase media. En 1990 se hicieron excavaciones en varios de los espacios del mismo. Se trata de la cueva Sandoval, localizada hacia el sur del municipio Caimito, de la antigua provincia La Habana, hoy provincia de Artemisa. Sandoval es una gran caverna con numerosas dolinas y entradas. En la dolina principal o entrada a la cueva, se excavó una deposición que mostró varios fogones con abundante dieta, resultado de la recolección y la caza en territorios aledaños. Algunas herramientas líticas y de concha posibilitaron identificar sus moradores como arcaicos en una fase media. La capa cultural alcanzó los 35 cm de profundidad.

No obstante, los trabajos arqueológicos desarrollados en los salones interiores demostraron que una parte había sido utilizada para sepultar, en este caso de forma ocasional, a un miembro del grupo: un infante de corta edad, que fue exhumado por el colega J. Martínez, y cuyos restos fueron expuestos durante bastante tiempo en el Museo Municipal de Cultura de ese territorio. Este trabajo completó la visión de la ocupación del lugar: la identificación de un salón interior de forma circular de apenas 10 m de diámetro, que tal vez daría cabida a un grupo familiar reducido. En los bordes del salón o áreas pegadas a las paredes de la roca, se exhumaron cinco fogones que de manera cíclica demostraban que el lugar había sido utilizado en varias ocasiones, pero esos fogones contenían apenas restos de dieta. Las evidencias dietéticas y de herramientas, similares a las localizadas en la dolina de entrada, donde incuestionablemente se preparaba u consumían los alimentos, fueron de tan poca frecuencia que hizo sospechar que se trataba de un área de dormitorio.

Si la cueva era utilizada durante el invierno, las actividades cotidianas, como preparación y consumo de los alimentos o elaboración de herramientas, podían desarrollarse en la gran dolina de entrada, pero por las noches, al bajar las temperaturas, lo más razonable era ocupar uno de los salones interiores, más abrigado y en el cual varias fogatas podían contribuir al descanso nocturno.[50]

En resumen, las labores del Censo Arqueológico del territorio habanero han probado, al igual que en Pinar del Río y Matanzas, (las tres provincias más occidentales), que los grupos arcaicos explotaban grandes extensiones de terreno con sus actividades de pesca, caza y recolección, organizados en familias o en grupos de actividades especializadas.

Sus viviendas, construidas en áreas despejadas, parecen apuntar a la erección de pequeños ranchos de materiales muy perecederos y, un alto índice de ocupación de los abrigos naturales en las montañas y los bosques —en los que las ocupaciones cíclicas han dejado testimonios reiterados de grandes fogones superpuestos en capas alternas— evidencian, mediante fechados absolutos, grandes períodos de ocupación del mismo lugar por grupos de similar nivel de desarrollo.

De los 167 sitios arqueológicos localizados y estudiados en el territorio habanero hasta 1995, en que se efectuó un informe balance del trabajo realizado (La Rosa, 1995), once de ellos se correspondieron con lugares ocupados por grupos ceramistas que parecen haber penetrado en el territorio en tiempos muy cercanos a la llegada de los colonizadores, según parece atestiguarlo la superficialidad y poca profundidad de las capas culturales en algunos de los sitios.

Correspondientes a la fase tardía de los arcaicos, definidos entonces como protoagrícolas, se estudiaron 25 localidades, correspondiendo ocho a grandes sitios de habitación en áreas despejadas y dos en cueva; cinco

---

[50.] Uno de los estudios más contundentes en torno a la correlación entre los diferentes yacimientos de un sistema y el número de personas que lo habían producido, así como las actividades desarrolladas en los mismos, se tiene de las investigaciones arqueológicas, a partir de los patrones espaciales de los artefactos, desarrolladas en sitios de cazadores de Caribú en la región de los Grandes Lagos, en comparación con la etnografía de los pueblos actuales que se dedican, como sus ancestros, a la caza del caribú como actividad principal. Así, le prestaron atención a la presencia de hogares y la posible representación numérica de individuos que hicieron uso de ellos, y estudiaron los factores que determinaron el uso y la organización de dichos espacios (Carr, 2012).

campamentos paraderos o campamentos provisionales en áreas abiertas, y uno en cueva. Completaron el sistema tres conchales costeros, como lugares de beneficio primario de productos de la recolección marina, cuatro cuevas con entierros y dos talleres líticos en cuevas (Fig. 12)

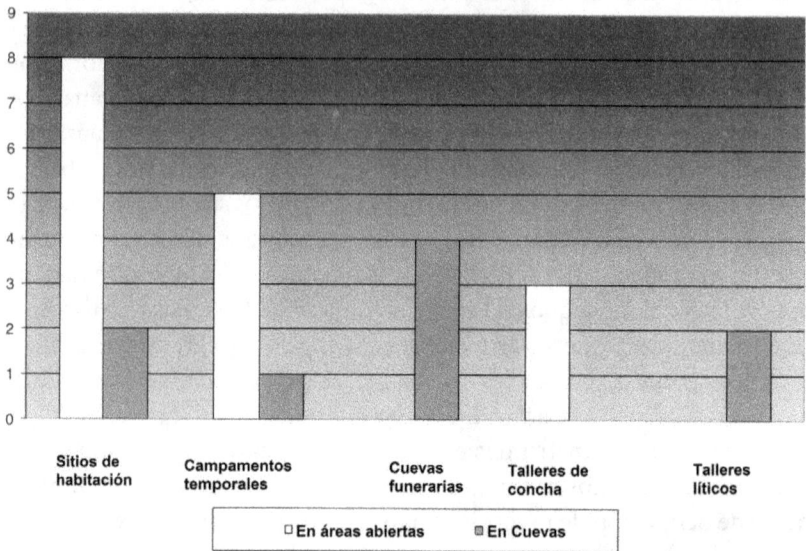

Fig. 12. La cueva como espacio humano en los grupos arcaicos tradíos (Protoagrícolas), territorio habanero

Esta composición de los sitios demuestra, incuestionablemente, el hecho de que los grupos en este estadío de desarrollo tenían un mayor dominio del entorno y de la obtención de alimentos. Sus grandes sitios de habitación en áreas despejadas ejemplifican el papel de las aldeas con un mayor grado de estabilidad dentro del conglomerado humano.

En esta fase de los arcaicos predominaron, en el territorio habanero, los campamentos temporales en áreas abiertas, mientras que las cuevas parecen haber mostrado preferencia en el uso funerario o como talleres líticos.

En el caso de los arcaicos en sus fases tempranas y medias se logró estudiar un total de 131 sitios, en los que sobresalen los paraderos o campamentos en cuevas, pero en cuanto a los sitios de habitación de primera magnitud, parece existir un equilibrio entre las cuevas y los localizados en áreas despejadas. Los conchales costeros y las cuevas de carácter ceremonial, ya sea por la presencia de pictografías o entierros, completaron la composición que pone de manifiesto los fundamentos de la organización social y la explotación del medio mediante la organización de pequeñas bandas recolectoras y cazadoras (Fig. 13).

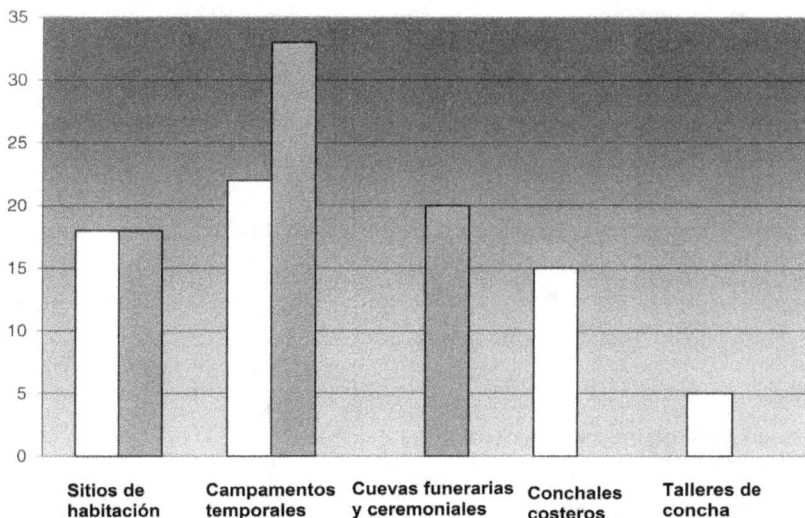

Fig. 13. Gráfica que muestra el papel de las cuevas dentro del sistema de habitación de los arcaicos de las fases temprana y media en el territorio habanero

Los sitios de habitación, ya fueran en cuevas o erigidos en áreas descubiertas, prevalecieron a lo largo de una ancha faja en la costa norte del territorio, lo cual pone de manifiesto la dependencia de estos grupos de la pesca como actividad principal, cuestión evidenciada en el registro arqueológico.

La presencia de una dieta de origen marino en muchos sitios de tierra adentro se considera como manifestación del intercambio, como apuntó la colega Martínez Gabino en el territorio de Matanzas, así como muestra que estos grupos dominaban grandes extensiones del territorio, y se movían, fundamentalmente, por las vías fluviales, si se tiene en cuenta los derroteros de los sitios.

Como se ha visto, para los arcaicos en general, la cueva, como habitación o refugio primario desempeñó un papel relevante. Los 24 sitios clasificados como ceremoniales se localizaron en cuevas; de los 46 sitios de habitación, 20 se hallaron en cuevas, y de los 61 paraderos o campamentos temporales, 34 fueron en cuevas. Este elemento pone de manifiesto que para la sociedad arcaica del territorio habanero, si bien la habitación en área despejada predominó en las llanuras y colinas costeras, la cueva ocupó un lugar primordial en los procesos de desplazamiento en el resto del territorio.

En el caso de Matanzas, las cuevas también fueron preferidas como lugar de campamentos durante el desarrollo de actividades económicas concretas

(Martínez Gabino, Vento y Roque, 1993); algo similar sucedió en Pinar del Río (Alonso y Carmenate, 1986).

Como ya se vio en el acápite dedicado al estudio de la vivienda, durante la realización de los censos arqueológicos de Pinar del Río, La Habana y Matanzas —según la división político administrativa vigente entonces—, no fue posible la identificación de evidencias al respecto. En esta cuestión tiene la arqueología de Cuba una de sus grandes solicitudes, por lo que opino que, la región más occidental ofrece mejores perspectivas para un acercamiento más acabado a la cuestión. A la vez, que nos permite inferir que las habitaciones levantadas en áreas despejadas debieron ser muy rudimentarias y temporales, por lo que sus viviendas no pudieron albergar grandes familias ni basarse en construcciones arquitectónicamente similares a las muy conocidas de los taínos.

Las cuevas en la cultura arcaica

Primeramente, es necesario estableces los planos en los que se ha mostrado como el hombre arcaico en su micromundo, integrado por los tres espacios fundamentales: el cielo, la tierra y el inframundo, encuentra en un árbol, una montaña u otro fenómeno natural, vinculado con la madre tierra, la manifestación de lo sagrado.

En ese estadío histórico la cueva está vinculada a las actividades más vitales del ser humano. A la misma cueva se recurre de forma cíclica, pues allí encuentra el grupo la protección ante las inclemencias del tiempo. Desde allí parte diariamente para realizar sus actividades de caza y recolección. A ella regresa al concluir las jornadas diarias. Allí prepara y consume los alimentos. Ella le puede proveer de alimentos de fácil captura, como la jutía, e inclusive, agua. Pero al mismo tiempo es un espacio abierto al microcosmos que se vincula con el día, la luz, los astros, los ciclos estacionales, y a su vez lo conecta con las profundidades de la tierra, donde está lo desconocido. Es un espacio tan particularmente profano, como dotado de un enérgico sentido mágico. Todas estas condiciones facilitan que su mentalidad arcaica lo dote de sacralidad.

La cueva, a pesar de ser el centro de sus actividades vitales, o sea, del espacio profano, es el punto que le permite conectar con otros espacios. Llevar allí a sus muertos es ponerlos ante la puerta de la conexión que vincula el cielo, la tierra y el inframundo. Al acompañar a los difuntos con objetos rituales, como las conchas y caracoles, los alimentos, armas e instrumentos, y soplarle el aliento de vida mediante el rociado de ocre rojo sobre la tumba, les está propiciando la comunicación con el más allá, con lo infinito, con el cielo. Están garantizando que el espíritu del muerto no se quede vagando por territorio de los vivos. Recordemos que en la mitología de algunas culturas aborígenes, como en los navajos, por ejemplo, cuando los difuntos no eran tratados consecuentemente durante el ritual de la muerte, sus espíritus no se elevaban, sino que permanecían en la tierra y podía crear dificultades a los vivos.[51]

La destacada arqueóloga mexicana Linda Manzanilla (1994), del Instituto de Investigaciones Antropológicas de la UNAM, afirma que en el México prehispánico las oquedades naturales fueron utilizadas con fines religiosos. Según ella, varios mitos refieren el nacimiento del sol y la luna desde una cueva; para algunas culturas como los chicomáztoc, emergieron del interior de una caverna. Así, «estas oquedades son la entrada al inframundo (¿Cámara funeraria?), pero también acceso al vientre de la tierra… y por extensión es sitio donde la fertilidad puede ser propiciada». Y argumenta que en su país, las cuevas fueron lugares del culto desde el formativo hasta el posclásico (2, 200 a.n.e. -1 500 d.n.e).

Por esto resulta común en numerosos mitos de sociedades arcaicas la referencia al nacimiento de los hombres y del sol en las cuevas.

101

---

[51] En muchos países se le ha prestado especial interés al uso de las cuevas como centro de prácticas rituales por las culturas primigenias, tal es el caso del estudio de las cuevas funerarias en el Estado de Virginia, en Estados Unidos de Norteamérica, territorio en el que en su porción sudoeste se han identificado y estudiado cerca de 50 recintos de este tipo, las que han sido sometidas a investigaciones particulares por varias generaciones de arqueólogos. Las ocupaciones de estos recintos se ubican entre el 900 y el 1600 a.d., además se ha trabajado seriamente en su conservación (Boyd, et. al., 2001).

4

El ritual funerario y su complejidad

*Ninguna estrategia puede reivindicar la posición del
monopolio exclusivo de la verdad.*

Marvin Harris

M e gustaría iniciar el presente capítulo con la pregunta: ¿Qué buscan
los arqueólogos de Cuba en las cuevas funerarias de los arcaicos?

Estoy convencido que si los excavadores de los sitios funerarios se interrogaran a sí mismos sobre qué persiguen en este tipo de trabajo, titubearían ante lo inesperado de la cuestión.

Las excavaciones en los espacios mortuorios aborígenes han generado una profunda fascinación a lo largo de los últimos 150 años en la isla, pero en muy pocas ocasiones estas van dirigidas a la búsqueda de respuestas a las interrogantes planteadas con antelación.[52]

Cada nueva intervención, casi siempre marcada por factores fortuitos, fue emprendida como algo totalmente nuevo, y los presupuestos develados en los trabajos anteriores apenas fueron tomados en consideración. Los hallazgos inesperados de objetos, fenómenos, relaciones o contextos, más bien se encaminaron al registro minucioso de los detalles, mientras se perdían otros valores, de similar o mayor importancia, por la ausencia de objetivos científicos que guiaran la búsqueda.

Esto hizo que una parte de los acontecimientos originados por la intervención arqueológica en cuevas funerarias de los arcaicos se convirtieran en el *show* de la prensa escrita y televisiva, y que conclusiones poco reflexivas y apresuradas crearan expectativas poco recomendables para este tipo de

---

[52.] Aquí habría que diferenciar las excavaciones realizadas en los últimos años por parte de antropólogos físicos y arqueólogos formados en los campos de la química y biología, que interesados en los estudios tafonómicos, de ADN, isótopos y de dataciones, han desarrollado excavaciones en cementerios aborígenes a partir de objetivos bien definidos. (*Travieso et al, 1999*) También sería correcto diferenciar los importantes trabajos desarrollados en cementerios de aborígenes de agroalfareros, los que han mostrado otra sistemática en la búsqueda de respuestas (Guarch, 1996 y Valcárcel, 1999 y 2005).

investigación. El estudio arqueológico de los cementerios aborígenes es un trabajo no solo de gran complejidad técnica y teórica, sino también de grandes implicaciones filosóficas y éticas.

Las excavaciones en los espacios relacionados con la muerte buscan, en primer lugar, reconocer el tratamiento ofrecido a los difuntos en cada sociedad; determinar las posiciones y orientaciones de los restos humanos; objetos acompañantes; profundidades de las tumbas; manipulaciones pre y *postmortem*, fechados, ADN y pruebas de alimentos más allá de las evidencias de los residuos, en fin todo lo que puede aportar al conocimiento de los seres humanos sepultados. Pero todos esos tratamientos aplicados a las evidencias mortuorias, que hoy son imprescindibles para conocer al individuo inhumado, no lo es todo. La arqueología, como ciencia social o histórica, tiene como misión, buscar y desentrañar las tradiciones culturales de aquellas sociedades; los cambios que se producen en ese campo; definir el imaginario colectivo que las movía y perpetuaba. Por esto, se hace necesario traspasar el umbral de la persona enterrada y adentrarse en las tradiciones de los individuos que le sepultaron, para así definir lo que expresan esos espacios, objetos y contextos, acerca de la sociedad y la época objeto de estudio.

Asimismo, la arqueología profundiza en la cultura, las tradiciones y las manifestaciones del pensamiento religioso, aunque para ello, tenga que moverse en el terreno de la teoría y los símbolos y, sus significados; valerse de un cuerpo de categorías vertebrado en el terreno internacional, el cual ha privilegiado el estudio de los espacios fúnebres aborígenes, con miras a explicar los complejos procesos mentales del hombre arcaico.

El laboratorio en el que se procesan los conceptos y categorías científicas, o sea, el lugar donde se contrasta, evalúa y sintetiza, es el cerebro humano. De ahí, que sea particularmente complejo este nivel de trabajo relacionado con la reconstrucción de los ritos funerarios y sus símbolos. A su vez, eso explica el porqué encontramos resultados tan disímiles, y en ocasiones incoherentes, a lo largo de esta exégesis.

El asunto es tan serio, que rebasa con creces las intensiones de los entusiastas excavadores e intérpretes de los registros existentes, quienes, en buena medida, han tratado de balbucear respuestas sin contar con las herramientas teóricas necesarias.

Los debates más recientes condujeron a interrogantes muy serias sobre la variabilidad de las prácticas mortuorias y la posibilidad de reconstruir la ideología de cualquier cultura, sobre todo, si son culturas desaparecidas.

La arqueología tradicional consideraba que los sitios funerarios expresaban el mundo de las creencias religiosas, y la presencia de objetos acompañantes se interpretaba, directa y mecánicamente, como una consecuencia de esas ideas. De esta manera, se establecía una analogía formal basada en fuentes históricas y tradiciones orales, para arribar a una descripción formal que pretendía explicar la religión en esos grupos.

Durante los años finales de la década de los años sesenta y el transcurso de los setenta, a escala internacional, se produjo una verdadera renovación en las maneras de ver y explicar las costumbres funerarias no solo de los diferentes pueblos arcaicos, sino general (Binford, 1971; Brown, 1971; Saxe, 1970 y Tainter, 1978). Por aquel entonces se consideraba, basados en determinados presupuestos teóricos, que los estudios arqueológicos en sitios funerarios posibilitaban extraer información valiosa sobre las relaciones sociales de las sociedades del pasado (Gamble *et. al.*, 2001). Dicha tesis viabilizó el debate dentro de la corriente teórica de la *Nueva arqueología*, la cual trazó como principio, que las costumbres funerarias expresan la realidad social. Y se avanzó en el estudio de las relaciones y complejidades de las estructuras de las sociedades, y cómo estas cuestiones se reflejaban en el tratamiento de los difuntos. Sin embargo, en el seno de esa *Nueva arqueología* se hicieron llamados a la cordura; reclamo incentivado por una de sus variaciones: la *arqueología procesual*. Justo fueron estos enfoques procesualistas los que sugirieron que la reconstrucción de los significados subjetivos en los espacios de la muerte era un terreno movedizo.

104   Ian Hodder consideró (1988), que en la arqueología tradicional la escala de inferencias para llegar al campo de las ideas había resultado inservible, pero reconoce la existencia de un creciente interés por ocuparse de las ideas, los significados y la ideología. En su criterio aprecia como en este terreno se avanza en la misma medida que es reconocida —la existencia de vínculos sistémicos entre lo material y lo ideal— (Hodder, 1988:183). Al defender la idea de la existencia de los niveles sistémicos entre lo material y espiritual, se justifica el estudio de los símbolos y los rituales en el campo de la arqueología, (*Idem*, 184).

Haciendo un recuento sobre el tema, Matthew Johson (2000), aprecia lo mismo, pero apunta nuevas ideas. Según él, las teorías arqueológicas siempre han tenido en su enfoque posturas positivistas ante la imposibilidad de constatar lo que las personas piensan, pues las ideas no plasmadas resultan imposibles de verificar; además, los principios positivistas excluyen del terreno de la arqueología, las acciones humanas.

Si se parte de esta teoría, el pensamiento religioso y los ritos que le acompañan difícilmente formarán parte de las agendas de los arqueólogos que se aferran a los datos.

Pero quizás, ahí se encuentre la respuesta al hecho de que la mayoría de las excavaciones en cuevas funerarias del occidente de la isla se han ajustado, de manera general, a la descripción de las variables mortuorias expresadas en el número de entierros, edades, género, posiciones, objetos acompañantes y algunas observaciones que expresan relaciones entre fenómenos diferentes, sin que se intentara destapar el significado de dichas relaciones.

Contradictoriamente, y por razonamientos científicos, los estudios arqueológicos nunca están desligados por completo de los significados de los objetos, pues al estudiarse las evidencias materiales es imposible desvincularse de los principios filosóficos y teóricos en general.

Muchos otros arqueólogos, como Renfrew y Zubrow (1994), defienden la posibilidad de identificar el comportamiento religioso mediante procedimientos arqueológicos. Por su parte, Flannery y Marcus (1993:260), afirman que el estudio del pensamiento cosmogónico, la religión, la ideología, así como la iconografía, constituyen áreas legítimas del análisis cognitivo fundamentado en empíricos datos materiales.

Vicente Lull, de la Universidad Autónoma de Barcelona —en un memorable artículo publicado en el año 2000—, afirma que, para el pensamiento arqueológico a partir de la *Nueva arqueología*, los restos funerarios no reflejan de forma directa la realidad social. Tampoco, las variables funerarias muestran, fielmente, el estado individual, y los modelos particulares no pueden catalogar a niveles sociales y universales. Para él, los contextos sepulcrales son guiones particulares del forcejeo entre las fuerzas del grupo y el simbolismo. Al respecto, opina que: «Dado que un cadáver no puede organizar su propio entierro, el entierro es un medio para evaluar el estado de la sociedad: son los grupos de intereses de la sociedad los que se manifiestan a través del ritual, y no el difunto [...] el tratamiento de los entierros lejos de diferenciar los individuos en planos éticos o políticos, son una expresión de los grupos socioeconómicos» (Lull, 2000:576), y propone, entre otros presupuestos:

- Los entierros son depósitos de la labor social.
- No existe un isomorfismo necesario entre la condición de vida del individuo y el reconocimiento social que se otorga post mortem. Un cadáver no puede llevar a cabo su propio entierro.
- Los restos funerarios son una expresión directa de la existencia o ausencia de grupos de intereses.
- Las asimetrías entre cementerios denotan las asimetrías en el consumo social. Las diferencias en el tratamiento del entierro no son un reflejo de diferencias entre individuos, sino más bien de los grupos socioeconómicos y socioideológicos (Lull, 2000:579).

Las aseveraciones anteriores evidencian que, el terreno fomentado por las interrelaciones de la ideología y el pensamiento religioso con las evidencias arqueológicas, es actual campo de grandes discusiones a escala internacional, por lo que no basta excavar bien un sitio y obtener buenos datos. Es requisito adentrase en este terreno del debate.

Enfoques similares al anterior han asumido autores como Castro (*et. al.*, 1995) y MacDonald (2001), quienes evalúan las posibilidades de la arqueología de la muerte. Desde ese ángulo se consideró que, siendo la exploración de los significados de los rituales y el carácter simbólico de los datos una empresa riesgosa, el uso de fuentes diversas y metodologías diferentes podía ayudar a una mejor reconstrucción. Así también lo han visto Gamble, Walker y Rusell (2001), quienes consideran que las dificultades pueden sobrepasarse con el uso combinado de la información procedente de varias fuentes y metodologías, lo cual probaron con sus investigaciones en torno a las dimensiones sociales y simbólicas de las prácticas funerarias de los chumash, en California.

Por su parte, Shimada (*et. al*, 2004), criticó la visión estática centrada en los objetos, mientras los restos óseos servían solo para identificar el género, la edad, enfermedades y traumatismos; a su vez señala que de los aspectos del ritual mortuorio y su simbología, se apuntaban algunas conjeturas de poca sostenibilidad teórica y artefactual.[53] Este autor llamó la atención acerca del carácter positivista que dichos análisis podían tener, pues según su criterio, los vivos no siempre actúan de manera pasiva y mecánica ante el proceso funerario, hecho que posibilita la aparición de actos y cosas que difieren de las costumbres establecidas. Asimismo, apeló a los recursos de la bioarqueología, y en sus trabajos —desarrollados en Perú bajo presupuestos arqueológicos—, tomó en consideración las dimensiones biológicas y culturales, y pudo probar las complejidades y persistencias de las relaciones de género, así como del ritual funerario. Él mostró como el tratamiento mortuorio puede diferir dentro de una misma cultura.

Los debates más recientes subrayan que la muerte y las prácticas de tratamiento a los cadáveres es un fenómeno que depende de factores biológicos, tafonómicos, sociales e ideológicos, así que los resultados dependerán de las perspectivas del estudio, lo que se proponga el mismo y los medios que se utilicen. A partir de esta base, la arqueología de los espacios fúnebres se ha acercado a los límites y vínculos entre los símbolos y la cosmogonía (Cannon, 1989 y Parker Pearson, 1982 y 2001).

[53.] Estas perspectivas fuertemente criticadas a escala internacional, expresan, en buena medida, el camino seguido en los estudios de los espacios fúnebres arcaicos en Cuba, durante una buena parte de las décadas finales del pasado siglo. En la mayoría de los casos, las cuestiones relacionadas con el ritual mortuorio y el simbolismo se trabajaban sobre la base de conjeturas de poca sostenibilidad teórica.

En una compilación en torno a las perspectivas de la arqueología en el estudio de los rituales, la religión y la ideología, de la Sociedad de Arqueólogos Americanos, se presenta un balance sobre tratamiento de estas categorías en importantes publicaciones periódicas de los Estados Unidos. Pero también, los tratamientos a la economía, la política, el ritual y la religión han aumentado sus estudios en los últimos treinta años, siendo la religión y el ritual los más favorecidos por dos de las publicaciones. Esto demuestra el interés que internacionalmente han cobrado los estudios referentes al culto y la religión de las sociedades aborígenes de Centro y Suramérica,[54] lo cual nos lleva a reflexionar acerca de la necesidad de aunar los esfuerzos de todos los profesionales interesados en esta temática, con el fin de superar los viejos estancos y parcelas que se producen como consecuencia de resabios positivistas.

Los espacios mortuorios de los arcaicos nos brindan la posibilidad de acceder a la ideología, tradiciones, ritualismo y manifestaciones religiosas, con independencia de otras cuestiones de importancia que se deben tener presente y a las que se pueden acceder mediante el estudio de los indicativos arqueológicos y los análisis de laboratorio. Por tanto, es hora ya que los arqueólogos cubanos debatan y precisen en sus agendas la búsqueda del pensamiento religioso de los arcaicos de la isla.

Dentro del estudio de los rituales asociados a la muerte en este estadío histórico, a partir de evidencias arqueológicas conocidas, es necesario darle prioridad a aquellos lugares, en particular, en los que durante generaciones los aborígenes arcaicos enterraron a sus difuntos.

La carga simbólica de este principio excede los presupuestos de los simples entierros en lugares de habitación. En este caso, las sepulturas ocasionales tal vez pudieron romper las capas culturales acumuladas durante las cíclicas ocupaciones de los lugares, o expresar un primer momento de ocupación, como parece ocurrir en cueva de la Pintura; situación explicada con anterioridad.

No existen pruebas cronológicas que permitan inferir que ambos tratamientos tienen respuestas en los diferentes momentos de ocupación efectuados por grupos de distintos niveles. Por lo tanto, y por el momento, solo se pueden deducir variaciones de carácter cultural. ¿Se tratará de grupos de diferentes tradiciones?

Estas diferencias se manifiestan a nivel insular y ocurren a lo largo de todo el país, en el cual existen pequeñas cuevas que sirvieron de habitación y en las que enterraron a sus muertos; en otras, solo se practicaron inhumaciones. Pero lo más embarazoso es cuando esta dicotomía se presenta en el mismo lugar. Tales son los casos Marién 2 y Bacuranao 1, en los que se

---

[54.] Revistas *American Antiquity* y *Latin American Antiquity* (Rakita and Buikstra, 2008:1-17).

identificaron espacios solo para enterrar, y otros cercanos, en los que había sitios de habitación. En el caso de Bacuranao 1, aparte del cementerio, en el área de habitación se exhumaron cuatro entierros.

Una variante de esto último pudiera encontrarse en cueva Calero. Según nuestra experiencia y conocimiento directo del área, en la cueva funeraria de Calero, los aborígenes sepultaban a sus difuntos, mientras ocupaban varias cuevas cercanas al cementerio, en calidad de sitios de habitación o campamento, pero los fogones de dicha cueva, donde había restos alimenticios, no eran, a mi juicio, residuos de hogares habitados, sino de banquetes funerarios.

Tratar de explicar estas diferencias cuando se carece de series de fechados y amplias excavaciones con sistemáticas de campo confiables, es verdaderamente aventurado.

No obstante, es poco probable que un grupo, el cual utiliza el área sepulcral por excelencia y donde se aprecian ritos funerarios de cierta complejidad en una cueva usada para estos fines durante décadas o siglos, sea el mismo grupo que emplee un sitio cercano como habitación, y sepulte en ella. Es difícil que cambios tan drásticos tengan como fundamento mudanzas de conducta en el seno de una misma banda. Eso nada más se explicaría ante la existencia de diferenciaciones sociales que justifiquen el nivel de elección para que tan solo unos pocos sean sepultados en el lugar escogido, o de tabúes vinculados a las condiciones del fallecimiento. Pero no hay diferencias en las variables en el tratamiento mortuorio ni de edad, género o patologías que demuestren tales preferencias. Por lo menos, hasta donde han llegado los trabajos de campo en la actualidad.

Puede ser que pequeños grupos del mismo estadío histórico, aunque con diferentes tradiciones, se moviesen cíclicamente por esas regiones y ocuparan de manera indistinta eso lugares, procurando así, algunos de ellos, un área de habitación con entierros, mientras otros, tan solo iban al lugar para realizar el ritual funerario.

El carácter sagrado que parece identificar los cementerios en cuevas, el cual se explica por el carácter selectivo y reiterado, es prueba de las diferencias de ambos conceptos y del ritual funerario. Y fíjese que digo concepto y no tratamiento del difunto, porque en realidad no se observan diferencias significativas entre uno y otro tratamiento.

En ambos casos, se presentan similitudes culturales generales refrendadas por los contextos y evidencias de las industrias líticas y de concha, como también por las sistemáticas inhumatorias, tales como: entierros secundarios; uso de ofrendas; de colorante rojo, y las posiciones y orientaciones de los cuerpos. Por lo tanto, las diferencias escapan al simple registro de las variables mortuorias. Unos tienen un concepto que vincula a los muertos con un espacio sagrado, y esto es un símbolo; mientras otros, simplemente, abandonan el cadáver o lo sepultan en el sitio de habitación, donde se desarrolla la vida cotidiana, o sea, en el espacio contaminado, profano.[55] Mas todas estas interrogantes escapan, por el momento, de una respuesta convincente. Cualquier cosa que se afirme al respecto, se encuentra en el terreno de las conjeturas.

El primer símbolo del ritual funerario: El lugar seleccionado

En el hombre arcaico se ha definido la existencia de una mentalidad religiosa que dota a los objetos de la naturaleza de alma o espíritu, e identifica, ante determinadas señales de lo sagrado, o sea, mediante la hierofanía, un espacio, un lugar especial. Y ¿qué lugar más especial para él, que una cueva?

Este espacio le garantiza abrigo ante el peligro, protección de los elementos naturales. Es la parte más cercana o vehículo que le comunica con la tierra; esa tierra originaria y engendradora.

La cueva, o el salón dentro de sus predios escogido como centro, se comportan —según la valoración de Eliades—, como la piedra sagrada. Ella es, permanece siempre, no cambia y asombra por su capacidad para absorber las necesidades del hombre que la usa, así, como en el caso de las piedras o montañas sagradas, devela por analogía la irreductibilidad y lo absoluto del ser. Se hace sagrada, porque su propia existencia es una hierofanía, es lo que el hombre no es (Eliade, 2001:6).

En el *Mito del eterno retorno*, Eliade asegura que el espacio sagrado es el centro del mundo, el punto de encuentro del cielo, la tierra y el infinito. El centro es la zona de lo sagrado por excelencia (Eliade, 2001:13).

Los historiadores de la religión y los antropólogos han encontrado en los mitos arcaicos y en las sociedades tradicionales argumentos sobre estas premoniciones.

Para la mentalidad arcaica son las cuevas, precisamente, el mejor lugar para dar sepulturas a los fallecidos, para establecer el punto de reunión, de encuentro, de despedida, de purificación, de preparación del alma del fallecido para el nuevo viaje, y donde los ritos de paso permitirán al espíritu del difunto pasar al mundo que le corresponde y no perturbar a los residentes del espacio contaminado, el profano.

109

[55.] No debe descartarse la posibilidad que los entierros en cuevas, utilizadas como habitación por parte de determinados grupos, fuesen usadas más tarde para entierros ocasionales por grupos merodeadores en la región, los cuales buscaban una cueva cualquiera para sepultar a sus difuntos. Pero probar esta tesis requiere de pruebas y recursos que escapan al patrocinio de arqueología del país.

Ahora bien, estos supuestos principios no son del todo válidos para los lugares de entierro en áreas despejadas. En dichos lugares no funcionan de igual manera; aquí pueden entrar en juego otras variables que bien pudieran asociarse con los montículos como residuos de habitación. La habitación humana, lugar donde vive el hombre y es ocupada de forma cíclica por generaciones; donde la vida se renueva y se regenera en el plano cotidiano y material es, en ocasiones, el espacio en el que se sepultan los difuntos, el lugar desde el cual el muerto debe emprender su viaje a un nuevo punto de partida, como un nuevo renacimiento.

En otras ocasiones, la banda construye un montículo con capas alternas de materiales en el que se sepultan, con reiteración, a sus difuntos. Es como si quisiese construírsele un testimonio de habitación humana que debe servirle de punto de partida: El nuevo hogar en el que el difunto renacerá. En este caso, el montículo podría representar el símbolo de la vida cotidiana, el punto de partida.

La cercanía inmediata de estos espacios funerarios, ya sean montículos de habitaciones o montículos artificiales, a lugares en los que se pueden manifestar las hierofanías, ya sea una montaña, un farallón, un cañón, la desembocadura de un río, un manantial o mar abierto, justificarían la selección del lugar con un carácter similar al de las cuevas.

Pero todo esto no es más que conjeturas, pues los espacios funerarios en áreas despejadas pueden estar regidos por otros principios selectivos que requieren un estudio pormenorizado, el cual debe emprenderse por los que trabajan esos espacios.

Ya hemos visto que la elección de un lugar especial para sepultar, de forma reiterada, tiene un carácter simbólico, pues se trata del lugar en el que se manifiesta lo sagrado. Donde ocurre la hierofanía, donde hay conexión con el inframundo, el más allá, o cielo.

Este es el primer símbolo. Allí se traslada al difunto desde el lugar donde vive o donde temporalmente se encuentra el grupo humano. Su traslado se realiza según las normas y costumbres del resto de sus congéneres. Según los testimonios etnográficos, unos trasladan los difuntos en sus propias hamacas o en fardos sobre los hombros, desde el lugar de residencia hasta la morada final. La forma en que se traslada el cadáver es parte del ritual.

Es de suponer que cuando se entierra en el sitio de habitación este paso del ritual no tiene lugar. Por tanto, el ritual debe proceder de una manera más simple y directa.

El segundo símbolo: el sepelio como rito de paso

Desde el año 1908, Arnol van Gennep generalizó el concepto de *rito de paso* para identificar los diferentes rituales que acompañaban al hombre de las sociedades tradicionales en los momentos cruciales de su existencia (Van Gennep 1960), cuestión que se había venido comprobando por connotados antropólogos de diferentes escuelas.

Se sabía que determinados actos, como el nacimiento, la pubertad, el matrimonio y la muerte, eran acompañados de fiestas o rituales que expresaban las tradiciones y mitología de esos pueblos. Desde entonces, se incorporó este concepto al estudio de las costumbres funerarias por antropólogos y arqueólogos (Turner, 1988 y Parker Pearson, 2001:22), con el convencimiento de que los *ritos de paso* asociados a la muerte perseguían brindar al difunto lo necesario para el viaje definitivo, lo cual era facilitado por procedimientos animistas.

Para A. Rivera: «El simbolismo es un proceso cognitivo que otorga a determinados objetos, pinturas, sonidos o conductas la responsabilidad de ciertas ideas, conceptos o creencias, que la sociedad ha generado y aceptado en su conjunto» (2004: 319). El mismo se fundamenta en una condición inherente al pensamiento humano que responde a patrones psicobiológicos y manifiesta —como dice Rivera—, el desarrollo alcanzado por el hombre en sus capacidades cognitivas, y que se reconoce, desde el período arcaico, los inicios de ese lenguaje.   111

Víctor Turner (1999), en su obra fundamental *La selva de los símbolos,* que viera la luz en 1967, se basó en el estudio de la sociedad de cazadores recolectores *ndembu,* del noroeste de Zambia, en África Central, y con sus observaciones pudo suministrar valiosos ejemplos en cuanto a la complejidad de los símbolos y sus significados en las sociedades arcaicas. Sus trabajos demostraron que los ritos marcan estereotipos y reglas que se reiteran y transmiten de generación en generación. Y como todo ritual, genera conductas imitativas.

Según la teoría de los símbolos, estos tienen las siguientes propiedades:

- Condensan ideas y fenómenos.
- Expresan la unificación de significados dispares.
- Polariza los sentidos.
- Son polisémicos.

El entierro es una «acción ritual» de carácter social y simbólico que pretende consolidar los lazos del grupo (Turner, 1988). Al realizarse el funeral o rito de despedida en un espacio seleccionado por generaciones anteriores, que en el caso de los arcaicos objeto de estudio, son espacios en cuevas donde el lugar seleccionado conecta con el cielo, pues se trata de dolinas, o sea, espacios abiertos hacia arriba y que a la vez conecta con el inframundo (los lugares profundos y oscuros), descansan los restos de sus antepasados. Así, todo está conectado y vinculado, como sucede en otras latitudes y sociedades con niveles similares estudiados por antropólogos e historiadores de la religión. Esa acción demuestra el control de la comunidad sobre la conexión entre lo sagrado y lo profano, y del acontecimiento que allí ocurre.

Para el hombre arcaico ese ritual es un símbolo que tiene unidad en su significación sobre bases analógicas y metafóricas, el cual parece responder por su polisemia y valores conductuales a lo que se define como símbolo condensado, pues los llamados símbolos de referencia son aquellos cuyas semejanzas con el signo resultan fundamentalmente cognitivos —según Douglas (1988)— y remiten siempre a algo conocido.

En cambio, los símbolos condensados se corresponden a los rituales con los cuales se aúnan y desarrollan normas y valores. En ellos se unifican significados dispersos vinculados a las emociones y su sentido polisémico, pudiendo ser interpretado de varias formas.

Sin embargo, a mi juicio, resulta demostrable que en el lugar escogido y en el rito practicado están presentes antinomias o cualidades diferentes que transportan al difunto hacia un espacio sagrado perpetuo. Estas oposiciones son:

- Espacio sagrado-espacio profano.
- Luz-sombra.
- Banquete profano-banquete ritual.
- Vida-muerte.

Así, cada una de estas oposiciones marca el paso a un espacio, cualidad o naturaleza superior, pues el hombre que viene del espacio profano es sepultado en el espacio sagrado, el que a su vez, permite el acceso a lo sagrado perpetuo mediante un ritual que incluye el banquete funerario.

Ese hombre fallecido proveniente de la luz, es sepultado bajo tierra, o sea, en la oscuridad, pero como se hace en espacio sagrado alcanza la luz perpetua a través del rito de paso. Ese hombre que ha perdido la vida, entra en los espacios de la muerte para renacer, nuevamente, en un espacio que se halla por encima de todo, es lo perpetuo, perfecto.

Según el criterio que sostengo, aquí radica el simbolismo de la cueva como cementerio —cuando es usada por generaciones—. Ella es el punto o la puerta de conexión entre lo corrupto y lo puro; ahí es donde tiene lugar la preparación del difunto para lo desconocido, pero concebido como lo perfecto, lo mejor, lo eterno. Allí se despide al muerto y se toman medidas para que no perturbe la tranquilidad de los vivos. Por este detalle, son frecuentes las opiniones de especialistas como Delci Torres (2006), para quien los ritos funerarios son estrategias simbólicas que regulan las relaciones entre las personas y promueven la cohesión del grupo.

Marta Allué (1998:73), considera que la pérdida de un miembro de la familia o del grupo requiere de una despedida. Así, se ritualiza la acción, por lo que los procedimientos con los cadáveres en todos los cultos conlleva a tres componentes principales: la idea de un viaje simbólico; la preparación del cadáver y la asimilación de la muerte al nacimiento. Este último dispositivo —según opina— está presente en la mayoría de las mitologías antiguas. Morir es dejar este mundo para renacer en otro o bajo otras formas. Sepultar en la madre tierra, cuyo símbolo primordial es la fecundación, ayuda al renacimiento.

En las sociedades tradicionales el enterramiento expresa, mejor que cualquier otra cuestión, la dicotomía tierra-madre, pues ella representa el mundo de los ancestros. Como la eficacia es un elemento caracterizador de todo rito, el ritual funerario, según su discurso manifiesto, tiene como finalidad guiar al difunto, prepararlo y, a su vez, hacer comprensible y llevadera la angustia y el temor a la muerte, por parte de los vivos (Allué, 1998:69 y 71).

Para Penelope Dransart (2004:108), uno de los primeros tratamientos antropológicos en los que se registra la muerte y su proceso se aprecian en los trabajos de J.J. Bachofer, quien, en 1859, los estudió y conectó con los conceptos de fertilidad y fecundidad. Esta investigadora también considera que Frazer, en su obra *La rama dorada*, creyó ver de igual forma la manifestación de la regeneración y la fertilidad.

En fin, son varios los estudiosos, entre los que figura Robert Hertz (1907), que afirman que en los rituales de la muerte está presente el renacimiento.

Eliade, por su parte, sentencia:

> Todo ritual tiene un modelo divino, un arquetipo, el hecho es suficientemente conocido para que nos baste con recordar algunos ejemplos: «Debemos hacer lo que los dioses hicieron al principio», "Así hicieron los dioses; así hacen los hombres". Este adagio hindú resume toda la teoría subyacente en los ritos de todos los países. Encontramos esta teoría tanto en los pueblos llamados 'primitivos', como en las culturas evolucionadas (Eliade, 2001:16).

Puede afirmarse que el ritualismo es una cualidad consustancial en la mentalidad y la sociedad arcaica. En Cuba, los aborígenes ubicados en este estadío histórico fueron descritos como gente muy pacífica, que andaban desnudos, se pintaban los cuerpos de negro o rojo —tal como se ha observado en nuestros días, en algunos grupos amazónicos—cuyos bailes y cantos eran más suaves y sonantes (Zayas y Alfonso, 1931: 196-197). La importancia de los rituales en aquellas sociedades ha trascendido a las sociedades tradicionales actuales.[56]

La dialéctica de la interpretación del ritual funerario

Lo primero a esclarecer, para una correcta interpretación o traducción de las evidencias arqueológicas resultantes de los ritos funerarios, además de echar garra a las descripciones de conquistadores, misioneros, y etnólogos, es identificar los símbolos expresados mediante las evidencias, para después tratar de arribar a sus significados.

La identificación de los símbolos es más o menos posible, gracias a la reiteración, en tiempo y espacio, de los mismos paquetes informativos; pero arribar a sus significados, es transitar por un sendero escabroso en el que pueden naufragar no pocos interesados.

En este sendero confluyen numerosas directrices, como las diferencias regionales, las tradiciones culturales, modificaciones, adaptaciones y asimilaciones de los grupos culturales, amén de factores de conservación de las evidencias y de las técnicas empleadas para su exhumación, e incluso, la mentalidad y formación de los excavadores. En fin, multitud de factores que complejizan la traducción de los símbolos. A lo cual se suma, con desdichada frecuencia, que algunos arqueólogos del patio vulgarizan el pensamiento arcaico, al considerar a esos individuos como muy atrasados, y se lanzan de bruces hacia la primera relación mecánica que creen descubrir, como por ejemplo, asegurar que los aborígenes sepultaban en las áreas iluminadas directamente por el sol, a pesar de que en otros momentos del año el sol no incide en ese espacio, o que dentro del cementerio se encuentran algunos entierros en áreas no iluminadas. Los que así piensan, no se han detenido a reflexionar cómo esto obligaría a las familias y bandas a usar el lugar solo en los momentos en que el sol iluminaba el área. ¿No se han preguntado acerca de lo que hacían los arcaicos con los fallecidos durante el tiempo en que la cueva no era iluminada?

114

[56.] Los rituales ancestrales del continente suramericano encuentran su reiteración en los festejos de muchas culturas tradicionales en la actualidad. Los principios fundamentales de estas celebraciones refieren el encuentro de la gran familia, festejar el nacimiento, el rito de pasaje y la muerte. Según Ruiz (2011:17), los juegos actuales nacieron con esa inspiración. En estos rituales los simbolos de los colores rojo y negro expresan el concepto de dualidad presente en todo (Muller,1992, cirado por Alves, 2011:18).

En la mentalidad arcaica los símbolos no funcionan así. Más bien este se trata de un conjunto de asociaciones complejas integrado a un lenguaje que desconocemos. Por ello, lejos de ofrecer respuestas definitorias o acabadas en cuanto a los símbolos que se expresan en el tratamiento mortuorio de los arcaicos de Cuba, me interesa más mostrar las complejidades de su diseño y las posibles vías para la interpretación de su simbología. En modo alguno buscará el lector las respuestas terminales en este libro, no es mi intensión. Eso sería demasiado superficial e irrespetuoso. La cuestión es demasiado compleja para resolverla de forma tan simple. Solo se sugerirán algunos ejemplos, se emprenderán algunos análisis y búsquedas de respuestas con tal de mostrar el camino, la vía a través de la cual será posible acercarnos a los posibles significados. Para ello, además de las direcciones del pensamiento expuestas por Eliade a lo largo de este trabajo, conviene tener presente las cualidades de los símbolos.

El funeral y el proceso inhumatorio de las sociedades tradicionales o primigenias están impregnados de una fuerte carga animistas y manifiestan las creencias religiosas de ellos (Fariñas: 1995, 34).

Desde fines del siglo XIX, en que James Frazer publicó su *Rama dorada*, fue establecido como principio de la religión originaria sus fundamentos mágicos, calzados por los mitos.

Según Schultz y Lavenda (2009:4), todo ritual lleva en sí mismo las siguientes fases o condiciones: Es una práctica social reiterada; se fundamenta en la rutina o reiteración; manifiesta un esquema ritual y debe estar codificado en los mitos.

Son expresiones que pone de relieve la experiencia religiosa del grupo.

Para estos autores, las raíces del ritual se deben encontrar en los mitos. Pero como los colonizadores estuvieron demasiado ocupados con los agricultores taínos, a los arcaicos cubanos no le fueron registrados los mitos que los guiaban. Por esto, no se puede proceder en esa dirección, aunque quizá algunos mitos de culturas con similar desarrollo, puedan usarse para explicar algunas analogías.

A fines de los años sesenta del pasado siglo, Roy Rappaport estudió la religión primigenia y los rituales de los aborígenes de Nueva Guinea, lo cual le permitió ofrecer una reconstrucción novedosa de ambos fenómenos (1984 y 2001). Él partió del criterio, que la religión y sus rituales son consustanciales a la condición humana. Sus trabajos derivaron en una metodología para identificar los indicativos arqueológicos de los signos que hacen referencia a otros signos, pues el ritual —según afirma— era ejecutado por el grupo participante, mas el receptor de ese ritual no era ese grupo, sino alguien, o algo oculto, al que iba dirigido.

Como se sabe, la mentalidad del hombre arcaico no establecía símbolos de manera directa o mediante relaciones mecánicas, sino a través de una serie de complejas asociaciones. Digamos, por ejemplo, el uso del color rojo en los restos nos remite al soplo de vida insuflado al difunto, lo cual no quiere decir que el aborigen tuviese un pensamiento tan simple y fuese capaz de pensar que con eso se revivía al muerto para que regresara a la aldea. Esa sería una inferencia demasiado simple y primaria, que se queda corta ante la complejidad del símbolo arcaico. La cuestión es mucho más complicada. El aborigen sabía que tal cosa no iba a ocurrir, sin embargo embadurnaba con el color al difunto, porque eso le facilitaba el tránsito, y lo remitía a su verdadero espacio y se libraba de las posibles molestias que ese espíritu podría causarle si se mantenía en el espacio profano.

De esta manera, y según lo veo, el uso del color rojo, lejos de dotar de vida al cadáver, facilitaba su incorporación a la región de los muertos, al inframundo. El aborigen arcaico no era tan pueril como para confundir la sangre con el polvo ocre, y menos, que este tratamiento le devolvería la vida y que el difunto volvería a pasearse entre los vivos.

El polvo rojo, junto a otros tratamientos, formaba parte del mensaje dirigido a lo desconocido, a lo oculto, no a los vivos.

Algo similar podría ocurrir con la relación entre el espacio funerario y la luz solar. Algunos han supuesto que los aborígenes enteraban en esos espacios porque eran alumbrados por el sol, pero los que así piensan, nunca se han preguntado el por qué de esta relación.

Evidentemente se trata de un posible culto al sol, tan reiterado en sociedades arcaicas a escala universal. Pero la relación no es mecánica y directa. Se sabe que esos espacios no son alumbrados de esa manera durante todo el año, pues el derrotero de la luz solar varía con las estaciones del año, lo que desencadena una serie de laberintos sin salida para tan elemental interpretación.

Sin embargo, mediante la teoría de los símbolos y de la teoría de la creación de los espacios sagrados, en oposición a los espacios profanos, se pueden encontrar las respuestas a formas más elaboradas y dialécticas en ese tipo de simbología arcaica.

La etnografía comparada de los antiguos pobladores del continente suramericano ha aportado suficientes datos al ratificar que el traslado de los cadáveres recaía en determinadas personas, como el *pater familiae*, el chamán, o un familiar cercano de un sexo determinado y en correspondencia con el sexo del difunto.

En relación con el chamanismo, sería oportuno apuntar que, dada la complejidad y variedad de los ritos mortuorios de los arcaicos en Cuba, es posible que algunas de estas ceremonias estuvieran presididas por el curandero o chamán del grupo, como ocurrió en otras latitudes. Al referirse a los ciboneyes (arcaicos), el padre Las Casas afirma que: «La religión que tenían ninguna era, porque ni tenían templos, ni ídolos, ni sacrificios, ni cosa que cerca de esto pareciese a idolatría, solo tenían **los sacerdotes o hechiceros**, *o médicos*...» (Zayas y Alfonso, 1931:197).[57]

Dichos hechiceros o curanderos (chamanes) han sido analizados por la antropología. Eliade (1976:14); Eliade y Couliano (1972:127), definen el chamanismo como una técnica arcaica del éxtasis y el trance; una experiencia que sitúa al individuo en contacto con los espíritus y las fuerzas del bien o del mal. No se le considera religión, sino un tipo de proceso terapéutico mediante el cual se atienden los asuntos humanos por un miembro del mundo profano que contacta con el mundo sagrado. A diferencia del chamanismo existente en regiones como Siberia, donde tiene un carácter secundario, tanto en América, como en Asia y Oceanía, las técnicas chamanista dominan los cultos religiosos (Eliade, 1980, vol. IV:439). La presencia y función de los chamanes fue observada por Metraux en varias culturas aborígenes del sur de América: Guyana, el Chaco y la Patagonia (Metraux, 1947:8-9).

Los estudios más conocidos acerca del chamanismo se han movido en el terreno de la etnología. También en el campo de la arqueología se realizaron importantes acercamientos a la presencia de esta figura central en las sociedades primigenias (Schobinger, 1997 y 1996-2015). Dos de las más interesantes investigaciones llevadas a cabo por el campo de la arqueología en las regiones de Chihuahua y los chichimecas arcaicos —con estos últimos mediante la interpretación de dibujos—, avizoraron importantes perspectivas para el tratamiento de esta cuestión, por la vía arqueológica (Boy, 2008 y VanPool, 2008).[58]

Pero retomemos el proceso de inhumación. En el lugar seleccionado, el cadáver era colocado en una tumba o fosa construida con tal fin. En esta, las posiciones de los cuerpos pueden ser disímiles y obedecer a factores de disposición del espacio, o al nivel de rigidez alcanzado por el cadáver. Aunque se ha sugerido, no se ha probado relación alguna de estatus, género o edad, en las diferentes posiciones de los restos.

Durante años, muchos arqueólogos quisieron ver la presencia de una regularidad en estas orientaciones de los cuerpos relacionadas con el este, como punto cardinal, sin que por ello se intentara explicar a qué tipo de culto se vinculaba (Tabío y Rey, 1979:90). En el capítulo 6 se probará, mediante

117

[57.] Subrayado del autor.

[58.] Uno de los más amplios estudios sobre la presencia del chamán en el arte rupestre se le debe a Clottes y Lewis-William (2005), quienes se interesaron en demostrar la presencia de los rituales chamánicos en el arte rupestre europeo, basados en algunos principios de la neuropsicología; pero sus propuestas despertaron no pocas críticas debido a algunas de las interpretaciones, sobre todo, por su propuesta acerca de los tres niveles de trance en el ritual.

un modelo construido para tal fin, que la regularidad existió, pero no hacia el este, y que obedeció a otros principios.

En la cueva Morín, localizada en Cataluña, España fue exhumado uno de los entierros más antiguos de la península, correspondiente al auriñaciense (paleolítico superior). Se trataba de una tumba en la que los restos de un hombre descansaban sobre el lado izquierdo y los brazos flexionados. Pero la cabeza del individuo había sido seccionada intencionalmente y colocada junto a las manos. Cerca de la misma, estaban los restos de un pequeño animal —posible cervatillo—, con evidencias de que le habían atado las extremidades. Los dos pies del fallecido también estaban seccionados y, sobre ellos depositaron el costillar de un animal grande. Tenía como objetos acompañantes dos herramientas líticas. Los restos habían sido cubiertos por un túmulo, encima del cual se hizo fuego y se hallaron además fragmentos de ocre rojo y algunas piezas como resultado de una cacería.[59]

Nos hemos retrotraído a un tiempo y una distancia tan remota, porque este ejemplo ilustra el hecho de que los rituales mortuorios tienen carácter universal desde el homo sapiens y se remontan a eras anteriores a la ocupación, por nuestros arcaicos, del territorio isleño.

En el ejemplo anterior se encuentran algunos de los indicativos expuestos en las cuevas funerarias de la isla. Lo primero que salta a la vista es que se trata de un ritual, pero no un ritual simple, hay cierta complejidad en el tratamiento de los restos.

Los ritos mortuorios tienen carácter universal, pero con una gran diversidad en sus manifestaciones culturales y regionales. En los rituales de nuestros arcaicos están presentes, ante todo, la complejidad del tipo de ritual expresado en el conjunto de indicativos arqueológicos, los cuales pueden tener variaciones en correspondencia con las tradiciones de que eran portadores.

Mas en la cueva Morín también se manifiestan diferentes componentes del ritual, como la presencia de ofrendas; alteraciones en el cuerpo del difunto, por parte de los sepultureros; objetos acompañantes y, sobre todo, encima de la tumba fue efectuado un ritual que contó con la realización de una fogata y el acto de una comida ritual.

Si dentro de todos los actos que acompañan el ritual de la muerte se encuentran evidencias de un banquete funerario encima del cadáver, esto puede considerarse como una prueba del homenaje que se le rinde al difunto, y como dice Klokler (2010), demuestran la intensión de que, con este rito se insiste en el fortalecimiento de los lazos de solidaridad entre los miembros de la comunidad.

118

[59.] La cueva Morín fue descubierta en 1910, por H. Hobermaier y Wernwe. Fue excavada en los años 60, por González Echegaray y. Freeman (1971). Ver también: U. Giménez (1995).

Desde hace mucho tiempo se reconoce que la comida, o el acto de comer, se ha integrado a los servicios religiosos. El mismo puede ser dominante en el contexto de los cultos, y es parte de los símbolos que articulan las relaciones entre los individuos en momentos difíciles. Para L. Avial-Chicharro, de la Universidad Complutense de Madrid, los banquetes funerarios son prácticas socioculturales vinculadas a la comunicación, el sentido de identidad y una forma de controlar la memoria (Avial-Chicharro, 2018, p.27).

Los testimonios del banquete ritual se expresan mediante la presencia de pocas y particulares evidencias dietéticas, de fogatas y carbón, encima de los entierros, con claras evidencias de no haber sido perturbado al momento de producirse la inhumación. Estos fogones tienen características diferentes a los fogones de las áreas de habitación. Así, desde el punto de vista arqueológico, esto solo se puede comprobar mediante técnicas controladas y registro de las evidencias por niveles naturales, por cuanto un fogón encima de una sepultura, bien puede ser consecuencia de una ocupación posterior del lugar. La dilucidación de esto depende de la definición que nos remite a si el lugar sirvió de habitación o fue un lugar particularmente fúnebre. Sin embargo, este último aspecto no se ha definido con claridad mediante las excavaciones practicadas en los grandes cementerios en cuevas de los arcaicos de Cuba. Se propuso por vez primera, en la arqueología cubana, como resultado de las excavaciones practicadas en Marién 2, pero pienso, que tal decisión formó parte de los explícitos presupuestos contenidos en los objetivos de la excavación. Si las excavaciones de los recintos funerarios no se lo sitúan como tarea, difícilmente se podrá comprobar.[60]

Un ejemplo concreto de esto lo podemos tener de la revisión de las excavaciones practicadas en la cueva del Perico 1, en el año 1970, sitio del que afirmaron los excavadores que era un lugar de habitación con entierros y donde no fue posible definir si los fogones existentes habían sido rotos para inhumar o, por el contrario, estos se encontraban encima de las sepultaras.

[60.] Las excavaciones practicadas, en el año 1992, en el área sepulcral de este sitio, permitió comprobar la existencia de fogones no alterados encima de los entierros. Por ejemplo, el entierro número 10, cuyo cráneo se encontraba a los 0, 30 m de profundidad, tenía encima un gran fogón a la altura de 0,18 m. El entierro número 21, cuya profundidad fue de 0, 28 m, poseía el fogón a los 0, 20 m. Estos fogones contenían grandes bolsones de pequeños caracoles y algunas otras pocas evidencias dietéticas, con muestras de haber sido sometidas al fuego. No eran los fogones que caracterizan los sitios de habitación, con abundantes restos dietéticos, ajuar e instrumentos. En cueva Calero, el carácter de salvamento de las excavaciones y el hecho de no haber sido contemplado en los objetivos del trabajo, impidieron la comprobación de dicho presupuesto, aunque personalmente pude observar la presencia de fogones encima de algunas de las sepulturas. En el caso de Bacurano 1, a pesar de que formó parte de los presupuestos de la excavación, no fue posible probarlo. Pero la presencia de restos de ceniza y pequeños fragmentos de carbón diseminados dentro de las sepulturas, quizás expliquen la existencia de antiguos fogones encima de los restos, pero dado el carácter alterado del sitio por los propios aborígenes, la existencia de fogatas-banquetes pudo ser enmascarada por la reutilización del pequeño espacio y la poca profundidad de los entierros, localizados entre los 10 y 30 cm de profundidad.

La figura 14, correspondiente a una fotografía tomada de los entierros números 15 y 17, pone al descubierto que en el perfil de la excavación se ve claramente la existencia de un fogón, debido a una compacta y gruesa capa de ceniza.

Fig. 14. Gruesa capa de cenizas en el talud de la excavación de los entierros 15 y 17 en Cueva del Perico 1
Foto: Cortesía de A. Martínez Gabino

Y aquí caben algunas preguntas: ¿Ese fogón se extendía y cubría parte de los entierros? ¿Había sido roto por los aborígenes para producir esas dos inhumaciones?

Las respuestas solo podían haberse encontrado durante las excavaciones. Ya las páginas de ese libro fueron desmanteladas y solo se cuenta con la memoria escrita, que fue tamizada por la concepción de los arqueólogos. Esas interrogantes eran la clave para responder la cuestión de si se trató de un sitio de habitación con entierros, o era una cueva funeraria con evidencias de fogones y banquetes funerarios encima de las sepulturas.

Este ejemplo lo traigo a colación, para demostrar que si no se trazan objetivos para evaluar esa interrogante, es muy difícil encontrar la respuesta.

En modo alguno pretendo reducir el ritual funerario al acto del banquete ritual. Puede probarse o no la existencia de un banquete ritual. Y aunque no se encuentren evidencias de esta parte de la liturgia, como nos ocurrió en la cueva funeraria Bacuranao 1, hay muchos otros componentes que expresan la ritualidad del proceso funerario.

El hecho implícito de que se sepulta en un lugar escogido y bajo determinados parámetros, es la prueba más contundente de estar en presencia de un ritual. Pero además, cuando se les coloca piedras sobre los cráneos o sobre los pies; cuando los cadáveres son bañados con polvo de ocre rojo; se les coloca ofrendas consistentes en alimentos o herramientas; se les respeta sus objetos personales o se les realiza un segundo enterramiento, estamos, incuestionablemente, ante la presencia de una serie de acciones rituales que demuestran el carácter sagrado, mágico y simbólico de la acción.

Como ya se dijo, los rituales funerarios fueron definidos desde hace mucho como ritos de paso, pues dichos rituales acompañan al individuo en los momentos más importantes de su existencia; en este caso, es el abandono de la vida dentro de la banda, para integrarse a un mundo desconocido, pero que se supone mejor y perfecto.

La base de toda excavación en un recinto funerario radica en la realización de un trabajo integral, mancomunado, que destape los niveles en correspondencia a los objetivos y no a la apertura de pozos individuales, cuyos ritmos de avance están determinados por el entusiasmo de los participantes interesados en «descubrir» algún nuevo entierro.

Una de las características que nos llamó la atención en los fogones del banquete funerario en Marién 2, fue que la dieta en ellos colectada estaba integrada, fundamentalmente, por pequeños caracoles de recolección costera, a diferencia de los fogones de las habitaciones, donde hallamos una rica variedad aves, peces, mariscos y crustáceos, además de restos de herramientas y otros útiles.

En el estudio de la dieta de los fogones de banquete funerario de los sambaquis, de Brasil —grandes montículos concheros—, se comprobó, con un análisis de isótopos, las diferencias entre la dieta consumida por los individuos que habitaran el lugar, y la dieta acopiada en los fogones de los banquetes funerarios. Esto se había comprobado con anterioridad en sitios costeros de California y en Ushuaia, Argentina (Klokler, 2010:115). Estas diferencias dentro de las dietas que caracterizan los banquetes rituales y los restos dietéticos de los sitios de habitación, son, a mi juicio, otra sólida prueba del carácter ritual del sepelio y su simbología, pues durante el mismo no se consume el alimento que de forma cotidiana usa el grupo.

Dentro del ritual del entierro y tratamiento a los difuntos se pueden encontrar muchas manifestaciones de carácter mágico y simbólico.

Solo le prestaremos atención a cinco de ellas: El uso de las piedras en las sepulturas y sus posibles interpretaciones simbólicas; uso del colorante rojo; ofrendas y objetos acompañantes; entierros secundarios, y la cremación como tratamiento mortuorio. Todas ellas como parte del ritual funerario.

En lo posible, abordaremos algunas aproximaciones a sus posibles simbologías, así como del peligro de su simplificación. Después, trataremos un tema relacionado con el infanticidio, al que no consideramos, en modo alguno, manifestación simbólica de reencarnación o de sacrifico humano, como algunos han sugerido; motivo por lo que no fue incluido en el apartado de las manifestaciones de carácter mágico dentro del ritual funerario, pues se trata de una manifestación de mecanismos de supervivencia y control de la natalidad.

5

Pruebas arqueológicas del ritual funerario

*...la riqueza y la variedad de las interpretaciones cósmicas
que inventaron los hombres primitivos son prueba del vigor y
lozanía de la imaginación de esos pueblos.*

Benjamín Péret

Las piedras

Tal vez, uno de los indicativos a los que se les ha prestado menos atención en los reportes de las excavaciones en las cuevas funerarias de Cuba, sea el uso de las piedras como parte del ritual inhumatorio. En la mayoría de los casos el tratamiento de este índice se expresa como parte del uso del espacio en el que existían rocas sueltas, las cuales conllevaron al reajuste de las tumbas. Sin embargo, las relaciones de las piedras con las posiciones, orientaciones y acomodo de los cadáveres muestran una intencionalidad particular. El uso de las rocas como recursos para el acomodo y protección de los cadáveres ha sido reportado en todos los continentes desde tiempos muy remotos, por lo que resulta incuestionable que tal costumbre también se reconozca en los grupos arcaicos de Cuba.

Durante las excavaciones practicadas en 1970 —por Pino y Alonso—, en la cueva del Perico 1, estos investigadores realizaron observaciones que exaltan la importancia de estas, al afirmar que el entierro secundario n.º 4 estaba: «delimitado o contenido por un círculo de pequeñas rocas, fragmentos de calizas propias del lugar, cuya disposición, bastante irregular, hace pensar que fue puesto en asociación con el entierro, pero aún no es posible afirmarlo» (Pino y Alonso, 1973:12).

Algunos otros autores sugieren que en el uso de las piedras no solo está presente el interés de acomodar y proteger los restos, sino que también en su uso subyacen los fines rituales de sociedades agricultoras, como por ejemplo en República Dominicana (Veloz Maggiolo, *et. al.*, 1973), y en Cuba, como parte del ritual funerario (Rivero de la Calle *et. al.*, 1972:69). También en

123

el territorio maya de Guatemala se advierte el uso de piedras en algunas de las tumbas. Así, Estrella Krejci (1998:336), clasifica los entierros en varias categorías. La primera de ellas refiere la existencia de cuerpos depositados en agujeros abiertos en la tierra sin ningún tipo de construcción, identificados entonces como entierros «sencillos», pero otras de sus categorías denominan al entierro como «cistas», el cual consiste en la presencia de una fila irregular de piedras toscas colocadas alrededor del cuerpo y sin tapa, o agujeros con tapas de lajas. Este tipo de tratamiento de entierro tiene la finalidad de conservar y proteger, y constituye una evidencia de un procedimiento intencional vinculado al carácter de la sociedad estratificada maya.

Mas en el caso de los arcaicos de la mayor de las Antillas, numerosos autores reparan en la presencia intencional de rocas dentro de las tumbas. Por tal motivo, cuando se desarrollaron las excavaciones en la cueva funeraria Marién 2, nos propusimos indagar, de forma particular, las relaciones de las piedras con los cadáveres y sus posibles funciones dentro de las tumbas. Gracias a dicha decisión fue posible identificar algunas variantes de interés, entre las que se halla el uso de las piedras como lindero entre el área de los entierros secundarios y los entierros primarios (Fig.15) En realidad, el área de los entierros secundarios en Marién 2 —según la propuesta de Ubelaker (1978:21-28), para este tipo de aglomeración de entierros secundarios—, constituyó un *osario*.

124

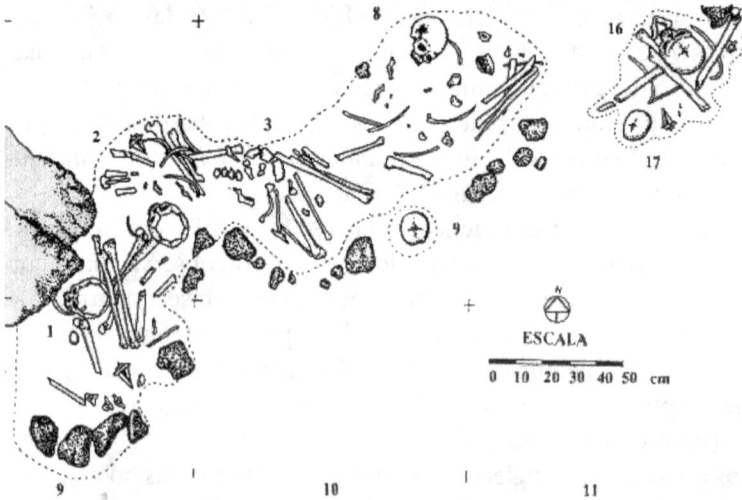

Fig. 15. Área de entierros secundarios en Marién 2

El uso de una hilera de piedras, con el propósito de delimitar el área entre los entierros primarios y el osario o entierros secundarios, dentro de un cementerio arcaico cubano, nunca había sido reportado con anterioridad; sin embargo, atendiendo a su función, la cual remite al mismo principio de delimitación y protección, no constituye una nueva variante. Igual sucede con en el uso de las piedras acomodadas en los entierros 10 y 11, de Marién 2 (Fig. 16) La misma categoría se expresa en el tratamiento de las piedras encima de los entierros 4, 5, 6, 7, 14 y 15. La figura 17 registra las posiciones de estas en relación con los entierros. Las lajas ocupaban un nivel entre 0, 15 al 0, 25 m, y los entierros se encontraban entre los 0, 35 y 0, 40 m.

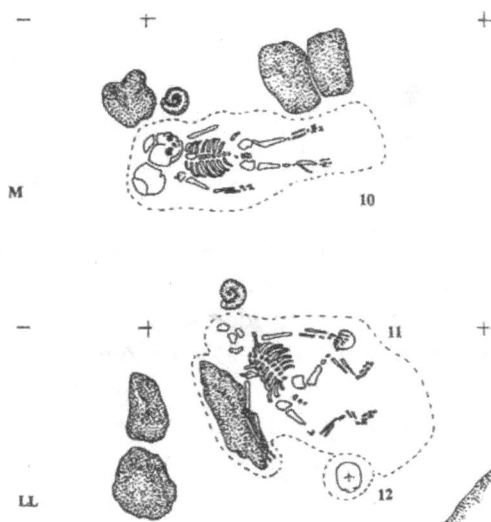

Fig. 16. Entierros 10, 11 y 12 de Marién 2

En algunas ocasiones el uso de las piedras, pequeñas y grandes, está relacionado con el concepto de la muerte y el tratamiento a los difuntos, que va algo más allá del simple acomodo o protección. Esto parece indicarlo los entierros números 5 y 15, de Marién 2, pues al parecer las piedras presionaban los restos, como para mantener las forzadas posiciones.

En realidad esta relación particular no se reporta por vez primera en este sitio. Con anterioridad, se había observado —en República Dominicana (Veloz Maggiolo, *et. al.*, 1973:31), y en los arcaicos (Pino y Alonso, 1973:18)— algo similar en cementerios de aborígenes agricultores.

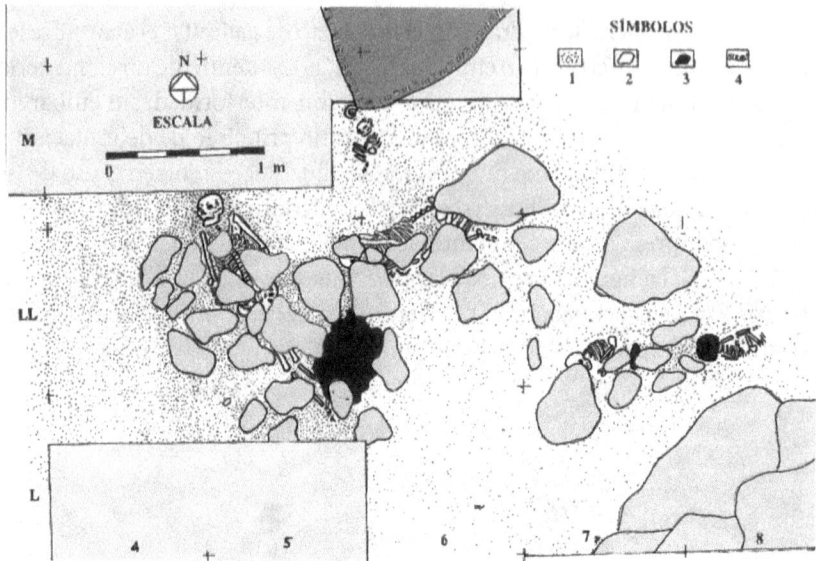

Fig. 17. Entierros 4, 5, 6, 7, 14 y 15 en Marién 2

Lo observado en Marién, a mi juicio, van más allá del simple acomodo y protección, y parece guardar más relación con conceptos animistas, que insistían en mantener el carácter forzado del entierro.

Quizá otros dos ejemplos faciliten una mejor compresión: En el entierro n.° 5 de Marién 2, al cadáver le fue colocado encima de las piernas un conjunto de piedras, en forma de gran bloque, que produjeron la fractura de ambas extremidades inferiores a la altura intermedia de la tibia y el peroné. En la figura 17, observamos que esta piedra estaba coloreada en negro, como para diferenciarla de las lajas que cubrían las tumbas.

El entierro n.° 15, correspondiente a un niño de un año de edad, tenía una piedra que descansaba directamente sobre el cráneo. El proceso de exhumación se efectuó con mucho cuidado, con el objetivo de comprobar si la piedra reposaba con intencionalidad encima del cráneo, lo cual resultó afirmativo (Fig. 18)

Las colocaciones de piedras sobre las piernas o el cráneo no cumplen funciones de protección para el difunto, lejos de ello, más bien parecen sugerir la existencia de creencias acerca del temor del retorno de los difuntos; cuestión por demás de abundantes referencias en numerosas tumbas a escala universal.

Estos ejemplos encaminan a la necesidad de que las personas que excaven en sitios funerarios en Cuba, no desechen las piedras durante los procesos de búsqueda de los restos humanos e indaguen, con marcado interés, sobre las posibles relaciones de estas con los cadáveres y sus funciones dentro de las tumbas. Estamos convencidos, que en la medida que a estos presupuestos se les preste atención, se podrán establecer funciones y relaciones novedosas, y se tendrá una visión más abarcadora en cuanto a las variables de las prácticas sepulcrales de los arcaicos.

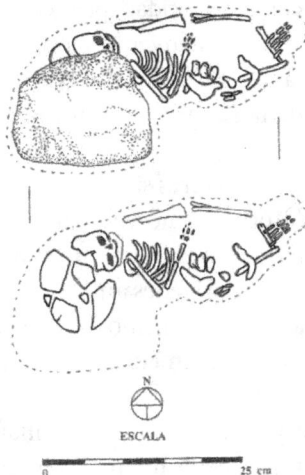

Fig. 18. Niño de corta edad con una piedra sobre el cráneo. Marién 2

Uso del colorante rojo

El llamado «ocre rojo» se diferencia, como bien indica su nombre, de los tonos más suaves, los cuales también son hallados en abundancia en los sitios arqueológicos. Fue el primer pigmento de origen mineral utilizado por el hombre, obtenido del propio suelo. Se conocen ejemplos de su uso por el hombre de cromagnon.

De uso variado, al ocre rojo podemos apreciarlo tanto en la pintura corporal, con un carácter decorativo, o utilizado como colorante en las pictografías, mas debido a su coloración fue asociado con la sangre y la vida. La mentalidad primitiva lo sintetizó como símbolo de tales cualidades. Por ello, se le encuentra vinculado al culto funerario desde etapas tempranas.

Uno de los primeros reportes, en cuanto a su uso, nos remite a los lagos de Willandra, en Australia, en los que se han hallado entierros con una antigüedad de 24 000 a 28 000 años (Grün, R., *et. al.*, 2000). Sobre los restos fue triturado un mineral ocre rojo, que luego pasó a los huesos. Pero en realidad esta costumbre se ha reportado en todos los continentes. En algunas culturas de América se asocia a estímulos procedentes de la fuerza y el deseo (Chevalier y Gheerbrant, 2008: 943-945).

Para los clásicos de los estudios sobre los símbolos, el color rojo está universalmente considerado como principio de la vida y se asocia al fuego y a la sangre. También es un símbolo vinculado a la mujer-madre y al útero.

Como ya apuntamos con anterioridad, para el historiador de las religiones Mircea Eliade, la prueba más concluyente sobre la creencia de la existencia de una vida en el más allá por parte de esos grupos, fue el uso del ocre rojo como «sustituto ritual de la sangre», sinónimo del «símbolo de la vida» (Eliade, 1999, vol. I: 3 y 30).

En su asociación con otros valores similares a la sangre, puede vincularse al calor, al fuego y al sol, todos como vehículos de vida.[61] No obstante, es necesario subrayar: el símbolo es el color y no el material que lo aporta. No importa su constitución, los aborígenes antillanos y de América del Sur utilizaron colorantes vegetales con el mismo fin. Los mayas centroamericanos recurrieron al cinabrio —eminentemente tóxico—, pero aun así, las tumbas de los grandes personajes están bañadas de cinabrio, las cuales han resistido el embate de los tiempos y asombran por su brillantez.

Espolvorear los restos que se inhuman, o colorear los restos óseos que se extraen para realizar un nuevo entierro (entierro secundario), es un acto de magia. Con ello se pretende dotar de hálito vital. Facilitar su reencarnación o su renacimiento en el otro mundo. Es, en esencia, uno de los componentes de la preparación para el viaje que acompaña a la muerte.

En lo tocante al uso del ocre rojo por parte de los aborígenes arcaicos cubanos, es necesario hacer una aclaración. Algunos arqueólogos han interpretado que la presencia del color rojo en los huesos de un entierro primario obedece al descarne y coloración directa de los restos. Pero eso es imposible. Sobre todo, cuando se trata de niños de corta edad, cuyos esqueletos fueron exhumados con todos sus huesecillos articulados. Queda claro que se hicieron descarnes de algunos restos, mas cuando los cuerpos son inhumados manteniendo su estructura anatómica original y se encuentran coloreados de rojo, es evidente que el cadáver fue espolvoreado con ocre rojo, y al producirse la destrucción de los tejidos blandos esa coloración pasa a los huesos. Este fenómeno ha sido comprobado por la arqueología a nivel mundial. Asimismo, en entierros localizados en cementerios coloniales se

128

[61.] Como recordara el lector, en el acápite titulado *La dialéctica de la interpretación del ritual funerario* (capítulo 3), se argumentó que esta práctica estaba lejos de pretender revivir al difunto, sino, más bien, en garantizarle su ingreso al más allá.

ha podido corroborar, como en ocasiones el colorante de la vestimenta de los difuntos se ha impregnado a los huesos.

Uno de los datos más perturbadores del uso del colorante rojo en las sepulturas de los arcaicos, es que el mismo no fue utilizado en todos los cementerios en cuevas estudiados. Solo se ha reportado en Mogote de la Cueva N° 1 y cueva del Perico 1. También, en algunos otros sitios de número reducido de entierros, o en montículos o cementerios en áreas abiertas, fue observado.

En sitios como Cueva funeraria de los Niños, cueva de los Huesos, Cueva de la Santa, cueva Calero, Marién 2 y Bacurano 1, no reportaron la presencia de huesos coloreados de rojo. Sin embargo, no existen diferencias cronológicas ostensibles entre estos sitios —excepto en el último, considerado el más antiguo—, por lo que sus diferencias no parecen responder a niveles temporales de ocupación de los espacios, sino a tradiciones culturales.

El universo de las ofrendas del arcaico y su posible simbología

Las ofrendas funerarias han sido un tema controvertido en la arqueología de los espacios fúnebres de los arcaicos en Cuba. A escala universal se reconoce el carácter mágico que las mismas tienen como acompañantes de los restos humanos desde el paleolítico europeo.

129

A pesar de ello, la presencia de ofrendas en los entierros de los arcaicos cubanos ha sido objeto de debates y dudas. Las discusiones e interpretaciones fueron centradas, fundamentalmente, en tópicos referentes a los restos de alimentos y herramientas, y se prestó menor atención a los objetos de carácter ritual.

En relación a los arcaicos en su fase media —conocidos en la literatura arqueológica como «Ciboney Cayo Redondo»— se ha llegado al consenso de que los artefactos no relacionados, de forma directa, con la obtención de alimentos, como dagas, majaderos y otros artefactos, que no muestran huellas de uso, se les atribuye un carácter superestructural, y por tanto, su asociación con los restos humanos en calidad de ofrendas han sido aceptadas, en sentido general. No obstante, han sido criticadas algunas observaciones referentes a la existencia de herramientas, utensilios y, sobre todo, de restos de alimentos, con ese carácter de oblación, dentro del llamado Ciboney Cayo Redondo, o sea, la fase intermedia del arcaico, y no se ha querido reconocer la presencia de ofrendas —en la primera fase de los arcaicos— de los conocidos en la literatura arqueológica como «Ciboney Guayabo Blanco».

Ante estas discrepancias, muchos autores se mostraron mesurados en sus opiniones (Royo Guardia, 1943:92), pero otros expusieron los resultados de sus trabajos de campo bajo una óptica más comprometida, tal es el caso de la interpretación de los restos de alimentos que acompañaban a un entierro, exhumado por Rivero de la Calle, en Caguanes (1960:25). Este enterramiento fue considerado dentro del período de la segunda fase de los arcaicos, ya que junto a los restos de alimentos se identificaron varias esferas líticas. Mas este juicio sería puesto en dudas por otros investigadores, quienes al referirse al tema aseguraron: «Algunos autores interpretan como ofrendas varios restos, tales como caracoles, conchas, huesos de fauna asociada, restos de artefactos y aun artefactos mismos» (Tabío y Rey, 1979:96). En este caso, las evidencias de este tipo, asociadas a entierros, solo podían ser interpretadas como residuos de habitaciones.

A pesar del citado criterio, varios arqueólogos, que han realizado excavaciones en cementerios arcaicos, reportan la «posible» presencia de ofrendas consistentes en restos de alimentos (Pino, 1981), mientras otros manifiestan cierta cautela, al afirmar: «La ausencia total de los tipos de ofrendas conocidas para estos grupos culturales de Cuba podría estar justificada por la posible existencia de ofrendas de especies animales» (Martínez Gabino, 1989:10).

No obstante, resulta oportuno establecer ciertas distinciones dentro de los objetos acompañantes en calidad de ofrendas, pues no es lo mismo la presencia de un objeto, herramienta o alimento que se coloca de forma intencional para que acompañe al difunto en correspondencia a las creencias del grupo, asociadas a la idea de prolongación de la vida en otro espacio, que un adorno corporal del cual era poseedor el fallecido, o que le fuese obsequiado por un familiar en los momentos del deceso; en este último caso el objeto pude estar relacionado como concepto de «ente protector» (Fariñas, 1995:35). En estos casos, los objetos o adornos corporales como colgantes, cuentas, entre otros, forman parte del ajuar funerario y será muy difícil diferenciar si se trató de un objeto del cual el cadáver era portador, o le fue donado en los momentos del deceso. Pero de lo que no cabe duda es que se trata de objetos que, con toda intención, acompañan al difunto hacia su nuevo espacio.

El carácter de ofrenda de los restos de alimentos es algo mucho más complejo de probar, pues se trata de una categoría que subyace bajo los presupuestos del reconocimiento de la existencia de banquetes funerarios y la relación entre los sitios de habitación con entierros y sitios de entierros con evidencias de restos alimentarios. Cuando las investigaciones de campo en cementerios de los arcaicos de la isla se desarrollen bajo la óptica de desentrañar la relación existente entre esos tres aspectos, con seguridad se podrán abordar respuestas más satisfactorias.

A escala internacional no existen dudas acerca del uso de alimentos como objetos acompañantes en las sociedades de pescadores-recolectores-cazadores. Durante el desarrollo del presente texto se han ido aportando ejemplos y referencias procedentes de diferentes regiones.

Con miras a evitar reiteraciones centremos la referencia a un ejemplo. En el cementerio Chinchorro Morro 1, localizado en la región costera del norte de Chile, lugar donde se han llevado a cabo investigaciones prolongadas, resulta ilustrativa la presencia de ofrendas funerarias consistentes en restos alimenticios, al igual que ajuares e instrumentos relacionados con las actividades de pesca y caza de estas comunidades arcaicas. Los fechados oscilaron entre 5 440 al 3 700 a.p. (Standen, 2003).

Las investigaciones efectuadas en suelo chileno pudieron comprobar la marcada tendencia en los restos femeninos, de ir acompañados, con total preferencia, por el instrumental vinculado a las actividades de pesca; mientras que en los restos masculinos abundan los tiestos y herramientas vinculadas a las actividades de caza. Dentro de las ofrendas de alimentos llama la atención uno de los entierros, al cual le habían colocado 20 ejemplares de sardinas completas. Esta información nos hizo recordar que, durante la primera campaña de excavaciones en cueva Calero, en Cantel (1989), encima de uno de los entierros fue destapado los restos de un gran pescado, de 30 cm de largo, aproximadamente. Al parecer, su cercanía a la capa más profunda de un fogón contribuyó a su conservación. La disposición de las brillantes escamas demostraba que el ejemplar, entero, había sido colocado en el lugar.

Cueva Calero se encuentra a unos 10 km de la costa, siguiendo el curso del río Camarioca, territorio donde una banda de este estadío histórico, con el uso de canoas, se movía con libertad por todo ese entorno.

En el informe rendido por la directora de las excavaciones, la colega Aída Martínez Gabino, se reconoció la posible existencia de ofrendas consistentes en alimentos, pero no se registró el hallazgo de los restos de pescado mencionado, así como tampoco en el artículo publicado al respecto (Martínez y Rives, 1990).

Ahora, volvamos al cementerio Chinchorro Morro 1 del norte de Chile. De la exhumación en el lugar —en calidad de ofrendas—, se extrajeron trece picos de pelícanos, dos cráneos y once huesos largos de esta ave marina. Algunas de las evidencias estaban coloreadas con ocre rojo. Los trece picos estaban totalmente teñidos con esa sustancia, lo cual permite estimar la presencia de un símbolo en particular para estas comunidades de pescadores cazadores. Esta ave no solo era parte de su dieta, también significaba una señal, un signo vinculado a una de sus actividades vitales: la pesca, pues el pelícano es un ave pescadora.

Sin embargo, en la mayor de las Antillas solo existen algunos aislados presupuestos que parecen apuntar en esa dirección. En el año de 1970, durante las excavaciones desarrolladas en cueva del Perico 1, debajo del entierro N° 5, se estimó que había sido colocada, en calidad de ofrenda, una iguana. Por otro lado, en cueva Calero, en 1989 —como ya se vio en párrafos anteriores—, fue posible identificar encima de uno de los entierros los restos, como ofrenda, de un gran pescado.

En el transcurso de las excavaciones practicadas en Marién 2 (1992 y 1997), y Bacurano 1 (1995 y 1997), no fue posible identificar la presencia de restos de alimentos a manera de ofrenda. En cambio, sí se constató la presencia de adornos corporales asociados a algunos de los entierros, y puede afirmarse que la existencia de herramientas y otros objetos rituales tienen suficiente argumentación en las investigaciones cubanas.

A la presencia de otros objetos acompañantes en calidad de ofrendas, les prestaremos atención a algunas de ellas, de mucha importancia, dentro del contexto arcaico de Cuba.

Las ofrendas consistentes en adornos y objetos rituales, han sido reportadas no solo en los arcaicos en sus fases tempranas y media, también en la fase tardía (protoagrícolas). En sentido general, se trata de objetos y artefactos rituales similares, a excepción de una flauta elaborada en hueso de ave, que fuera colectada en el sitio Arroyo del Palo, junto al entierro de un infante (Tabío y Rey, 1979: 100 y Pérez Cassola, 2011:24).

Fig. 19. Flauta elaborada en hueso de ave que acompañaba el entierro de un infante

Este instrumento musical, el único de su tipo exhumado en un sitio arqueológico de la isla, abre interrogantes de mucha importancia (Fig. 19) ¿Cuántos objetos de hueso o madera semejantes pudieron haber sido colocados junto a los difuntos en calidad de objetos acompañantes? Su presencia junto a los restos de un niño demuestra que el tratamiento mortuorio, aunque obedecía a patrones culturales de la comuna, podía presentar variantes relacionadas con vínculos familiares más estrechos y afectivos.

Sabemos, por los estudios de la colega Sonia Pérez Cassola, que los instrumentos musicales de los aborígenes y su música acompañaban numerosos ritos de carácter «mágico-religioso», por tanto, su aparición como objeto acompañante de un sepelio debe rastrearse más allá de la fragilidad del material con que pudo ser confeccionado.

Las bolas líticas y los caracoles

Existen reportes de bolas líticas en muchos continentes, como por ejemplo en la cueva de Nerja, correspondiente al Solutrense, y en el Magdaleniense europeo —considerado un «santuario funerario»—, donde se identificó cerca de uno de los cráneos, una bola lítica de unos 15 cm de diámetro. La reiteración de este tipo de objeto asociado a entierros, no ofrece duda alguna de su simbología como objeto ritual funerario (García, 1982). Pero no en todos los casos es así. Algunos otros ejemplos, a escala universal, están vinculados a la existencia de «boleadoras» que formaban parte del instrumental de caza en muchas culturas arcaicas.

En 1919, en el famoso sitio La Caleta, en Santo Domingo, fueron exhumadas varias bolas de arcilla que se interpretaron como bolas empleadas para teñir la piel (Álvarez Conde, 1961:140). También existen numerosos reportes de bolas líticas no asociadas a entierros, como por ejemplo las colectadas en Cayajabos,[62] al occidente de La Habana (Herrera Fritot, 1970:17), y en el montículo habitacional Victoria 1, en Camagüey (L. Domínguez, com. pers., 2012). Pero por lo general, se asocian a sitios funerarios como montículos en humedales de la costa sur; Cueva de los Niños, en Cayo Salinas; cuevas en Caguanes y el residuario de Limonar, entre algunos de los pocos ejemplos que se pueden citar.

En los grandes cementerios en cuevas del occidente, como Mogote de la Cueva 1, Cueva de la Santa, cueva del Perico 1, cueva Calero, Marién 2 y Bacuranao 1, no reportan los esferas asociadas a los cráneos.

La aparición de caracoles, como la *Zachrysia auricoma*, el *Cittarium pica* (sigua), o el *Liggus spp*, en entierros aborígenes se venía reportando desde las excavaciones clásicas de las décadas de 1930 y 1940, pero sin una clara asociación. También en los reportes de los primeros cuatro sitios enumerados, se anotó la presencia de caracoles, mas no se advirtió su relación con los entierros. Debido a este detalle, en las excavaciones de Marién 2, esta

133

[62.] En la parte más occidental de la isla algunas de estas bolas líticas fueron colectadas en sitios aborígenes arcaicos, pero algunas otras están totalmente fuera de contexto. Herrera Fritot (1943).

cuestión formó parte de los objetivos de trabajo; estrategia que permitió comprobar las relaciones directas entre los cráneos de los entierros 10, 11, 21 y 22. En estos casos se trató siempre de grandes caracoles conocidos vulgarmente como sigua (*Cittarium pica*).

Llama la atención el hecho que esta asociación no tuvo un carácter absoluto, pues pocos entierros contaron con esta posible simbología u ofrenda, lo que puede tener como fundamento la observación de Shimada (*et.al.*, 2004), quien confirma la posibilidad de identificar tratamientos mortuorios particulares que difieren de las costumbres generales de los grupos.

En el caso del sitio Bacurano 1 —en el que como ya se explicó, las excavaciones fueron iniciadas por un grupo de aficionados del municipio de San José de las Lajas—, se había excavado la cuadrícula C-3 (1X1 m), lugar de donde se extrajeron los restos de los entierros enumerados por orden: 1, 2 y 3, así como todos los elementos materiales asociados a los entierros; no obstante, se conservaron con sumo cuidado los entierros 4, 5, 6 y 7 (Fig. 20)

134

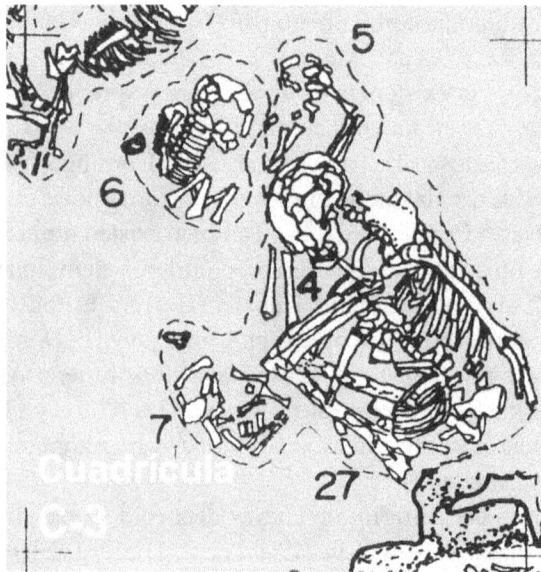

Fig. 20. Plano de la cuadrícula C-3 . Dibujo base cortesía de F. Fong y J. Garcell

Al incorporarme una semana después de iniciadas las excavaciones —por decisión del Centro de Antropología del Ministerio de Ciencias Tecnología y Medioambiente—, al revisar las bolsas de evidencias exhumadas, pude comprobar que aparecía, con cierta frecuencia, el caracol *Zachrysia auricoma*, los cuales fueron extraídos durante el proceso de excavación, sin que se constara si existía alguna relación o no con los entierros. A partir de ese momento, y basado en las experiencias obtenidas en Marién 2, lugar donde se logró establecer cierta relación entre algunos de los cráneos de los restos humanos y otro tipo de caracol, se orientó que esos especímenes no fueran extraídos durante el proceso de destape de los restos humanos, con el fin de comprobar si existía relación entre estos y los entierros (Fig. 21)

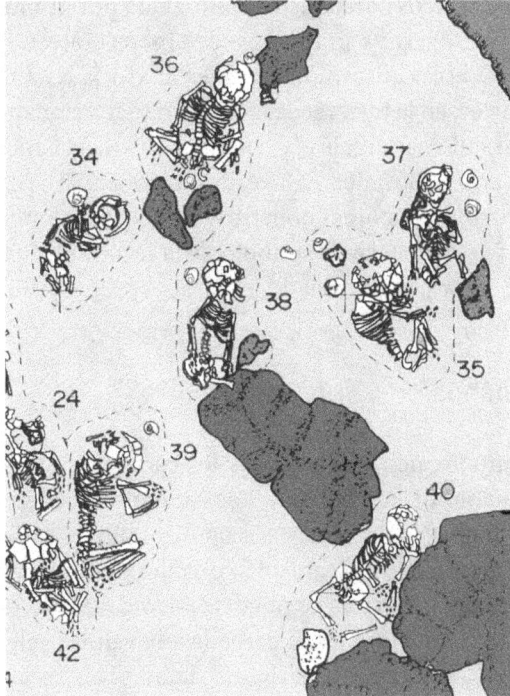

Fig. 21. Entierros 34 al 40 donde se observa la relación con los caracoles. Dibujo base cortesía: F. Fong y J. Garcell

Este presupuesto permitió comprobar que en Bacuranao 1, existía una relación entre este tipo de caracol y los cráneos de algunos de los entierros. Las cuadrículas B-5; B-6; C-5 y C-6) muestran como los entierros 34, 35, 36, 37, 38, 39 y 40, tenían muy cerca del cráneo un ejemplar de este caracol. En el caso del entierro 40, el caracol estaba ubicado directamente sobre el cuello.

La comparación entre ambas figuras permite al lector evaluar el grado de pérdida de información que hubiese ocurrido, si se seguía extrayendo el *Zachrysia auricoma*. Esto prueba, además, la importancia de que de una tumba no debe extraerse nada, solo debe hacerse en casos necesarios y después que el objeto, residuo o artefacto, ha sido dibujado, fotografiado y ubicado en sus tres dimensiones, con el objetivo de restituirlo al lugar de origen durante el proceso de reconstrucción y estudio. Esto es, por supuesto, si existe interés en estudiar el ritual funerario.

Sin embargo, esta relación de caracoles con algunos de los cráneos de los entierros no debe tomarse como una práctica estandarizada para estas bandas. En el caso de Bacurano 1, los entierros 9, 10, 17, 29 y 30, por ejemplo, no fueron acompañados de caracoles.

De todas maneras, el carácter simbólico de las bolas líticas y los caracoles con los entierros arcaicos parece estar apuntalada por numerosas observaciones aisladas y la sugestiva simbología de ambos objetos.

En el caso de las bolas líticas, además de estar asociadas a algunos cráneos de entierros arcaicos, en la historia de la religión se relacionan a la perfección y totalidad de las culturas arcaicas y, en otros casos, a la encarnación de lo divino y lo humano (Chevalier y Gheerbrant, 2008:388). Mientras que los caracoles y su forma helicoidal constituyen un pictograma universal de temporalidad y permanencia. Es símbolo de la fecundidad propiciada a los muertos (*Ídem: 186*), y según Eliade, el caracol prepara al difunto para el nuevo nacimiento.

Capas de conchas

En el pensamiento arcaico las conchas y los caracoles están presentes y se vinculan al principio de la fertilidad. Los caracoles pueden representar el renacimiento espiral. Mientras que para algunas culturas el jade preserva los cadáveres de la corrupción,[63] el caracol lo prepara para el nuevo nacimiento.

En las tumbas prehistóricas se pueden encontrar conchas marinas en abundancia, pues las mismas están cargadas de valores religiosos. En este caso, el simbolismo puede ser lunar y su relación con los ciclos, con el renacimiento, es inseparable de su semejanza con la vulva (Eliade, 1979:125).

Para Mircea Eliade, las ostras, en general, así como las conchas y los caracoles son parte de la cosmología acuática y del simbolismo sexual. Estos objetos participan de los poderes sagrados del agua, de la luna y de la mujer como engendradora de la vida. Por esto, en el hombre arcaico se establecen relaciones simbólicas entre las conchas marinas y los órganos femeninos y la resurrección. Esta cosmología explica el por qué la concha está presente en los ritos de nacimiento, matrimonio y muerte, pues muchas de estas especies tienen virtudes mágicas dentro de las culturas primitivas, pues en ellas está presente el principio de la fertilidad.

En Cuba, la presencia de gruesas capas de conchas bivalvas (*Isognomus alatus*), encima o debajo de los cadáveres[64] prueban una deposición inten-

---

[63] De todos es conocido como en muchas culturas orientales a los difuntos se les acompaña con piedras y objetos de jade, incluso, con una joya elaborada en jade que se le deposita en la boca.

[64] Constituidas por ejemplares de gran tamaño, lo que puede interpretarse como piezas muy arcaicas. En la actualidad no alcanzan esas dimensiones.

cional. La misma fue reportada de forma clara, por vez primera, durante las excavaciones de la cueva funeraria del Perico 1, en el año 1970.

Estas conchas, exteriormente, tienen la superficie rugosa y color pardo, por lo que no son nada atrayentes; en cambio, sus capas interiores son muy brillantes y de un color perla que refleja tonos violetas.

La aparición de estos elementos fueron el punto de partida para que durante las excavaciones realizadas en Marién 2, en 1992 y 1997, se prestara especial atención a la comprobación de esta particularidad en el tratamiento del difunto. Sin embargo, no todos los entierros primarios gozaron de esta particularidad. Se pudo comprobar la existencia de gruesas capas de estas conchas en los entierros 4, 5, 6, 7, 10, 11, 14, 15, y 21, por que no fue una práctica generalizada en todas las sepulturas. La selección de este tratamiento no parece guardar relación alguna con la edad y el género, pues mediante los restos pudimos observar que lo tenían infantes, adultos, masculinos y femeninos.

La presencia de caracoles y conchas asociados con algunos de los entierros han entusiasmado a numerosos interesados en dichos temas; estos, además de dar rienda suelta a la especulación, han orientado la discusión por los senderos del mecanicismo simplista, mediante el cual se presentan a los arcaicos de la isla como practicantes de ritos mortuorios estandarizados. Sin embargo, una cuestión primordial se impone ante cualquier análisis o interpretación: Ni la asociación de los caracoles con los cráneos, ni las capas de conchas sobre o debajo de los restos humanos tienen un carácter absoluto. No todos los entierros son portadores de estas cualidades ni todos los cementerios en cuevas excavados expresan de igual forma estas relaciones. Por tanto, lo primero a reconocer es que el tratamiento de los difuntos no es uniforme dentro de la banda o grupo humano. Existen tratamientos diferenciadores. Pero, ¡cuidado!, no se trata de despertar el desenfrenado discurso de las desigualdades sociales de los arcaicos y de los sacrificios humanos. Basta ya de buscar en jerarquías sociales, poderes hereditarios, jefaturas y herencias, las variables en el tratamiento mortuorio de estos grupos.

La cuestión es mucho más simple y cotidiana. Nada impide a un miembro de la familia del difunto expresar, mediante un objeto acompañante en particular, una intención personal o familiar. Ahora bien, si se relaciona con un tratamiento no estandarizado a nivel de comuna, bien puede responder a razones particulares del ritual, a las intenciones vinculadas a tabúes, períodos estacionales, causales de muerte, en fin, a muchos otros factores mediante los cuales se pueden expresar tratamientos particulares con algunos de los difuntos.

Estamos convencidos que las razones que explican las variaciones en el tratamiento de los difuntos, no ya dentro de un grupo sino a nivel de diferentes grupos regionales, o aun bajo un mismo patrón de subsistencia económica, no hay que buscarlas en la existencia de niveles socioeconómicos diferenciadores, sino en un presupuestos mucho más simples, como las variadas tradiciones que acompañaban los diferentes grupos; los procesos de adaptación que las mismas sufrieron en el entorno insular; los intereses familiares y factores vinculados a las defunciones con los ciclos estacionales y nichos ecológicos.

Esta proposición vale también para explicar las diferencias detectadas en cuanto a la existencia de entierros secundarios dentro de los cementerios estudiados. Hasta ahora, las evidencias arqueológicas sugieren que algunos grupos de este estadío histórico practicaban el "reentierro" de los restos una vez que los mismos habían perdido los tejidos blandos. Se trata, tal y como lo han atestiguado importantes antropólogos y arqueólogos, de un segundo entierro regido por la intención de practicar algún tipo de ritual asociado al culto a los antepasados, pero, al parecer los aborígenes que enterraron en Cueva de los Niños, Cueva de la Santa, cueva Calero y Bacuranao 1, no practicaron los segundos entierros de sus difuntos en la misma área después de exhumarlos y darles un tratamiento purificador.

Igual sucede con el uso del color rojo como un símbolo de hálito vital en los fallecidos, el que solo aparece registrado en los entierros primarios o secundarios en Perico 1 y, posiblemente, en Cueva de los Huesos y Cueva del Mogote; en cambio, testimonios arqueológicos confiables demuestran que los aborígenes que sepultaron a sus difuntos en Cueva de los Niños, Cueva de la Santa, Marién 2 y Bacuranao 1, no usaron esa simbología.

Otro tanto pasa con el uso de piedras, como parte del tratamiento funerario en algunas de las tumbas, las esferas líticas o los grandes caracoles univalvos cerca de los cráneos. En todo esto existe una gran variabilidad, que no es más que la expresión de los mismos presupuestos apuntados con anterioridad:

Se trata de aborígenes de un mismo nivel socioeconómico en general, pero procedentes de diferentes troncos y procesos migratorios, tal y como ha afirmado la arqueología contemporánea. Esos diferentes procesos adaptativos en los que las mezclas en ambientes naturales en ocasiones muy diferentes entre sí, aportaron experiencias y soluciones particulares. ¿Por qué algunos hacían banquetes sobre las tumbas y otros aparentemente no?

Este tipo de reconocimiento tiene lugar en el terreno de la economía y los niveles de vida, los cuales han sido expuestos mediante una acuciosa descripción de las distintas industrias y las técnicas de manufactura en cada variedad de materias primas. Pero en exigua medida se utilizan los mismos principios para explicar las marcadas diferencias que se expresan en el tratamiento de los muertos, o sea, en el campo de la ideología. Esta abigarrada complejidad, no siempre justificada por factores cronológicos, ha llevado a numerosos arqueólogos cubanos a enfrascarse en discusiones epistemológicas, aun cuando se carece de instrumentos imprescindibles como son las secuencias de fechados que muestren el proceso de ocpación de las diferentes regiones y un trabajo de campo sistemático y en armonía con los progresos alcanzados internacionalmente, lo cual permitiría hacer equiparables los registros.

De cientos de sitios arcaicos apenas tenemos colectas de superficie sin control; de otros, colectas de un mismo tipo, pero, además, de partes muy limitadas de los lugares. Cientos de sitios fueron localizados y excavados por accidente, o sea, sin planes de investigaciones previos y objetivos definidos. Asimismo se tiene una visión limitada o parcial de cientos de sitios en los que solo se han practicado calas de prueba o pozos de 1x1 m. Todos estos señalamientos hacen muy difícil las comparaciones de los registros a escala nacional y que se puedan establecer niveles precisos dentro de todos los grupos. Se ha percibido, más que probado, la existencia de niveles.

En no pocas ocasiones un sitio catalogado como correspondiente a un segmento del gran complejo, al ampliarse las investigaciones se ha tenido que reubicar culturalmente. Muy pocos arqueólogos aplican el concepto de sistema de asentamiento y diferencian las características de los distintos emplazamientos de un mismo grupo de arcaicos. ¿Cuántos de los sitios son de primera, segunda o tercera magnitud? ¿Cuáles corresponden a sitios de habitación de la banda reunida, a familias dispersas, o a campamentos temporales de grupos de propósito concreto?

Durante la realización de los censos arqueológicos se aplicó esta línea sistemática de trabajo por parte de E. Alonso, A. Martínez Gabino y el autor; sin embargo, los estudios posteriores apenas le han dado continuidad al asunto.

A pesar de que aún la arqueología de los espacios fúnebres, por lo menos en cuevas, está en pañales, muestra una mayor variabilidad sobre bases mucho más confiables, y permite expresar que unos usaban el color rojo para acompañar sus difuntos; otros, las esferas líticas y otros, simples conchas o caracoles. La variedad puede resultar sorprendente, pero son inequívocas muestras de diferencias en el tratamiento mortuorio en grupos de similares estadío histórico y ajuares arqueológicos, en los sitios de habitación vinculados a los espacios funerarios, como son Perico 1, Mogote de la cueva N° 1, Calero, Marién 2 y Bacurano 1.

Los difusos entierros secundarios arcaicos: variantes y posibles simbologías

La categoría de «entierro secundario» tiene una larga historia en la arqueología. Esta deriva del término «entierro primario», el cual indica en que los restos de un cuerpo sepultado puede presentar variadas posiciones, pero que mantiene, en sentido general, las mismas posiciones de los huesos de cuando el esqueleto estaba articulado. Por lo tanto, un entierro secundario será aquel en el que los restos óseos presenten en un orden artificial como consecuencia de una segunda inhumación.

Los estudios de Alfred Metraux, en la América del Sur de mediados del siglo pasado, demostraron que la práctica del entierro secundario estaba muy arraigada en los yuruná, shipaya, apiacá, ipurina, yanomami, otomac, salivàá, betoya, karamakoto y caribe. En todas estas etnias el primer entierro se realizaba en una tumba poco profunda y después de pasado un tiempo, cuando se perdían los tejidos blandos los restos eran trasladados y colgados en macas o cestas, en los techos de las viviendas o en cuevas. Uno de los ejemplos más ilustrativos de este tratamiento prehispánico se tiene de los relatos del alemán Alejandro de Humboldt, cuando en el siglo XIX realizó exploraciones en el territorio venezolano, en una cueva de Atauripe, cerca del río Cataniapo, y encontró 600 cestas rectangulares hechas de hojas de palma, las cuales contenía, cada una de ellas, el esqueleto de un individuo en posición flexionada. Algunos de los restos estaban pintados de rojo y, los aborígenes que entrevistó le informaron que varios meses después del entierro, ellos retiraban los huesos, los limpiaban, envolvían en hojas y colgaban en cestas (Zucchi, 2000:10)

140

En el caso de los warao, habitantes del delta del Orinoco, Gumillas observó, en 1871, que estos aborígenes pescadores sumergían los cadáveres en el río para que las partes blandas fueran devoradas por las pirañas. Después rescataban los huesos, los envolvían ceremonialmente, y colocaban la osamenta en cestas que luego colgaban del techo de las habitaciones (Metraux, 1947).

En estos procedimientos particulares existe una simbología que está por encima del respeto a los restos del individuo. No interesa si las partes blandas son devoradas por las pirañas, lo más importante es salvar los restos óseos que luego recibirán el tratamiento mortuorio. Este es uno de los ejemplos más contundentes que demuestra el nulo interés por resucitar al muerto y este regrese al espacio de los vivos, más bien es todo lo contrario, despojarlo de su apariencia terrena es la prioridad para que descanse en un espacio sagrado.

Algo similar ocurre con la cremación directa del cadáver, o con su abandono dentro de la vivienda a la cual se le prende fuego. Se trata de actos de reafirmación de la nueva condición del individuo que ya no forma parte del espacio profano.

Los «indios» piaroa volvían a enterrar en los cementerios los restos de sus difuntos, una vez perdidos los tejidos blandos. Pero en esta ocasión, estos eran cubiertos por piedras, lo cual pudiera interpretarse como la intensión de retenerlos en su nuevo espacio. Costumbres similares fueron observadas en los barho, apinayè y nambikuara.

En 1769, Bancroft (Metraux, 1947), afirmó que algunos grupos de filiación aruaca y caribe asentados en la Guyana, repartían los huesos de los difuntos entre los familiares una vez que perdían los tejidos blandos. En este tipo de práctica tan poco común, no cabe la menor duda de la presencia al culto de los antepasados.

Robert Hertz, en el año 1907, ofreció la primera explicación del concepto entierro secundario y su carácter ritual (Hertz, 1907:48-137). Mas en Cuba, no fue hasta mediados del siglo xx que se tuvo claridad en la definición de entierro secundario. Una de las primeras clasificaciones sobre los diferentes tipos de entierros secundarios se le debe al antropólogo norteamericano, Douglas H. Ubelaker. Su libro, *Human skeletal ramains*, serviría a muchos arqueólogos cubanos, para el estudio de las colecciones óseas obtenidas de excavaciones arqueológicas y orientar sus trabajos. En él, Ubelaker (1978:19), define la práctica de entierro secundario bajo los siguientes presupuestos:

- Es un tratamiento mortuorio que involucra dos o más veces al difunto.

- Un primer momento está representado por la destrucción natural o descarne de los tejidos blandos.

- Un segundo momento consiste en la recolección de los restos óseos.

- Se «reentierran» los restos en una tumba o se agrupan con otros restos también exhumados

Esta variante de entierro expresa un nuevo tipo de reordenamiento de los restos. El autor argumenta esta clasificación basado en fuentes etnográficas y experiencias arqueológicas en diferentes contextos funerarios. Una de las descripciones de tipo etnográfica que retoma son las descripciones de Bernard Romans, quien describió este tipo de práctica en los aborígenes choctaw, en el año de 1775. Según él, la costumbre de estas tribus, una vez eliminadas las partes blandas del cadáver, era pintar el cráneo de rojo; los restos se conservaban y se les rendía culto.

De esta manera y sobre la base de una vasta experiencia de campo, Ubelaker compila diferentes tipos de ceremonias mediante las cuales los aborígenes del continente americano han conservado y vuelto a enterrar los restos óseos de sus familiares. Una de las prácticas más difundidas es el entierro en urnas.

De igual manera, y apoyado en los datos aportados por el misionero jesuita Jean de Brebeuf, en el año 1636, sobre las poblaciones de indios huron, afirma que la mayoría de estos practican el «reentierro» de los huesos una vez perdidas las partes blandas, pero mediante una gran ceremonia festiva que se efectuaba cada diez o doce años, y en las que eran transportados todos los restos de los sepultados durante ese período y se les reunía en una especie de *osario*.

Asimismo apunta un tipo de entierro secundario al que se le ha prestado escasa atención en los estudios de los espacios fúnebre en el país, consistente en el uso de un espacio particular para volver a enterrar varios o muchos restos; ese lugar en particular fue identificado por Ubelaker, como osario.

Estudiadas por Gustavo Martínez (2006), en Argentina se localizaron áreas de conjunto de entierros secundarios, pero en este caso, el reentierro se hizo reorganizando los restos, de manera tal, que recuerdan en parte las posiciones originales en grandes osarios. Otro reporte —también procedente de Argentina, por parte de Bárbara Mazza (2010)— aportó como pruebas, el hecho que en algunos de los entierros secundarios los restos fueron atados.

Una de las cuestiones más interesantes de los trabajos arqueológicos en áreas sepulcrales en Argentina, se tiene de los estudios bioarqueológicos llevados a cabo por Carolina Mariano (2011), en sitios de la costa rionegrina del golfo de Matías. Se trata del estudio de los restos humanos de entierros primarios de grupos cazadores-recolectores con fechados ca. 3 100 a 400 a.p., no obstante, alrededor del 1 300 a.p. comenzaron a implementarse entierros secundarios. Esta variación en el tratamiento ha sido interpretada por la autora, como posible cambio de estrategia en el uso del espacio a partir de esa fecha. La muestra analizada incluyó restos de ambos tipos, procedentes de 21 sectores de 7 localidades. Pero lo más importante, es que la información isotópica probó el consumo de dietas diferentes en los entierros primarios anteriores a 1 300 a.p., y en los primarios y secundarios posteriores a esa fecha. Mientras en los primaros predominó la dieta marina, en los segundos —tanto primarios, como secundarios— predominó la dieta mixta continental; datos que pudieran responder al hecho que en la primera etapa, donde solo se localizan entierros primarios, existió un uso más estable del espacio, mientras que en la segunda etapa se vieron obligados a recurrir a otros recursos (*Ídem*).

Esta minuciosa y sólida investigación pone sobre el tapete las complejidades en cuanto a la variabilidad de las evidencias mortuorias; por cuanto, si los restos óseos de los entierros secundarios se fecharon a partir del 1 300 a.p., quiere decir que esa es la fecha del primer entierro, o sea, el momento en que fueron sepultados por vez primera y, el segundo entierro, el secundario, desconocemos en qué momento se efectuó.

En Cuba, el entierro secundario más conspicuo de la historia de la arqueología (Fig. 22), y punto de partida de todas las definiciones posteriores, fue localizado por René Herrera Fritot y Manuel Rivero de la Calle, en el año 1950, en la cueva funeraria de Carbonera, en Matanzas (Herrera Fritot y Rivero de la Calle, 1954). En ese mismo lugar existieron otros entierros primarios.

Fig. 22. Entierro secundario. Foto: Cortesía de M.Rivero de la Calle

143

Mas en 1970, este presupuesto sirvió a Pino y Alonso (1973:9), para identificar algunos de los restos humanos colectados en la cueva del Perico 1. En las capas más profundas, aunque alterados, se pudo comprobar la asociación de los cráneos sobre los huesos largos.

Cueva Calero, excavada en 1989, por Aída Martínez Gabino (1989:5), no reportó hallazgo alguno de entierro secundario, aunque, sí restos dislocados de entierros anteriores en tumbas de entierros primarios. Esta cuestión podría estar en relación, no solo, con la reutilización del espacio fúnebre, sino también con la exhumación de cráneos y huesos largos para ser depositados en otro lugar.

Durante las excavaciones realizadas, en 1990, en la cueva de la India, en Río Hondo, Cienfuegos, lugar donde el colega Alfredo Rankin exhumara el entierro primario de una mujer con el cráneo deformado, yo localicé un entierro secundario en un nicho de la pared rocosa del farallón donde estaba ubicada la cueva. El entierro consistió en un cráneo sobre varios huesos largos, coloreados de rojo. El cráneo no era deforme, por lo que podría corresponder a la ocupación de la cueva por grupos arcaicos, antes de ser usado como lugar funerario por los ceramistas, según se pudo comprobar por las excavaciones practicas en el lugar.

Como ya se apuntara en párrafos anteriores, durante las excavaciones practicadas en 1992, en el área sepulcral de la cueva Marién 2, fue localizada una zona en la que solo se habían colocado entierros secundarios. El mismo estaba separado por algunas piedras del resto del cementerio, por lo que se trata, según la propuesta de Ubelaker, de un osario (Fig. 23)

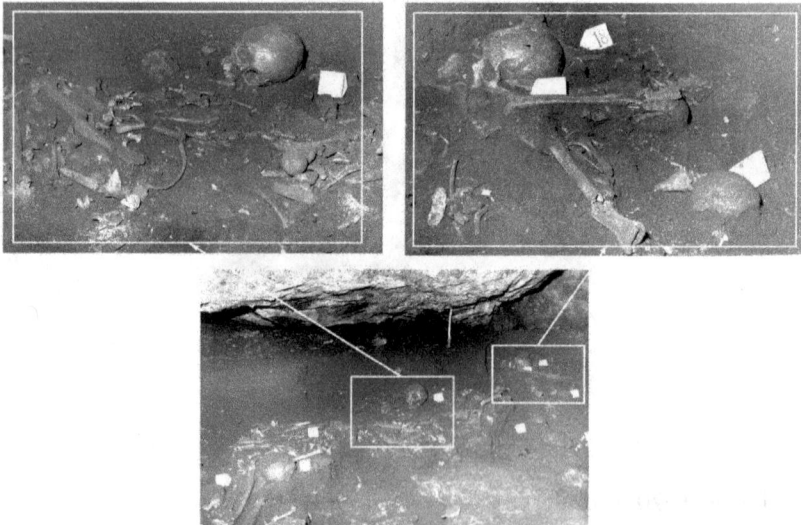

Fig. 23. Composición que muestra el carácter osario del área de los entierros secundarios

Shoeder (2002:77), al referirse a los entierros secundarios subraya una característica que resulta fundamental. Según él, los entierros secundarios tienen carácter intencional.

Si retomamos las propuestas de Ubelaker, a esta cualidad se le podría unir esta otra característica: son entierros que presentan cierto reordenamiento ritual del esqueleto. Reordenamiento ritual que nos lleva a otra cualidad importante: los entierros secundarios son *reordenados* en posiciones particulares.

Esto ofrece a escala internacional dos de las cualidades esenciales que definen este tipo de entierro: *intencionalidad y reordenamiento.*

No obstante, algunos estudiosos de estos temas dan la categoría de entierros secundarios a los restos aislados, fragmentados y dislocados de sepulturas anteriores, colectadas dentro de tumbas de entierros primarios (Garcell, 2009). Pero es necesario tomar en consideración las siguientes cuestiones. Cuando los aborígenes realizan una inhumación y se encuentran con restos humanos anteriores y extraen los huesos para «reenterrarlos» —si es que tienen la costumbre de esta práctica—, lo que queda de esos restos en el pozo abierto no constituye un entierro secundario. Se trata de los residuos del entierro anterior, que quedan atrapados dentro de la nueva tumba.

Por tales motivos, en la arqueología de la región caribeña, los investigadores han estado de acuerdo con la existencia de tres tipos fundamentales de entierros: primarios, secundarios y residuales (Veloz Magiolo, et. al., 1977:27). Clenis Tavárez, en un importante balance sobre las practicas sepulcrales aborígenes de República Dominica, coincide con estas categorías (Tavárez, 2007).

El entierro secundario habría que buscarlo, ya que puede estar en forma de paquete dentro del propio espacio (cueva funeraria de Carbonera, en Matanzas y cueva del Perico 1, en Pinar del Río), o en otro espacio particular como osario (Marién 2, hoy provincia de Artemisa), o en un nicho ubicado en las paredes de una cueva (cueva de la India, en Cienfuegos). De esta manera, el entierro secundario cumple dos cualidades esenciales que lo identifican: Tiene carácter intencional, y en su tratamiento expresa cierto ritualismo, pues se efectúa un reentierro en forma de paquete.

Tres o cuatro huesos de tumbas anteriores no deben ser tomados como entierros secundarios, pues enmascararía la existencia de dos posibles contradicciones de suma importancia a la hora del estudio de los rituales mortuorios:

1. Los aborígenes destruían tumbas anteriores sin consideraciones de ningún tipo.

2. Los aborígenes extraían los cráneos y huesos largos para volver a sepultarlos como parte de un rito vinculado al culto a los ancestros.

El arqueólogo está obligado a buscarle respuesta a estos sucesos, no debe salir por la primera puerta que le abren las complejidades del ritual aborigen.

Un ejemplo de restos humanos fragmentados y desarticulados, contenidos en una sepultura de un entierro primario, correspondiente a la cueva Funeraria Marién 2, puede ayudar a comprender esto:

En una de las tumbas de entierro primario aparecieron los restos articulados de un infante (Fig. 24) que se hallaba bastante completo. Mas dentro del mismo espacio se colectaron varias vértebras cervicales, fragmentos muy deteriorados de otros huesos y algunas falanges de un adulto, así como también, restos muy pobres de otro infante. Las especificaciones de las cualidades de los restos se pudieron hacer bajo la tutoría del antropólogo Manuel Rivero de la Calle, quien poseía gran experiencia y discernimiento en este tipo de complejidades en cuanto a las tumbas de los arcaicos cubanos.

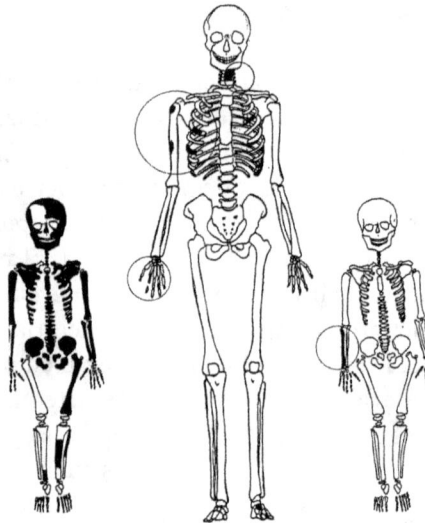

Fig. 24. Los huesos sombreados corresponden a restos exhumados de tres individuos en una misma tumba

Estas afirmaciones impiden que restos óseos dislocados como resultando de la destrucción de una tumba anterior, al originarse una inhumación mucho más reciente, puedan clasificarse como «entierro secundario». Toda vez que nos encontramos ante la presencia de restos de uno o varios individuos, aunque en cuantías muy reducidas, deteriorados y sin relación entre sí, no es correcto considerarlos entierros secundarios, pues no manifiestan un tratamiento intencional o de ritual, ya que son el resultado de una destrucción intrusiva y no de un reentierro.

En Marién 2 y Bacurano 1, los restos desarticulados contenidos en tumbas primarias no guardaban ningún orden posible entre sí. Los cráneos y huesos largos de aquellos difuntos es posible que se encuentren dentro del osario ubicado en un área particular de la propia cueva u otra cercana, si suponemos que fueron extraídos para tal fin. Pero si no fueron extraídos para reenterrarlos en otro lugar, y en cambio, fueron abandonados dentro de la nueva tumba, ese proceso desencadenaría la pérdida de muchos huesos, sobre todo, si se realiza la exhumación varias veces, como en este caso.

Si esto último es lo ocurrido, demostraría una contradicción, pues: ¿Cómo explicar que en algunas cuevas se practicaba el entierro secundario y en otras las tumbas eran destruidas? Esto último solo podría explicarse debido a variaciones muy drásticas en las tradiciones funerarias de los grupos que allí sepultaron.

Considerar esos pequeños fragmentos de huesos dislocados como entierros secundarios ayuda muy poco a discernir las tradiciones culturales del grupo humano, contradice los resultados de sólidas investigaciones a escala universal y regional, y a nuestro juicio, prueba el carácter festinado del estudio.

Cuando en el año 1970 se llevaron a cabo excavaciones en la cueva funeraria Perico1, se exhumaron de las capas más profundas del sitio varios entierros secundarios que, aunque muy alterados, permitieron comprobar cierta relación entre sí, lo cual permitió clasificarlos como tales. Por ejemplo: el entierro N° 4, clasificado como secundario y encontrado en las capas más profundas, fue descrito así: «El cráneo aparece al centro de un triángulo formado por dos fémures fragmentados y un cubito» (Milton y Alonso, 1973; 12).

Si además se presta atención a que esos cráneos estaban coloreados de rojo, puede afirmarse que estos titulados entierros secundarios mostraban la intencionalidad y ritualismo expresado en el reordenamiento, requerido para esta categoría.

En ese cementerio, los arqueólogos mencionados comprobaron también la presencia de restos óseos dislocados y muy fragmentados dentro de varias tumbas de entierros primarios, mas ellos no consideraron esos restos como entierros secundarios. Incluso, en el balance redactado por Alonso acerca de las costumbres funerarios de estas comunidades, afirma: «no debe considerarse obligatoriamente como entierro secundario cualquier grupo de huesos en aparente relación no anatómica» (Alonso, 1995:113).

Quizás las respuestas a estas contradicciones se encuentren en el hecho de que los entierros secundarios expresan el triunfo de la vida sobre la muerte, pues por medio de ese tratamiento la muerte deja de ser un peligro (Bloch y Parry, 1982).

De esta manera, el entierro secundario resultaría no un tratamiento de purificación para el difunto, sino la forma en que los vivos salvaguardaban sus intereses y temores, tal como parecen apuntar las investigaciones efectuadas en los entierros secundarios de sitios funerarios de Taiwán, y en las que se argumentan que dicho tratamiento no tiene carácter de purificación, pues el entierro secundario contempla: limpieza de los huesos; reordenamiento de los mismos y ubicación en un nuevo lugar, detrás de lo cual se encuentra el hecho que el entierro primario cancela el carácter contaminante de los restos humanos para el resto de la colectividad, mientras que el secundario manipula el cadáver para eliminar, completamente, la posible fuente de peligro (Tsu, 2000).

Una variedad dentro de los entierros secundarios en sociedades no igualitarias es propuesta por Hammond, a partir de sus observaciones en Belice, quien sugiere que la existencia de esqueletos desmembrados y empacados en bolsas, e incorporados a los entierros primarios y masivos del preclásico mesoamericano tienen calidad de «ajuares funerarios» (Hammond, 1999:59)

La cremación y su contradictoria simbología

Otra de las técnicas en el tratamiento de los cadáveres, de la que siempre se encuentran referencias en muchos estudios y algunas excavaciones, es la cremación. Esta costumbre encuentra sus primeras manifestaciones en el litoral mediterráneo desde el período neolítico. La mayoría de los investigadores del tema la consideran como una usanza propia de sociedades de jefatura.

En los famosos rituales funerarios de la India, la idea de la cremación está relacionada con la creencia de la reencarnación y la purificación, y se justifica mediante una sociedad dividida en castas (Groseclose, 1995).

Los trabajos acerca de los restos cremados correspondientes a la Edad de Bronce, llevados a cabo en Inglaterra, fueron relacionados con cuestiones de estatus (Mckinley, 1997:142)

Por su parte, en América del Sur y Central existen reportes etnográficos desde la época de la colonización, que señalan la costumbre de poner a «secar» los cadáveres en sus propias hamacas mientras el fuego arde por debajo, así como también apuntan la incineración directa, como es el caso de los yanomamis.

Según Metraux, la cremación fue utilizada por los aborígenes del Amazona, Guayana y Colombia. Esta costumbre se observó también en los aweikáma-caingang de Santa Catarina, Brasil, quienes colectaban después los restos y los colocaban en cestas. Los quimbaya de Colombia colocaban los restos en urnas tras ser cremados. También se afirma que esta práctica estuvo presente en los caribe y aruaco, y que los aparai y caribe solo cremaban a los jefes y chamanes (Metraux, 1947:19-20).

Luego de diversas investigaciones en el territorio de la actual Venezuela, se sabe que los aborígenes prehispánicos utilizaron como una de las formas de tratamiento de los cadáveres, la cremación. La arqueóloga venezolana Alberta Zucchi comenta que en el yacimiento Caño Caroni, en el Estado de Barinas, se extrajo una vasija cuyo contenido eran fragmentos de huesos humanos cremados (2000:10).

Esta técnica es reconocida en el Caribe para las sociedades de jefatura (taínos). A su vez, a escala universal, siempre se asocia a sociedades de cierta complejidad social. Sin embargo, existen referencias sobre la presencia de huesos quemados en sitios funerarios preceramistas o arcaicos. Morbán Laucer asevera que en los cementerios ciboneyes de cueva de la Madama, cabo Samá, República Dominicana, y en los Montículos concheros (Sambaquis), en Brasil, se reporta la existencia de huesos cremados (Morbán Laucer.1979: 72 y 87).

En el estudio de los rituales funerarios de la gruta Gentío 2, perteneciente a culturas cazadoras-recolectoras del noroeste de Minas Gerais, Brasil — con una ocupación del 10 000 al 400 a.p.—, se identificaron prácticas de cremación (Malerba, 2003)

De igual manera, en Cuba muchos de los reportes de hallazgos de restos humanos, como fueron los de cueva de los Huesos, el Mogote de la cueva 1 y otras, refieren la existencia de huesos humanos muy fragmentados, y algunos con señales de cremación. Pero casi siempre se trató de lugares muy alterados. No obstante, en ninguna de las excavaciones efectuadas mediante procedimientos controlados en cuevas, como en Cueva de la Santa, en 1961; cueva del Perico 1, en 1970; cueva Calero, en 1989; Marién 2, en 1992 y 1997 y Bacuranao 1, en 1995 y 1997, se reportó la existencia de huesos cremados.

En el caso de la cueva del Perico 1, la presencia de algunos fragmentos quemados de restos humanos no fue interpretada como evidencia de cremación intencional.

Al respecto, compartimos la opinión de Pino y Alonso, para quienes la presencia de restos humanos cremados en estos sitios, podría explicarse por el hecho de que los aborígenes destruían tumbas anteriores para efectuar nuevos entierros, pudiendo quedar así algunos restos en la superficie expuesto al fuego de las hogueras (Pino y Alonso, 1973-27). Este fenómeno podía tener carácter reiterado durante muchos años.

El caso referido por Morbán Laucer, acerca de restos cremados en los Sambaquis de Brasil, y dado que afirma que los mismos se localizan con cenizas y caracoles, «demuestra el uso de hogueras alrededor de los cadáveres»

149

(1979: 87), por lo que no puede descartarse la idea que se trate de alteraciones vinculadas al uso continuo del lugar y la existencia de banquetes funerarios.

El hecho parece confirmarse en un reciente trabajo en el que se estudiaron restos humanos provenientes del sitio Jabuticabeira 2, localizado en el litoral sur del estado de Santa Catarina, con fechados entre el 2 500 y 1 400 a.p., o sea, utilizado como cementerio durante casi mil años. Allí se comprobó, además, mediante cuidadosos trabajos de excavación, la existencia de fogones rituales (Kloker, 2010:113)

Francisco Etxeberra (1994),[65] realizó investigaciones macroscópicas de amplias muestras de huesos cremados en sitios arqueológicos del país Vasco. En los sitios clasificados como correspondientes al calcolítico y Edad de Bronce, no se identificaron muestras cremadas. Los ejemplares procedían de los sitios clasificados en la Edad de Hierro. Sin embargo, uno de los datos más interesantes consistió en la comprobación que algunos huesos identificados con anterioridad como cremados, procedentes de estadíos anteriores a la Edad de Hierro, en realidad eran huesos ennegrecidos por efectos tafonómicos. Y afirma que: «el simple hallazgo de restos óseos humanos quemados no demuestra la práctica de incineración con carácter ritual de modo exclusivo» (Etxeberra, 1994:111).

Lo cierto es que, en la mayoría de las cuevas de los arcaicos de la isla, en las que se han practicado excavaciones controladas, no existen reportes de hallazgos de huesos cremados, aunque sí, en otros cementerios no ubicados en cuevas.

Es posible, que como en la arqueología de Cuba se le ha prestado poca atención a la necesidad de probar si existieron fogones encima de las sepulturas como manifestación de los banquetes funerarios, y algunos reportes refieren la presencia de tumbas en sitios de habitación, no haya suficientes evidencias para arribar a conclusiones por el momento. Esto constituye uno de los presupuestos necesarios a ventilar en futuros trabajos de campo.

Convencido estoy que las pruebas de laboratorio son definitorias para la comprobación en cuanto a la existencia del uso de la cremación por parte de los aborígenes arcaicos, como lo son también para muchas otras cuestiones que manipulan los arqueólogos. Pero las pruebas de laboratorio necesitan estar apoyadas por un eficiente trabajo de campo, mediante el cual se defina si los restos fueron expuestos al fuego directamente como parte de un rito, abandonados o sepultados; o por el contrario, si algunos fragmentos óseos estuvieron expuestos a los fogones de habitación o fogones rituales encima de las sepulturas, como consecuencia de la alteración de tumbas por parte de los aborígenes.

[65.] Experto del Departamento de Medicina Legal de la universidad de dicho lugar.

El infanticidio como recurso de la supervivencia

Para Laila Willimson, el infanticidio ha sido practicado en todos los continentes por personas de todos los niveles de complejidad cultural, desde los cazadores nómadas. Para ella, el infanticidio, más que una excepción, es una regla y la cual se ha probado más allá de cualquier duda razonable. Asimismo afirma, es un código humano que promueve la supervivencia (Willimson, 1978).

En las sociedades no estratificadas este tipo de práctica se reconoce como una forma de control demográfico y de mantenimiento del equilibrio de la estructura familiar, la cual es básica en ese estadío.

La arqueología ha encontrado evidencias de prácticas de infanticidio en numerosos lugares de Asia, África, Europa y América. Casi todos los antropólogos que han trabajado en sociedades tradicionales así lo confirman. Malinowski lo comprobó entre los grupos recolectores cazadores de Australia (1963:235). Crónicas históricas del siglo XVIII describen las prácticas y las razones económicas del infanticidio entre los antiguos cochimíe de Baja California (Barco, 1989). Murdock (1945:22), describe que los recolectores y cazadores tasmanios sacrificaban a los niños de madres que perecían. Aún en el siglo XVIII, los esquimales y los iroqueses, estos últimos del territorio del actual New York, ejecutaban estas acciones. De igual manera, los huitoto de la Amazonia colombiana eliminaban al segundo de los nacidos gemelos (Murdok, 1945:365).

Betty Meggers, la incansable arqueóloga norteamericana, reporta esta práctica entre los cayapo, camayurá y los waiwai del Amazonas (1976:80,111 y 178); también fue registrada en los tunebo de Colombia, quienes eliminaban a los lisiados y deformes (Chaves Mendoza (1990; 167), y los quijo del Ecuador (Oberem, 1971:145)

En las etapas primigenias de la sociedad humana, las altas tasas de infanticidio están vinculadas a factores de subsistencia. En una sociedad de niveles tan precarios, en la que la sobrevivencia y la reproducción de la especie estaban siempre amenazadas, hubiese sido una contradicción si no se recurriera a esta práctica por razones de peso, al verse comprometidos esos dos principios elementales.

Las investigaciones de Malthus (1963), con los nativos de Australia, en Nueva Gales del Sur, probaron que cuando una madre que amamantaba un niño fallecía, el infante era sepultado con ella, pues la comunidad, que vivía de la recolección y la caza, fundamentalmente, no podía asimilar semejante carga.

Las primeras investigaciones efectuadas en Cuba en cuevas funerarias de los grupos arcaicos hicieron suponer la existencia de «sacrificios humanos», dada la alta frecuencia de restos infantiles (Torres y Rivero de la Calle, 1970). Mas como ya se apuntó en el capítulo 2, dicha categoría fue rechazada con

151

argumentos históricos, Tabío y Rey (1979). Sin embargo, esta crítica no contenía en sí toda la verdad sobre la problemática que se debatía, pues se mantenían en pie los reiterados hallazgos de niños de corta edad junto a adultos, en los cementerios arcaicos cubanos.

Diez años más tarde, el arqueólogo A. Rives orientó la discusión hacia derroteros más prometedores. En un breve, pero importante trabajo para la arqueología de Cuba, señalo: «Apropósito, planteamos una categoría que contempla prácticas conocidas en otros pueblos como el infanticidio por miseria, la eliminación de inútiles, o el castigo por trasferir algún tabú; contraponiéndola a las muertes que implicarían la existencia de una estratificación social» (Rives, 1976:49).

En el año 1995, como resultado de las investigaciones del sitio Marién 2, fue propuesto el estudio de la relación entre infantes y adultos dentro de una misma sepultura, como una vía de acercamiento a posibles prácticas de infanticidio, ya que en los cementerios arcaicos del país, resulta reiterativa y sugestiva dicha relación, en especial, en el caso de los entierros N° 6 y N° 7 de Marién 2, en el que al parecer, una mujer adulta sostenía en sus manos y a la altura del «rostro», a un infante (Fig. 25).

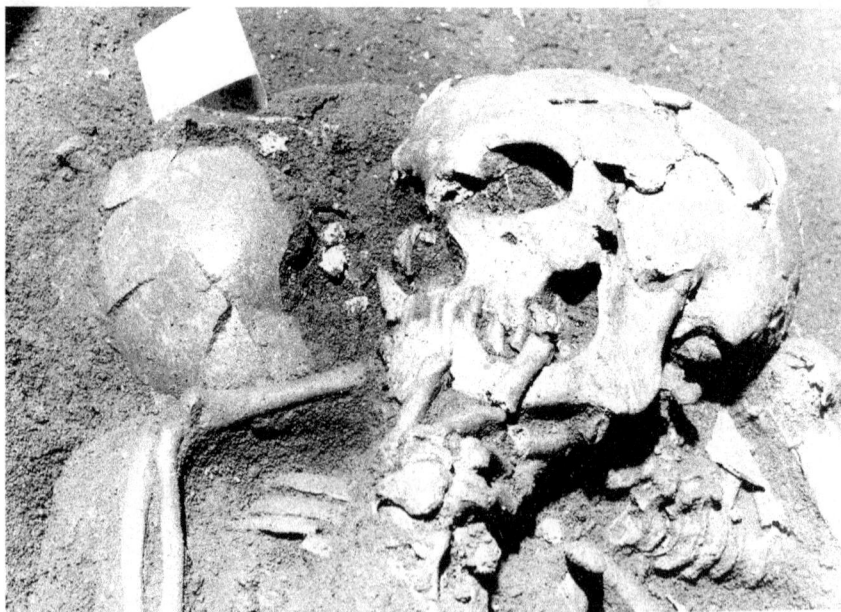

Fig. 25. Entierros N° 6 y 7 de Marién 2

Concluidas las excavaciones, muestras óseas, procedentes de Marién 2, le fueron entregadas a colegas del Museo Montané de la Universidad de La Habana para la realización de diferentes análisis de laboratorio. Mediante análisis de ADN quedó demostrado que entre los entierros N° 7 (mujer adulta) y el N° 6 (un infante), existió una relación parental de primer orden (madre-hijo), y los autores del informe sugirieron estar en presencia de prácticas de infanticidio (Lleonart, *et. al.*, 1999). Esto aporta una prueba de indiscutible confiabilidad acerca de la hipótesis defendida en los trabajos sobre Marién 2, acerca de que en la relación «niño-adulto en una misma sepultura» podría encontrarse la clave para probar la existencia de prácticas de infanticidio (La Rosa y Robaina, 1995: 44). Sin embargo, nada de lo anterior constituye una prueba definitiva de prácticas de infanticidio en estos grupos. Al no tener las causas de muerte, no es posible discernir si se trata de un caso de infanticidio por fallecimiento de la madre, o se trata del fallecimiento de los dos por causas naturales o accidentales. En ambos casos, el resultado sería el mismo: un entierro simultáneo.

153

6

El esquivo símbolo del culto solar en los arcaicos de Cuba

La teoría es asesinada tarde o temprano por la experiencia

Albert Einstein

El tema principal que se debate en este capítulo está dirigido a la existencia del culto solar en los arcaicos de Cuba, a partir de algunas observaciones que defienden la presencia de una relación directa entre los entierros arcaicos y los espacios iluminados por la luz solar en las cuevas del occidente insular. Pero primero debemos referirnos a los registros que remiten a esa relación, aunque estos no se vincularon a los factores mágicos o religiosos. Después, comprobaremos en qué medida esa relación es estable como para establecer un principio que no comprometa la objetividad de todo el conocimiento acumulado acerca de las sociedades arcaicas.

¿Enterraban los arcaicos en las áreas iluminadas?

Se trata, en particular, de evaluar en qué medida los espacios sepulcrales en cuevas estudiadas en Cuba, están iluminadas por la luz solar de forma directa, como se ha venido afirmando desde 1961, a partir de las excavaciones en el recinto funerario Cueva de la Santa (Torres y Rivero de la Calle, 1970), y sobre esa base definir si este presupuesto formó parte de los criterios selectivos del lugar por parte de los aborígenes. Con posterioridad a estas observaciones, Milton Pino y E. Alonso afirmaron que en la cueva del Perico 1, el área de los entierros era iluminada de manera directa por la luz solar (1973). Luego, Alonso sostuvo que en cueva Calero sucedía lo mismo (1995). Pero en ninguna de esas investigaciones se anotó la fecha, hecho que demuestra que no se tuvo en consideración los cambios en la traslación de la luz solar. Por último, J. Garcell, aunque supo que la luz solar no era permanente durante todo el año en el espacio sepulcral, aseveró que los aborígenes que sepultaron en Bacuranao 1, siguieron el mismo patrón (Garcell, 2009). No obstante, debemos subrayar un primer aspecto: en ninguna de estas afirmaciones y observaciones se sugirió que dicha relación estaba vinculada con el culto solar. Siempre se trató de la referencia a una relación entre dos sucesos. Solo eso. A mi juicio, este criterio se debió a los presupuestos positivistas de dichas observaciones, pues una cosa era afirmar que existía relación entre ambos sucesos: *luz solar-espacio fúnebre*, y otra, que eso podría ser expresión del culto solar. Son dos niveles muy diferentes en la interpretación de los datos.

El segundo aspecto, conlleva a un gran compromiso teórico, ajeno a los presupuestos del positivismo descriptivo. Pero las preguntas que no se pueden obviar son: ¿A qué responde esta relación? ¿Por qué ese interés de los aborígenes en sepultar donde incidía la luz solar? Para responderlas, es necesario primero evaluar si ciertamente esa relación es estable y directa.

En el plano macro, puede decirse que cueva del Perico 1 abre su dolina principal de entrada hacia el este. La orientación de esta abertura permite comprender por que los rayos solares en horas de la mañana, durante buena parte del año, penetran en el espacio de la cueva; sin embargo, no sucede así en la Cueva de los Niños, en Cayo Salinas, cuya entrada abre hacia el norte, por lo que los rayos solares nunca entran de manera completa en el espacio sepulcral.

En Cueva de la Santa y cueva Marién 2, cuyas dolinas de entrada abren hacia el S-SW, en relación con el espacio utilizado para enterrar, los rayos solares penetran en una parte del lugar solo durante el invierno, que es cuando el astro sale cercano a los 115°.

Cueva Calero, tiene dos entradas, una que abre hacia el S-SE y la otra hacia el W-NW; por su profundidad, conformación y la existencia de varios niveles, los rayos solares entran de manera ocasional en forma de grandes reflectores a mediados de año, solo en horas de la tarde.

Otra orientación diferente se observa en la cueva Bacuranao 1, cuya abertura superior abre encima del espacio sepulcral, también por la conformación de la dolina y su altura, los rayos solares solo penetran durante el verano.

Estas grandes diferencias entre las frecuencias de la relación entre la luz directa y el espacio sepulcral presentes entre varios recintos cavernarios, no permite la generalización de dicha correspondencia, por lo menos de forma absoluta y estable. Es decir, si una cueva abre hacia el este obligatoriamente existirá la relación durante una buena parte del año, mas si sus entradas abren en otras direcciones, la relación puede tener un carácter ocasional o no la tendrá, como en el caso de la Cueva de los Niños. Por esta razón, la relación no tiene carácter de regularidad para todos los cementerios en cuevas

155

investigados. Tampoco existe uniformidad entre los ejemplos estudiados en cuanto al momento del año en que las áreas son iluminadas, unas ocurren en invierno, otras en verano; unas en horas de la mañana y otras en la tarde.

En el plano micro puede afirmarse que no en todos los ejemplos la luz del sol iluminó todas las sepulturas ni las áreas que más tiempo permanecieron iluminadas, contenían más entierros. También puede decirse que no en todas las partes iluminadas se localizaron sepulturas.

Como estuve durante las primeras jornadas de las excavaciones en cueva Calero, en 1989, con la colega A. Martínez Gabino, y dirigí las jornadas de excavaciones en Marién 2 y Bacurano 1, pude comprobar que algunos entierros no eran iluminados en ningún momento del día por la luz solar y, en otras ocasiones el área sepulcral no era iluminada. Estas observaciones en el terreno me permitieron corroborar que la relación no era directa y estable durante todas las épocas del año. Así, encaminé las indagaciones a estandarizar el registro. Realicé observaciones y mediciones basado en los planos originales de los sitios: Cueva de los Niños, en Cayo Salinas; bahía de Buena Vista, región del centro norte de Cuba y Cueva de la Santa, en la costa norte del este de La Habana, en los períodos del año en que existían mayores posibilidades que las áreas fúnebres estuviesen iluminadas directamente por la luz solar, en correspondencia a los solsticios y equinoccios.

156 En Marién 2 y Bacurano 1,[66] las observaciones incluyeron diferentes períodos anuales basados en la consideración de los derroteros del sol en las diferentes épocas del año.

El estudio y definición de esta cuestión deviene en requisito indispensable para poder confirmar la relación entre lo sacro y lo profano dentro del sistema de asentamiento de estos aborígenes, por cuanto la arqueología cubana, al igual que la del resto del mundo, tal como enjuiciara Binford (1991:116), creció sobre una serie de convenciones que jamás han sido verificadas. Sin embargo, sobre los resultados aquí expuestos, me permitiré, al final del trabajo, conjeturar algunas ideas acerca del reconocimiento de algunos de los principios que pudieron estar presentes en la selección del espacio fúnebre a partir de la teoría de los símbolos y de las hierofanías tópicas según la propuesta de Eliade (1986), por la importancia que tienen estos criterios en el conocimiento de los orígenes de la religión. Mas por el momento, se le prestará atención a los indicativos arqueológicos que demuestren la posible relación de los espacios sepulcrales seleccionados y la luz solar. Pero ante todo, primero se debe rectificar un error presente en

---

[66.] Las observaciones de Bacurano 1 le fueron encomendadas al entonces arquitecto J. Garcell (hoy, máster en Arqueología), jefe del grupo de aficionados del territorio, quien realizó el registro del derrotero de la luz en el área sepulcral mediante un plano, que superpuesto sobre el plano en que aparecen los entierros en sus respectivas cuadrículas permite discutir el tema.

todos los trabajos que en Cuba han pretendido definir la relación *espacio fúnebre-luz solar* —hablo de las observaciones de Cueva de la Santa 1961, cueva del Perico 1 en 1970 y cueva Calero, en 1989—, reiterado con anterioridad a las observaciones realizadas en Marién 2, en 1992 y 1997, y Bacurano 1, en los años 1995 y 1997, ya que los rayos solares no mantienen el mismo ángulo de entrada y salida durante todo el año en un lugar determinado, por lo que las observaciones hechas al azar en un día cualquiera del año, y generalizadas, tienen poca validez.

Tal como afirmé en un artículo publicado sobre este asunto (La Rosa. 2002), ya antes, en 1944, A. Núñez Jiménez había afirmado que, pasados los primeros días del 22 de junio (solsticio de verano), cuando el sol emergía del horizonte hacia el acimut, aproximadamente a 66 grados (este-nordeste), la cueva de Punta del Este, en la Isla de la Juventud, era iluminada lateralmente (Núñez, 1975:76). El conocido geógrafo y arqueólogo tenía en consideración el requisito indispensable para el estudio de la relación entre la luz solar y la disposición de las pictografías de un sitio arqueológico. O sea, tomó en consideración el recorrido de la luz solar en correspondencia a la época del año, pero en referencia a pictografías, no a sepulturas.

En sucesivos reportes sobre esta asociación en las aéreas sepulcrales, en especial en las cuevas funerarias, los arqueólogos no tuvieron en cuenta las variaciones que se producen en el derrotero de la luz solar entre el solsticio de verano (cuando el sol, aparentemente, sale el 21 de junio a 65°), y el solsticio de invierno (21 de diciembre, cuando lo hace a los 115°), y las diferencias de ambos solsticios con los equinoccios de primavera y otoño (21 de marzo y 21 de septiembre, respectivamente, cuando el sol se ve a primera hora, a 90°).

En aisladas visitas a los recintos funerarios se aseguró que el área de los entierros era bañada por la luz solar, pero el hecho que las observaciones en su mayoría no registraban la fecha, ponía en evidencia la inconsistencia de este requisito indispensable, por las variaciones que puede producir en el área iluminada.

Una rápida revisión a las anotaciones que al respecto se han hecho en los momentos en que los sitios fueron excavados, nos remite a los siguientes criterios: En Cueva de la Santa, los arqueólogos afirmaron que «desde el primer momento que descendimos a la dolina principal de la Cueva en el año de 1961, nos llamó la atención el primer salón [...] que recibía directamente los rayos del sol» (Torres y Rivero de la Calle, 1970:17), constituyendo este uno de los principales motivos para que se iniciaran las excavaciones en el lugar.

Acerca de la cueva del Perico 1, el colega M. Pino afirma: «la boca de la cueva mira al este y los primeros rayos del sol en la mañana iluminan el salón hasta el fondo, mientras que en horas del ocaso, el sol penetra en la cueva desde el oeste a través de una hendidura en la roca» (1981:3).

Y en relación a la cueva Calero, uno de los arqueólogos que visitó las excavaciones, aseveró:

> … no podemos obviar las observaciones practicadas por nosotros… en Cueva de Calero, en la que los 66 entierros rescatados eran igualmente iluminados directamente en horas de la tarde y donde en adición, una estrecha franja central del piso térreo del área utilizada para los entierros (en la cual, enigmáticamente, no apareció ninguno) coincidía con el cono de sombra que a iguales horas, proyectaba una gruesa columna estalactítica ubicada en la boca de la cueva (Alonso, 1995:115).

Estas sugestivas propuestas, aunque carecían de los requisitos necesarios para asentar dichas afirmaciones, sin embargo, deben evaluarse. Si a estas observaciones registradas sobre la asociación de la luz solar con los espacios sepulcrales se le suman otras, referentes a un posible culto solar, se hace necesario dilucidar la cuestión.

158 La relación entre el sol, el color rojo y la ubicación de algunas pictografías en cuevas ceremoniales de grupos del mismo estadío histórico, en correspondencia con los estudios de Núñez Jiménez, parecen apuntalar la existencia de algún tipo de culto. Se afirma que existe una relación entre las primeras pictografías que encabezan conjuntos dentro de las cuevas, el color rojo y el carácter geométrico del motivo, cuestión presente, según él, en la cueva Número Uno de Punta del Este; en la cueva de La Pluma, cueva de García Robiou y Cueva de los Dibujos.

Fig. 26. Pictografía en color rojo de la cueva de La Pluma en Matanzas, la que ha sido asociada al culto solar

La figura 26 recoge la pictografía elaborada en color rojo que se encuentra en la galería superior de la cueva de la Pluma, en Matanzas, y que ha sido asociada con el sol por su forma, color y relación espacial con las restantes pictografías que se localizan en los lugares más recónditos y difíciles de los salones meridionales (Núñez, 1975: 122).

En el mismo sentido, la existencia del culto solar en los grupos aborígenes arcaicos es reconocida por destacados estudiosos, como Fernando Ortíz (1943), y parece estar identificada en el registro arqueológico de los espacios funerarios. Durante las excavaciones practicadas en la cueva del Perico 1, en las notas inéditas de campo, se afirma que el entierro 44, correspondiente a un niño, entre 7 y 8 años de edad, se encontró sentado en el centro de la entrada del salón A, cuya boca mira hacia el este. Este entierro presentó una coloración roja intensa hacia las partes más profundas del esqueleto (Pino 1981).

En investigaciones efectuadas en área descubierta en un cementerio aborigen de la etapa mesolítica, en Sudan, se encontró una relación entre las orientaciones de los entierros y la dirección de los rayos solares —por lo menos en una parte de la muestra estudiada— (Saxe, 1971), hecho que resulta estimulante para adentrarse en el estudio de las posibles relaciones entre la luz solar y los diferentes aspectos de las prácticas sepulcrales aborígenes.

La fragilidad de la tesis

Para producir un acercamiento a tan importante y discutible cuestión, es necesario, ante todo, probar en qué medida son ciertas las observaciones hechas hasta el presente en las principales cuevas funerarias de la mayor de las Antillas y cuáles son las variaciones que se pueden observar dentro del conjunto de sitios.

Las observaciones y mediciones fueron efectuadas a partir de los presupuestos establecidos para la definición del recorrido aparente del sol durante las diferentes etapas del año y el grado de iluminación de las áreas sepulcrales en los diferentes horarios, con el objetivo de ofrecer un instrumento de análisis que pueda aplicarse en el futuro y permita rebasar la etapa de las simples observaciones descontextualizadas de los ciclos solares.

De ser cierta la relación lineal, es de esperar que en las áreas donde la iluminación permanece más tiempo, se concentrarse, necesariamente, el mayor número de entierros.

En la cueva del Perico 1,[67] en Pinar del Río, y cueva Calero, en Matanzas, no se hicieron observaciones porque no se contó con los planos originales

---

[67.] Por otro lado, las observaciones directas en una cueva cuya amplia entrada abre al este, resultan superfluas, por cuanto en ella el espacio inmediato debe estar iluminado durante la mayor parte del año.

en los que se registraron los restos humanos en los espacios sepulcrales; no obstante, se tomaron en consideración las observaciones plasmadas por los autores de las excavaciones, a pesar de la ausencia de los datos de las fechas de las mismas y la aparente contradicción referente a la luz solar en la cueva Calero, la cual penetra en el área sepulcral solo en horas de la tarde, mientras en las restantes siempre se reporta la relación en horarios de la mañana. Esta situación nos puso ante la disyuntiva de que si la relación era real y directa en Calero, a diferencia de las restantes, los sepelios se llevaron a cabo en horas de la tarde.

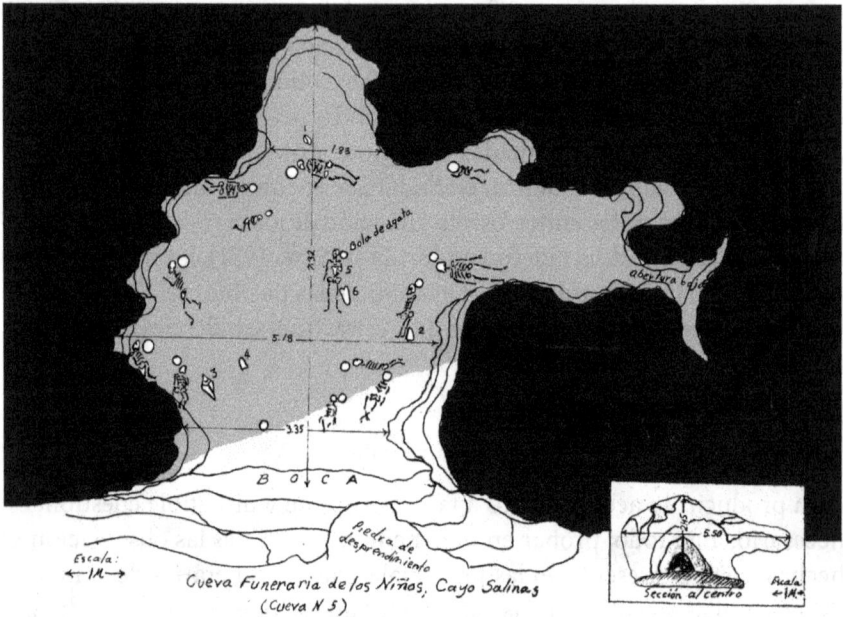

Fig. 27. Cueva Funeraria de los Niños en Cayo Salinas, cuya entrada mira al norte. Plano original de R. Herrera. Simbología válida para todas las gráficas siguientes. En negro (paredes de las cuevas), en gris (áreas de sombra), en blanco (áreas iluminadas por el sol)

La primera cueva en la que realizamos observaciones fue en la Cueva de los Niños, de cayo Salinas, por el valor histórico que guarda este sitio en cuanto al estudio de las costumbres funerarias de los aborígenes arcaicos. En el año 1941, Herrera Fritot y Morales Patiño efectuaron excavaciones y exhumaron restos de «13 niños», cuyos cráneos estaban asociados a bolas líticas. Como la entrada de esta pequeña cueva se orienta al N-NE, las posibilidades de iluminación del espacio sepulcral ocurría solo durante el solsticio de verano, cuando el sol sale a 65°, a las 8.30 a.m. (Fig.27) Solo en esa ocasión serían iluminados, de forma parcial, los entierros números 1 y 2 si el plano registraba con exactitud el lugar de los entierros. El resto del área debía permanecer en penumbra, ya que a media mañana no entra ningún rayo de sol en la cueva. En el resto del año no hay relación alguna entre los rayos del sol y el espacio fúnebre. Esto nos lleva a afirmar que en la Cueva de los Niños la relación es muy breve, ocurre solo algunos días del mes de junio, y solo se iluminan, parcialmente, dos de los entierros. Sin embargo, lo curioso es que en el cayo existen otras cuevas que mantienen mucho más tiempo algunos de sus espacios iluminados por la luz solar, cuestión que comprobé personalmente. Este fenómeno nos lleva a dudar acerca de que el único móvil hubiese sido la iluminación directa, y surge la pregunta: ¿por qué en este caso los aborígenes despreciaron las cuevas iluminadas, para sepultar en una no iluminada?

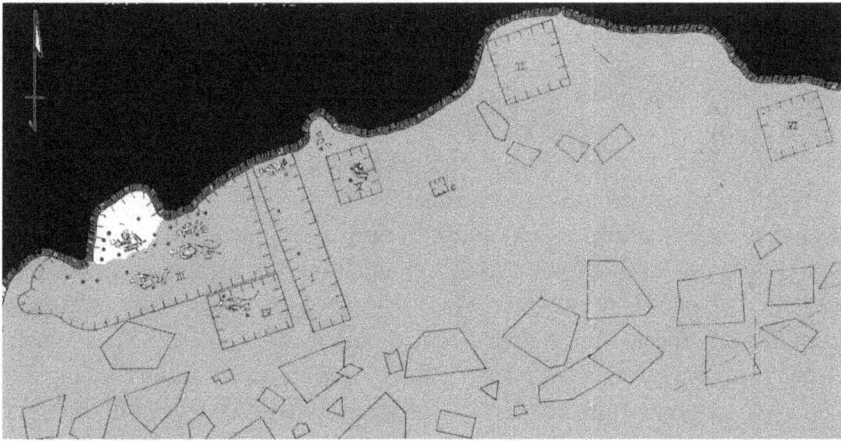

Fig. 28. Iluminación solar a las 9:30 am., durante el solsticio de invierno en Cueva de la Santa

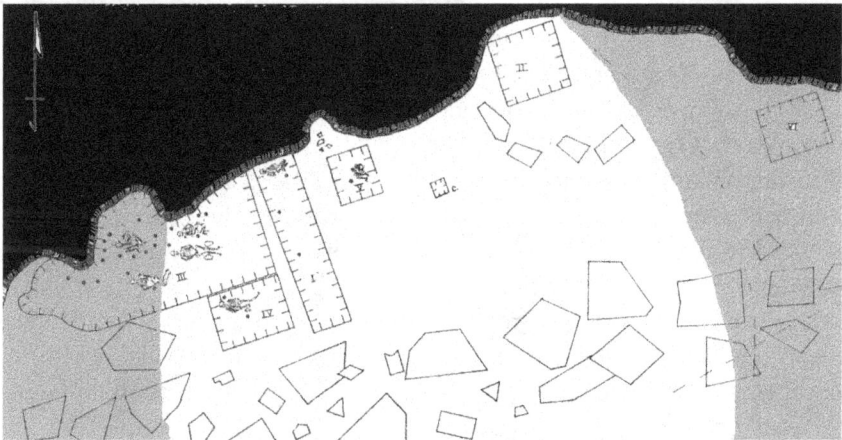

Fig. 28 a. Iluminación solar a las 10:15 am., durante el solsticio de invierno en Cueva de la Santa

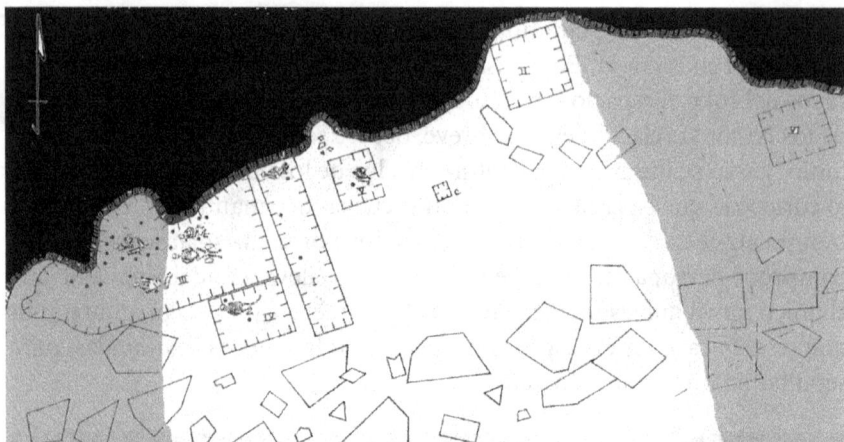

Fig. 28 b. Iluminación solar a las 12:00 m., durante el solsticio de invierno en Cueva de la Santa

La Cueva de la Santa[68] tiene una entrada mediante una dolina de desprendimiento y un primer salón, en forma casi circular, de unos 15 m de ancho y 50 m de extensión. Según las observaciones, mediciones y cálculos efectuados, puede asegurarse que la luz solar ilumina el área sepulcral en las horas de la mañana en los meses del año en los que el sol asoma más al sur, o sea a los 115°, durante el solsticio de invierno, 21 de diciembre. Los primeros rayos del sol penetran a las 8.30 a.m., y en su recorrido mantiene iluminado el espacio fúnebre hasta, aproximadamente, las once de la mañana. A partir de esa hora, el sol no penetra en la zona de los entierros (Fig.28, 28a y 28b) Esto permite afirmar que el área sepulcral de Cueva de la Santa se mantiene iluminada durante los meses de diciembre, enero, febrero. En marzo, la luz comienza a limitarse y se acrecienta esta limitación en abril. Durante en mayo, junio, julio y agosto no es iluminada, pero a principios de septiembre comienza de nuevo a ser iluminada directamente, siempre y solo, en horas de la mañana.

Por este motivo, si se acepta que los aborígenes seleccionaron el lugar dentro de la Cueva de la Santa, a partir del hecho ser iluminada de forma directa por los rayos solares, entonces es necesario convenir en que las inhumaciones debieron hacerse solo en los meses en que el área recibía la mayor incidencia de la luz, situación que genera una contradicción, por cuanto la cueva se encuentra muy cerca de la costa —apenas 1 ½ km—, y estos grupos de pescadores-recolectores-cazadores, sin abandonar totalmente sus actividades costeras, penetraban hacia el interior del territorio durante el invierno, cuando la costa era azotada por los crudos «nortes»,

162

[68.] Para la exposición de los resultados se tomaron como base los planos originales de la cueva, elaborados durante las excavaciones efectuadas por Muñoz y Jiménez (cortesía de Rivero de la Calle), 1970:19-21).

ocasión en que se dividían en grupos de familias, familias aisladas, e incluso, en pequeños grupos de actividades concretas. Esta ocupación temporal de los sitios costeros y de tierra adentro por parte de los grupos pescadores-recolectores-cazadores ha sido comprobada en las tres provincias más occidentales del territorio insular (Martínez Gabino, Vento y Roque, 1993, La Rosa, 1995 y Alonso 1995).

Tal como puede comprobar el lector, no todo el espacio iluminado fue utilizado para enterrar. La excavación II llevó a cabo su trabajo en la cueva iluminada directamente por la luz solar, durante todo el tiempo, y no halló entierro alguno. Tampoco se comprobó la mayor utilización de las áreas que permanecen más tiempo iluminadas.

Las siguientes observaciones correspondieron al sitio funerario Marién 2, ubicado en el extremo NW de la cueva denominada por los campesinos como cueva del Indio, y que fuera registrada por Tabío (1950), como cueva de la Caña Quemada. Esta consiste en una dolina de 30 m de largo por 15 de ancho y una altura del techo, en los bordes de entrada, de 3,40 m. Las observaciones allí apreciadas permitieron afinar los procedimientos y superar el posible margen de error introducido en el ejemplo anterior, por tratarse de un análisis postexcavación.

La primera jornada de excavaciones controladas se efectuó en el mes de julio de 1992, ocasión en la que se pudo comprobar que el área de entierros no era bañada por los rayos del sol. Al procederse a la segunda jornada de excavaciones durante el mes de marzo de 1997, se pudo observar que los rayos solares iluminaban solo una parte reducida del espacio, o sea, la más cercana a la entrada; en cambio, en horas de la tarde, los rayos solares penetraban hacia el fondo del recinto, aunque no incidían en la parte correspondiente al cementerio, sino en la parte este de la dolina, donde se ubicaba el área doméstica, en la que, hasta el presente, no se ha localizado ningún entierro primario y sí una ocupación muy temprana con grandes fogones y abundantes restos alimenticios y herramientas líticas y de concha.

En cambio, las observaciones efectuadas durante el solsticio de invierno, o sea, el 21 de diciembre de 1997 (Figuras 29, 29a y 29b) se pudo comprobar que durante las primeras horas de la mañana, el sol penetraba en el área del cementerio, mas el espacio correspondiente a los entierros secundarios l, 2, 3, 8 y 16 y los entierros primarios 10, 11, 12, 52 y 54, nunca fueron bañados por la luz a pesar de ser el momento de mayor inclinación de los rayos del sol. Es decir, que en ningún otro momento del año esta parte puede ser iluminada directamente.

Las observaciones de las 10:45 a.m. y las 12 m., testimonian el proceso de retirada de la iluminación del lugar. Por estos motivos, no puede afirmarse que el área sepulcral seleccionada y reutilizada por un período de varios siglos,[69] corresponda de forma absoluta con la zona iluminada directamente por los rayos del sol. Por lo que si se aceptara la propuesta de que los aborígenes arcaicos enterraban por preferencia en las áreas de las cuevas iluminadas por la luz solar, habría que convenir en dos cuestiones importantes. La primera, al igual que en el ejemplo anterior, es que los entierros debieron producirse siempre en horas de la mañana y en los meses más cercanos al solsticio de invierno (21 de diciembre), lo que a su vez entra en contradicción con el carácter costero del sitio, ya que el mismo se encuentra apenas a 500 m de la costa y en las temporadas de invierno, hasta los aborígenes más trogloditas, hubiesen preferido efectuar los sepelios en cualquier otro lugar más interior del territorio.

Fig. 29. Iluminación del espacio sepulcral en Marién 2 durante el solsticio de invierno a las 9:30 am.

La segunda cuestión se refiere a que no existió, al igual que en Cueva de la Santa, relación directa entre el espacio más iluminado y el más reutilizado para las inhumaciones aborígenes. Si lo supuesto es que inhumaban solo en los espacios iluminados —tal como sugiere Alonso (1995), al decir que en cueva Calero no se encontraron entierros en el cono de sombra que proyectaba una columna natural—, sería de esperar más entierros en las

69. Los fechados radiocarbónicos probaron que en este sitio se hicieron inhumaciones, por lo menos entre el 70 a.n.e y el 1179 d.n.e.

partes donde la luz permanece más tiempo, pero no es así, ya que algunas de las concentraciones de entierros se dan en las áreas en las que el sol, o no alcanza a iluminar nunca, o su iluminación es muy breve.

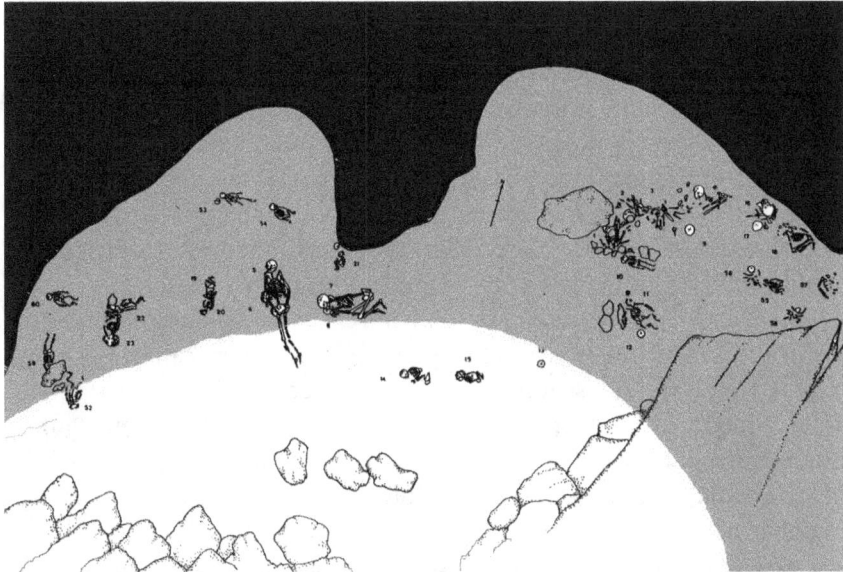

Fig. 29 a. Iluminación del espacio sepulcral en Marién 2 durante el solsticio de invierno a las 10:45 am.

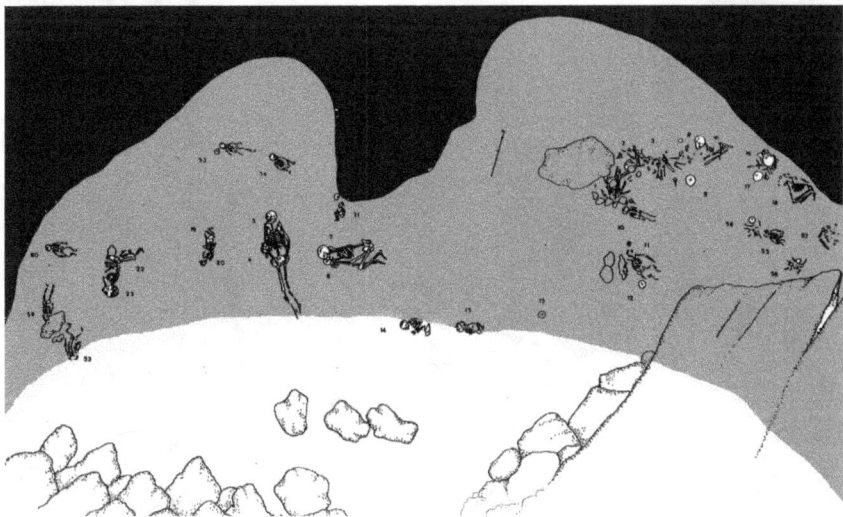

Fig. 29 b. Iluminación del espacio sepulcral en Marién 2 durante el solsticio de invierno a las 12:00 m.

Ahora bien, como estrategia alternativa, era necesario comprobar si las observaciones aisladas y descontextualizadas de los ciclos solares tenían validez, se consideró necesario someter a observación a uno de los sitios funerarios de los últimos excavados: Bacurano 1, localizado en la cueva del Infierno, municipio San José de las Lajas, provincia de La Habana.

Este cementerio, ubicado en el extremo W de una de las grandes dolinas de la cueva, por su posición permitía medir la incidencia de la luz con un alto grado de confiabilidad, no solo en relación al objeto de estudio, sino también la incidencia directa de esta sobre las partes más utilizadas. El lugar había sido visitado y trabajado en diferentes momentos, por lo que se tenía la certeza que en los meses de septiembre, octubre, noviembre, diciembre, enero y febrero, los rayos del sol no iluminaban el área sepulcral.

En relación con el primero, se confirmó el hecho que durante los meses de invierno el sol no penetra en esa parte de la dolina, en cambio, durante el solsticio de verano, según las mediciones hechas, el espacio sepulcral de Bacuranao 1 recibe de manera directa los rayos solares y, en algunos momentos, en horas de la mañana, todas las sepulturas son iluminadas. La figura 30, 30a y 30b recogen el área sepulcral en la dolina iluminada, en tres momentos seleccionados, por el derrotero de la luz del sol.

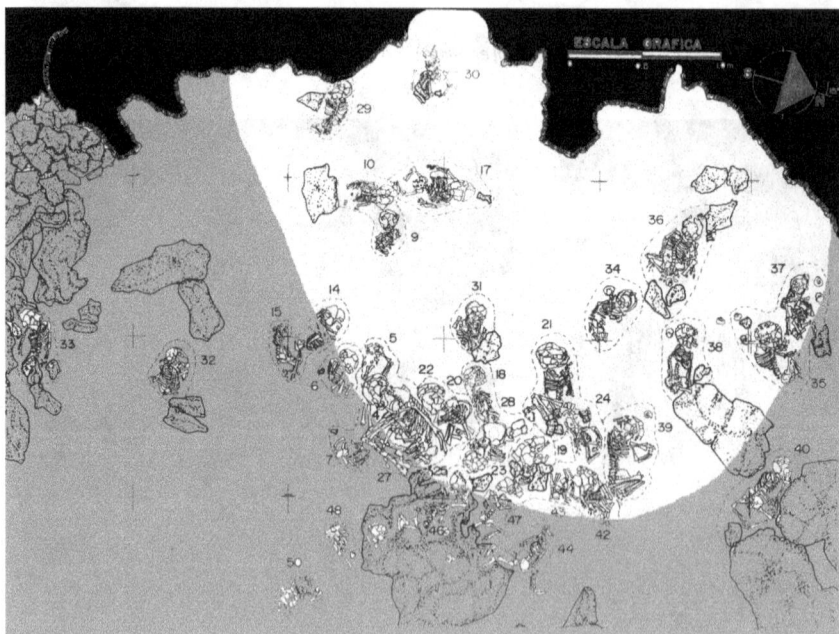

Fig. 30. Iluminación del espacio sepulcral de Bacuranao 1 a las 8:30 am. durante el solsticio de verano. Dibujo base de F. Fong y J. Garcell

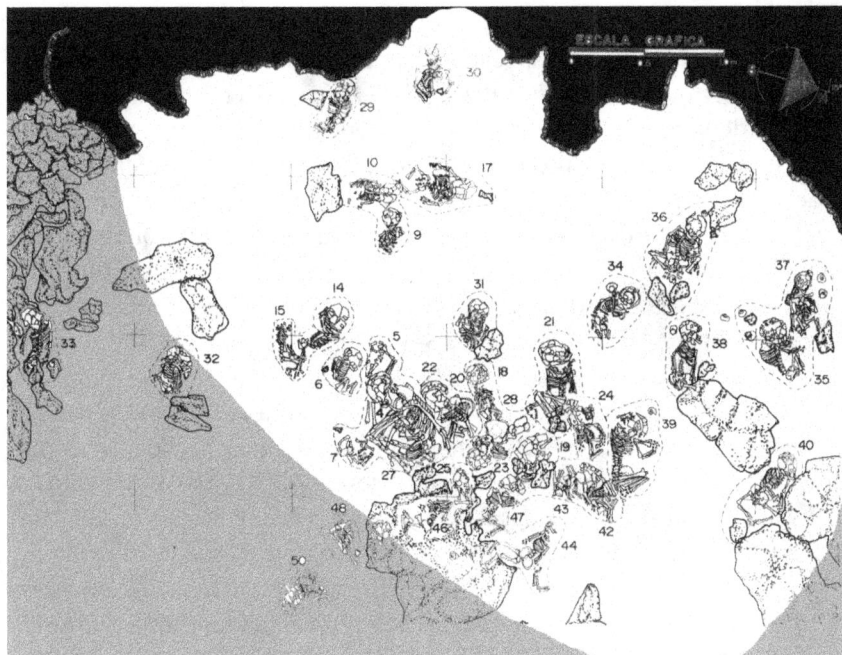

Fig. 30 a. Iluminación del espacio sepulcral de Bacuranao 1 a las 9:30 am. durante el solsticio de verano. Dibujo base de F. Fong y J. Garcell

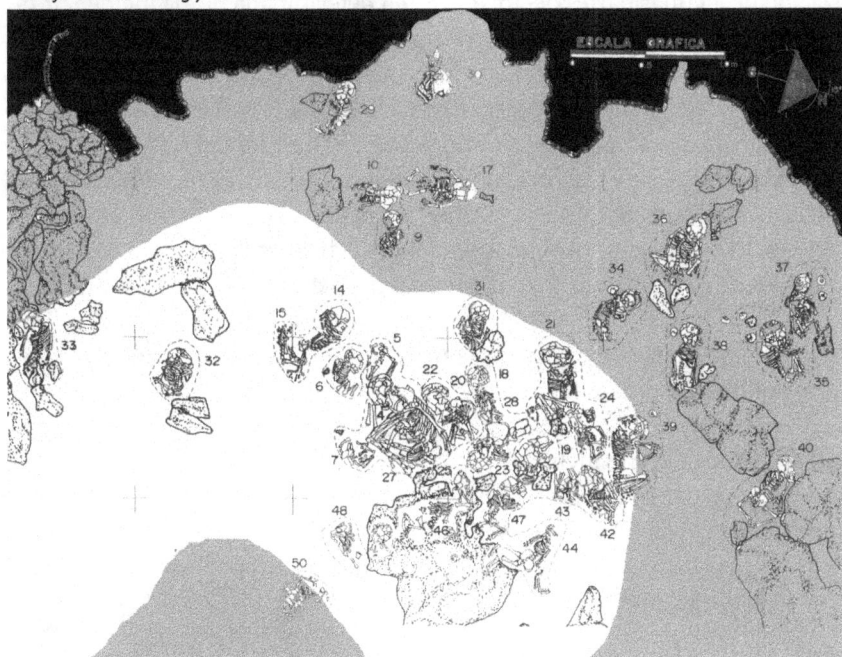

Fig. 30 b. Iluminación del espacio sepulcral de Bacuranao 1 a las 10:30 am. durante el solsticio de verano. Dibujo base de F. Fong y J. Garcell

El detenido examen de cada una de las figuras en las que se refleja la incidencia de la luz en el espacio sepulcral, si bien demuestra que el área del cementerio es iluminada entre las 8:07 a.m. y las 11:30 a.m. durante el solsticio de verano cuando el sol en apariencia sale a los 65º, no permite afirmar que la intensidad de la reutilización del espacio sepulcral está en relación directa con el mayor tiempo en que está más iluminada, por lo que la relación no tiene carácter lineal y absoluto, pues la iluminación de las 8:30 a.m. se concentra en las cuadrículas B-2, C-3 y C-4, las cuales coinciden con las de mayor cantidad de entierros; aunque igual intensidad reciben las cuadrículas A-3; A-4, A-5; B-3; B-4 y B-5, en las que se concentraron cifras reducidas de entierros.

Idéntico principio es develado cuando el sol ilumina el espacio a las 9:30 a.m. y a las 10:30 a.m., respectivamente, pues se repite el hecho que las cuadrículas más iluminadas por más tiempo son: B-2; C-3; B-4; B-5; C-3; C-4; D-4 y D-5. No obstante, solo las B-5; C-3; C-4 y D4 contaban con numerosos entierros, las restantes tenían muy pocos o ninguno, como las B-2 y D-5.

El último rayo solar penetra en la dolina a las 11:30 a.m., e ilumina las cuadrículas F-1, F-2 y F-3, que no aparecen en el plano, pues están fuera del área sepulcral.

Así, queda descartada la posibilidad que en este cementerio la mayor utilización de algunas partes del mismo estén determinada por la incidencia de la luz solar, pues de ser cierta la relación era de esperar una mayor cantidad de entierros en las partes en la que la luz permanece más tiempo.

Mientras, en las cuevas sepulcrales costeras la relación se estableció durante el solsticio de invierno, en esta, ubicada hacia el interior del territorio —más de 15 km de la costa—, la relación se estableció durante el breve período del solsticio de verano, lo que representa una aparente contradicción con las estaciones más propicias para la explotación del hábitat costero y el hábitat de tierra adentro, por lo que la solución del tema tiene tres posibles alternativas:

- No son ciertas y estables las ocupaciones del territorio en correspondencia al sistema de asentamiento de estas comunas, como se ha entendido hasta el presente por parte de algunos arqueólogos, dentro de los cuales me incluyo.
- La relación espacio fúnebre-luz solar es casual.
- La relación está sujeta a otros principios más complejos que la simple suma de los elementos. Sobre esta última alternativa argumentaré más adelante.

Los entierros aborígenes en Bacurano 1 debieron hacerse solo entre las 8:30 a.m. y las 10:30 a.m., lo cual supone una planificación muy estricta para grupos arcaicos.

Si se hiciera depender la selección del área sepulcral en las cuevas con la incidencia de la luz solar, se establecería una sujeción cíclica de las prácticas inhumatorias en esos lugares, pues al no ser constante la iluminación los entierros se harían solo en los momentos en que el área es iluminada; de esta manera, el desplazamiento de estos grupos en el territorio estaría sujeto al papel obituario de la sociedad en ese estadío y no a la inversa, tal como se ha entendido y comprobado, mediante sólidas investigaciones en correspondencia a imperativos económico o subsistenciales, en el Amazonas (Meggers, 1976), en Alaska (Binford, 1991) y en Cuba (Alonso, 1995).

En busca del símbolo

La revisión cuidadosa de algunos de los factores que pudieran estar vinculados a la selección del lugar nos remite, de forma inmediata, a condiciones objetivamente medibles en los recintos, tales como: cercanía a los sitios de habitación o campamentos, espacio disponible, lugar claro y seco y, con cierta relatividad, protegido de la intemperie, entre algunas otras.

Pero no todos los factores a los que estuvo sujeta la selección pueden limitarse a este terreno, pues la propia insistencia en el uso del espacio seleccionado con ignorancia —en ocasiones absoluta— de la existencia de otras áreas aledañas para enterrar, es indicadora de la presencia de otros móviles de carácter subjetivo que debieron corresponderse con sus conceptos sobre la vida, la muerte, sus ritos, ceremonias y tabúes, regidos por conductas imitadas en el tratamiento mortuorio, ya que no se debe olvidar la sólida observación de Malinoski (1974:27), referente a que en el hombre primitivo todo es religión y vive perpetuamente en un mundo de mística y ritualismo. Por lo que antes de desestimar la relación *espacio fúnebre-luz solar,* como uno de los elementos presentes en la selección del lugar, resulta prudente reparar en algunos indicadores:

1ro. El culto solar está presente de una u otra forma en todas las sociedades primigenias que la antropología estudia.

2do. En el arte rupestre de la isla se registran numerosos motivos y conjuntos pictográficos que parecen atestiguar la existencia del culto solar en los aborígenes de este estadío histórico.

3ro. En el registro arqueológico de sitios funerarios de Cuba, existen reportes confiables que atestiguan la existencia de alguna forma de culto solar, como por ejemplo el entierro N° 44 de la cueva del Perico 1, citado con anterioridad.

4to. En cinco grandes cementerios[70] en cuevas de los grupos arcaicos en Cuba que se han analizado, se hizo evidente la relación entre el espacio sepulcral y la luz solar en algún momento del año.

Por todo lo anterior, resulta aconsejable encaminar la discusión hacia las interrogantes que auxilien en la búsqueda de la relación causal entre los dos factores estudiados.

Si se partiera del presupuesto que la selección del espacio fúnebre no es fortuita, sino que responde a un acto simbólico que consiste, según las teorías más actuales, en la «construcción» de un espacio sagrado con fines superiores a la satisfacción de las necesidades más inmediatas, siempre se encuentra la remisión a un primer momento de lo que Elíade llama *in illo tempore* (1986:2), a partir de un modelo arquetipo, por lo que estas comunidades durante el proceso de ocupación de un nuevo territorio, al realizar un primer entierro en el lugar que reunía determinados requisitos, como bien pueden ser la presencia, abundancia o ausencia de determinadas plantas, animales o insectos, fuente de agua, luz solar, e inclusive, un acontecimiento fortuito como el canto de un ave, o sea, la señal o conjunto de señales que manifiestan lo sagrado, la inhumación, con sus correspondientes ritos y ceremonias dotan al lugar de un carácter sagrado —lugar de los muertos— por oposición al espacio profano —terreno de los vivos—. Así, la sacralidad del espacio se transformará en *centro*, el cual puede tener formas muy variadas, pero como en este estadío histórico la ocupación y explotación de los espacios habitacionales y las áreas de obtención de alimentos y materias primas no son estables, sino que se establecen en función de los ciclos estacionales capaces de garantizar el sustento y la renovación de los recursos, la reutilización del espacio sagrado para inhumar a los difuntos de las siguientes generaciones dentro de la colectividad, no requeriría, necesariamente, de la presencia de la señal o mensaje que indique el lugar apropiado la primera vez, pues ya el lugar tiene carácter de centro. Por lo tanto, las subsiguientes inhumaciones no requerirían de la presencia del sol, pues el lugar ya ha sido dotado de sacralidad. Si esto es así, del sol —que pudo ser la señal o una de las señales— solo podríamos encontrar vestigios en momentos ocasionales, por lo que el carácter coherente y sistemático que se reclama en la lógica de los símbolos no se halla en la reiteración y estabilidad del registro, digamos, que siempre el sol o el acontecimiento fortuito deben estar en el área en los

170

[70.] Estos son, por orden cronológico de las excavaciones: Cueva de la Santa (1961), cueva del Perico 1 (1971-72), cueva Calero (1989), Marién 2 (1992-97) y Bacuranao 1 (1995-98). El caso de la famosa Cueva de los Niños, en Cayo Salinas, constituye un ejemplo que sale de los parámetros de estos grandes cementerios, pues su orientación, altura y ancho de la entrada solo permite la penetración directa del sol durante el solsticio de verano (solo en el mes de junio), en una parte reducida de la entrada, donde se encontraban el entierro 1 y quizá el 2.

momentos de las inhumaciones, sino **que siempre el sol, o el otro elemento, sería una de las señales de la selección inicial del lugar.**

A favor de esta suposición pudiera argumentarse que en las sociedades de pescadores-recolectores-cazadores, el sol puede asumir una función importante en el dominio de las creencias funerarias (Eliade, 1986, 135), en las que coinciden de forma habitual tres elementos: el culto a los antepasados, las sociedades secretas o de iniciación y el culto solar.

Los rituales funerarios practicados bajo el signo del sol pudieran constituir el punto de partida del culto a los muertos, terreno en el cual debió desempeñar un papel importante el simbolismo germinador del sol; de ahí, la posible relación de los espacios fúnebres y la luz solar como una señal de lo sagrado.

Si los espacios sepulcrales en las cuevas de Cuba fueron seleccionados atendiendo al culto solar, es necesario reconocer que este es un aspecto simbólico de la cultura aborigen del territorio. El estudio de la selección del espacio fúnebre podría ser precedido de un análisis del dualismo simbólico de la cueva (oscuridad-muerte) y el sol (luz–vida), sin que se olvide lo planteado por Douglas, quien al estudiar las culturas antiguas afirma que la relación entre el simbolismo cosmológico y la estructura social es una relación de reflejo (Morris, 1995:278). Por lo que en este tipo de selección del espacio sagrado debe reflejarse, a su vez, el carácter «igualitario» de la sociedad.

Al tener la selección del lugar carácter simbólico, pues regula las relaciones humanas con el otro mundo (Renfrew y Bahn, 1998:363), es de esperar que la relación no sea directamente estable entre el signo y el objeto significado, sino como afirma Morris (1995:269), «una serie compleja de asociaciones».

Se requerirá, por tanto, tal como apunta este último autor partir de la función reconocida para la antropología, de la decodificación de los mensajes contenidos en los símbolos (*Ídem: 272*), por lo que resulta necesario estudiar la semántica de las formas culturales con miras a poner al descubierto los significados que se combinan e integran al símbolo. Pero como para entender el símbolo se requiere conocer en detalles el contexto histórico etnográfico por cuanto existen temas simbólicos universales pero no símbolos universales (*Ídem: 274*), la determinación del carácter simbólico de la posible relación *espacio fúnebre-luz solar* en las cuevas de Cuba no puede abordarse solo desde el fondo de una cueva ni de un conjunto de ellas, este debe enfrentarse a partir del estudio integral del contexto etnográfico y del reconocimiento de las relaciones de producción de la sociedad objeto de estudio.

Es claro que si la interpretación de la relación de los elementos que se integran en el símbolo falla se vendrá abajo el resto del sistema interpretativo, por muy bien preparado que esté el arqueólogo en la reconstrucción etnohistórica.

Si la presencia de la luz solar fue uno de los elementos que se conjugan en la creación de la hierofanía tópica —y pienso que es así— no habría por qué exigirle carácter estable a la relación y se resolvería la aparente incongruencia y asistematicidad del símbolo expresado en el hecho que la relación *espacio fúnebre-luz solar* no es constante ni tampoco dependiente, de forma absoluta, de la explotación del territorio en las estaciones más propicias.

Lo mismo sucedería con el hecho que en las partes más iluminadas de los espacios fúnebres no se concentra siempre la mayoría de los entierros, pues en realidad ellos no sepultaban en la parte iluminada directamente, sino en el lugar escogido, el lugar sagrado, el centro que generaciones anteriores había seleccionado, y cuya selección pudo estar regida por el culto solar. Esto explicaría la localización de sepulturas en partes no bañadas por el sol. Tampoco afecta el hecho de si la luz ilumina el lugar por la mañana o por la tarde, por cuanto al ser el espacio sagrado, la luz directa no decide el lugar del entierro.

Ninguna de esas características de dicha relación resultaría determinante, debido a que el lugar fue escogido, entre otras señales, porque había sido iluminado por el sol en algún momento.[71]

También, de igual forma, la incoherencia que representa la existencia de espacios domésticos en cuevas con algunos entierros aislados podría explicarse a partir del mismo principio, pues al no presentarse en los sitios de habitación, que según Eliade son espacios profanos, lugares contaminados, el conjunto de elementos que exige la sacralidad del lugar, este no se convertirá en espacio sagrado, y nunca lo fueron, mostrando así su carácter opuesto a los cementerios.

Allí podrían producirse entierros ocasionales que no eran trasladados al cementerio, bien porque tenían causales de muerte que lo impedían, o porque se trataba de otros grupos que de forma ocasional ocupaban el sitio de habitación.

Mas lo hecho hasta aquí no es otra cosa que verificar una de las convenciones sobre las que creció la arqueología de Cuba. Definir, si las observaciones hechas al azar responden o no al rigor que exige la cuestión. De esto se trata en esencia, pues durante toda la segunda mitad del siglo XX y la primera década del presente, la mayoría de los arqueólogos, al parecer, satisfechos con las observaciones aisladas y accidentales, le prestaron poca atención a la posible presencia de otros móviles en la selección y al esclarecimiento de las contradicciones implícitas en los registros.

172

[71.] Algunos autores afirman que los cementerios expresan el grado de sedentarización y neolitización alcanzados por la sociedad (Saxe, 1971:45 y Posnansky, 1980:554).

7

Fabulaciones en la búsqueda de los símbolos del culto solar

*Lo verdadero es demasiado sencillo, pero
siempre se llega a ello por lo más complicado*

Aurore Dupin

La orientación de los entierros aborígenes en cuevas de Cuba y los factores con los que esta se relaciona ha sido objeto de indagación y especulación por parte de numerosos especialistas. Dentro de la arqueología del Caribe llama la atención la propuesta de algunos arqueólogos de la mayor de las Antillas relacionada con la dependencia del este como punto cardinal y la orientación de los cráneos de los aborígenes arcaicos.

Aquí se presentan los resultados del estudio de las orientaciones de los restos humanos en numerosas cuevas que sirvieron de cementerio a sociedades arcaicas, identificadas en el registro arqueológico de la isla como sitios de «pescadores-recolectores-cazadores», o simplemente «preagroalfareros».

Los resultados de las investigaciones que se presentan aquí, demuestran que las sugerencias u observaciones sobre esta cuestión carecieron del adecuado enfoque sistémico y de la acritud científica necesaria. A partir de ejemplos aislados, y en busca de similitudes con otros contextos históricos, se desarrolló la tesis de que los grupos arcaicos de Cuba orientaban sus entierros hacia el este y que dicha orientación se relacionaba con ciertas prácticas rituales. Sin embargo, después de haber argumentado a favor de la presencia de importantes señales que testifican la existencia del culto y ritos asociados a la muerte en los entierros aborígenes arcaicos, como fueron la selección de un lugar sagrado, en el que posiblemente intervino el culto solar; la celebración de banquetes funerarios; el acompañamiento de los difuntos con objetos y recursos que muestran un interés por ayudar a los muertos en su posible y desconocido viaje, entre algunos otros símbolos del ritual funerario y de la magia en el pensamiento arcaico, se requiere someter a evaluación la propuesta de que esos aborígenes enterraban sus difuntos con el cráneo orientado hacia la salida del sol.

Un nuevo análisis de los datos disponibles y la elaboración de un modelo, mediante el cual se reconstruyeron las orientaciones de los entierros según los dibujos y planos originales, demuestran que en dichos entierros se reflejan prácticas de carácter más ordinario, como lo es el acceso al espacio seleccionado o lugar por donde se entra al área sepulcral. En ninguno de los sitios sometidos a estudios se observó una tendencia que vincule la orientación de los cráneos hacia el este.

La dilucidación de esta cuestión deviene en un presupuesto necesario para continuar profundizando en los estudios de las costumbres funerarias de los aborígenes arcaicos de las Antillas. Hasta hace muy poco todas las investigaciones que se habían desarrollado en la isla sobre los grupos que sepultaban a sus difuntos en cuevas se limitaban, en lo fundamental, al reporte o inventario de los hallazgos, con la obligada referencia de si los entierros exhumados repetían, o no, la orientación señalada, por lo que la convención había permanecido inalterada hasta el año 2003, en que vio la luz un trabajo que demostró que dicha orientación carecía de pruebas (La Rosa, 2003).[72]

Se trata de uno de los criterios sobre los cuales creció la arqueología de la mayor de las Antillas, por lo que al cerrar el presente libro me pareció prudente retomar esa polémica y esclarecer mis criterios, ampliando y reajustando algunos de los juicios emitidos con anterioridad.

Aunque las ideas expuestas en el presente capítulo pueden tener repercusiones en el estudio de las practicas mortuorias de los restantes grupos que poblaron la isla, solo se aplican los presupuestos metodológicos elaborados en los entierros arcaicos, pues fue a partir del estudio de los restos humanos de esta cultura que se generalizó el criterio que los aborígenes cubanos enterraban a sus muertos con el cráneo hacia el este.

Entre los posibles indicativos que se tomaron en consideración para determinar las orientaciones de los entierros en cuevas se contó, en un principio, con el criterio de que existía un área específicamente seleccionada para enterrar, con el menosprecio de otras que, aunque estuvieran muy cerca y contaran con condiciones, no eran utilizadas. Así, se definieron las *áreas sepulcrales*, lo cual permitió identificar que solo se accedía a esas áreas desde determinados puntos, mientras el resto del perímetro estaba cerrado al acceso por medio de las paredes o fondos de las cuevas o dolinas.

Aunque ya fue discutido en el capítulo anterior la relación del espacio fúnebre y la luz solar, aquí se tomará en consideración la orientación de la luz solar directa como otro elemento que podría estar presente a la hora de

---

[72.] Una primera versión de este estudio se publicó bajo el título: «La orientación este de los entierros aborígenes de Cuba: remate de una fábula», en: *Latin American Antiquity*, Nº 2, 2003.

orientar los cadáveres, por cuanto varios arqueólogos han apuntado con anterioridad que las áreas seleccionadas eran bañadas por la luz solar.

Varios autores se refieren, de forma específica, a la selección del lugar y no a la relación entre la dirección de los rayos solares y la dirección de los cadáveres (Torres y Rivero de la Calle 1970; Pino y Alonso 1973; Alonso 1995 y Garcell, 2009). Pero como la orientación de los entierros, en relación con la orientación de los rayos solares en culturas neolíticas en áreas descubiertas, ha sido estudiada en cementerios de otras latitudes (Saxe 1971), resulta necesario tener en cuenta este posible acontecimiento.

Saxe considera haber encontrado una relación entre el acimut de los rayos solares y algunas de las orientaciones de los entierros en un cementerio de Sudán, aunque subraya que este criterio es una suposición hasta tanto se compruebe, con muestras más amplias, en otros sitios.

Bajo estos presupuestos se procedió a definir las orientaciones de los restos aborígenes de economía apropiadora en las principales cuevas sepulcrales de Cuba. Mas para ello lo primero que se tuvo que hacer, fue afinar la sistemática de registro, pues en la arqueología cubana, hasta el presente, siempre se han registrado las orientaciones de los entierros aborígenes a partir de los puntos cardinales; es decir, si estos se encuentran en dirección N, N-E, E, etcétera. Así, y de forma similar a como hemos observado en otros estudios (Saxe 1971: 48; Veloz Maggiolo, *et. al.*, 1973: 34; Crivelli, et. al. 1996: 216), se procedió a definir las orientaciones en grados, lo cual ofrecía una mayor exactitud y objetividad para la discusión.

Las orientaciones se definieron por grados y se ubicaron dentro de una circunferencia enmarcada por los puntos cardinales —idea inspirada en el trabajo de Saxe— además de tomar en consideración la relación de las orientaciones de los *cráneos con el lugar de acceso al área sepulcral* y el resto del perímetro de dicha área con un limitado al acceso, por estructuras naturales como paredes y fondos rocosos de las cuevas o dolinas.

Los orígenes de la tesis

Cuando en octubre de 1913, bajo la dirección del ingeniero J. A. Cosculluela (1951), se excavó el montículo funerario de Guayabo Blanco, en la Ciénaga de Zapata, y se colectaron restos de siete entierros primarios, se inició la leyenda, por parte de la arqueología de Cuba, que los grupos aborígenes no ceramistas enterraban a sus muertos con el cráneo orientado hacia el este.

El sitio referido era un montículo en área despejada —cuestión que a nuestro juicio podría justificar en parte tal tipo de orientación—, por cuanto a los aborígenes les era posible, a partir de determinados presupuestos, orientar las tumbas en relación con el lugar donde cada día nacía el sol. No obstante, numerosos ejemplos en lugares similares demuestran falta de uniformidad en esta cuestión.

El análisis crítico actual de algunos ejemplos en los que se aseguraba ese tipo de orientación, pone en dudas la existencia de tales regularidades. Esta crítica resulta más contundente cuando se aplica a los estudios que propusieron dichas orientaciones para los entierros en cuevas.

En primer lugar, las técnicas de excavación empleadas en la época en que se produjeron esas interpretaciones debieron dificultar grandemente la exhumación, de una muestra representativa, de los restos con sus correspondientes estructuras anatómicas, pues en todas las noticias registradas desde mediados del siglo XIX, hasta mediados del siglo XX, los restos óseos se iban extrayendo a medida que aparecían, como consecuencia del predominio de la mentalidad coleccionista por encima de la científica.

En el caso concreto de Guayabo Blanco, asimismo, se dieron de la mano otras cuestiones íntimamente relacionadas con la época, pues tal y como registró Cosculluela (1951:129) la excavación se hizo a «golpe seco de la guataca [la que] al tropezar con alguna piedra repercutía en nuestros oídos». Estas técnicas permitieron abrir grandes zanjas y pozos, mas con poco tino y precisión. Dicha problemática puede observarse en las propias fotografías publicadas por el autor en una edición del año 1951, ya referida, y los restos humanos recuperados de los siete cadáveres apenas si sumaban las de un solo esqueleto.

176

Referente a los trabajos arqueológicos de Cosculluela, Elías Entralgo, como presidente de la Comisión Nacional Cubana de la Unesco y con motivo de una edición de la obra, aseguró en una breve introducción, que Cosculluela mezclaba «lo verdadero con lo legendario, engendrando una promiscuidad confusa en la que sale perdiendo la seriedad del conocimiento», y más adelante afirma que sus ideas sobre los aborígenes eran imprecisas y poco claras (Cosculluela, 1965: I).[73] Pero desde sus inicios la

---

[73.] La Ciénaga de Zapata es para los arqueólogos cubanos un área de referencia nacional, tanto por sus características paisajísticas, como por su vínculo con el nacimiento de la arqueología como ciencia particular en Cuba. El año de 1913 marcó para este territorio el inicio de un proceso continuo acerca del conocimiento de la ocupación aborigen en esos humedales. El ingeniero Juan A. Cosculluela fue designado jefe de la Comisión de Deslinde de la Ciénaga y allí permaneció hasta 1917, y escribió uno de los títulos más famosos sobre los albores de la arqueología cubana: *Cuatro años en la Ciénaga de Zapata*. En los momentos que Cosculluela redactó sus experiencias en la Ciénaga de Zapata, no tenía suficiente claridad en cuanto a las diferentes etapas o culturas de los aborígenes, como tampoco existía en el terreno de la arqueología una base factual que aportara tales distinciones, por lo que en sentido general evaluó a los restos aborígenes, por él encontrados, como correspondientes al «hombre prehistórico de Zapata». Sin embargo, en años inmediatos se observa un proceso de profundización en sus estudios sobre las culturas aborígenes del territorio, reveladas en su discurso titulado «Prehistoria de Cuba», ante la Sociedad Cubana de Historia Natural (1922). En este discurso de ingreso a la Academia de la Historia de Cuba, efectuado el 24 de mayo de 1925, subrayó: «No puede aceptarse hoy el que sigan confundiendo los historiadores de nuestro suelo, Ciboneyes, con Taínos y Caribes, tiempo es ya que desaparezca de los libros de texto, el mito del asentamiento caribe en Cuba» (Cosculluela, 1925).

propuesta del ingeniero encontró firmes seguidores. Así fue el caso de las excavaciones practicadas, en 1942 y 1943, por Pichardo Moya, en el Caney del Gato, montículo funerario localizado en el puerto de Santa María, al sur de Camagüey, de donde se extrajeron once esqueletos y «no menos de tres más quedaron asomando a la pared» (Pichardo Moya, 1944:533), y según se afirmó, todos estaban con los cráneos orientados hacia el este.

Si se presta atención al siguiente análisis, es aconsejable, al igual que en el caso anterior, dudar de la propuesta. Según los datos aportados por el último autor citado, el montículo tenía 23 m de diámetro, con una altura máxima en el centro de 1.60 m. Los restos humanos se encontraron a una profundidad de 0,60 m, en una capa de ceniza y neritinas, «a veces incrustándose en ella, algunos huesos tan adheridos que no hemos podido separarlos» (Pichardo Moya 1944: 552). La excavación practicada consistió en una zanja paralela al diámetro «SO al NE» del montículo, con un metro de ancho.

De ser ciertos los datos anteriores, es necesario reconocer que en un montículo aproximadamente circular, de 23 m de diámetro, y una zanja de un metro de ancho que lo atraviesa, ofrecerá una visibilidad muy limitada del sitio.

Para una arqueología que buscaba al azar, el haber coincidido por casualidad, con la inclinación SW-NE, con la fila de catorce cadáveres, y destaparlos todos a la altura del tronco-cráneo (para afirmar que estaban orientados hacia el este, todos los cráneos debieron estar descubiertos), es para las personas que han excavado en cementerios aborígenes poco verosímil. Mas si se tomara como real la deposición y orientación de los restos humanos habría que preguntarse: ¿Cómo lograron definir la orientación de la zanja para que coincidiera con la procesión de cadáveres?, y ¿por qué desaprovecharon la oportunidad que brindaba el montículo?, ya que si eso fue lo hallado en la zanja, en los restantes espacios era de esperar, por lo menos, una alfombra de cadáveres o las razones que explicaran una hilera mortuoria tan *sui géneris*.

No resulta ocioso señalar que en la época no todos los arqueólogos estuvieron de acuerdo con las orientaciones observadas en los restos aborígenes. Una revisión cuidadosa de los diferentes trabajos arqueológicos hechos en montículos funerarios saca a la luz la existencia de esta contradicción.

Uno de los primeros casos se encuentra en la obra de M. R. Harrington (1935), quien desarrolló amplios trabajos de campo entre 1915 y 1919, en Cuba, quien, al decir de Fernando Ortíz, permitió sobrepasar la época de la arqueología basada en inducciones y caprichos y entrar en una era de segura orientación (Ortiz 1935:324). En esta fuente de se afirma que los grupos no ceramistas identificados como ciboneyes, enterraban a sus muertos en el suelo, sin regularidad en cuanto a la profundidad, posición y orientación (Harrington, 1935:273).

A mediados del siglo pasado, el doctor en Medicina, A. Navarrete, excavó en el montículo funerario denominado Caney del Pesquero, en el estero de Manatí, costa sur de Camagüey. En el mismo desenterró «gran cantidad de huesos humanos», los cuales se reducían a fragmentos al ser extraídos. En relación con las orientaciones aseveró: »no nos pareció constante su orientación E. a O. que señalan los autores» (Navarrete, 1936:234).

En las excavaciones practicadas en montículos de este estadío histórico, por B. Utset, en playa del Mango, en Manzanillo, lugar en el que se exhumó «gran cantidad de esqueletos humanos aproximadamente 30 ó 40», aunque no se observó uniformidad en los entierros se afirma que buena parte de ellos se encontraban con los pies hacia el este (Utset, 1949:3).

De igual forma, el trabajo que registra las excavaciones practicadas en el montículo funerario Caney del Castillo, en 1957, por Guarch y Payarés (1964:12), se dice haber exhumado los restos de tres individuos, pero solo en uno de ellos se dio la orientación, aproximadamente, este-oeste.

En las sepulturas aborígenes, en el área caribeña, no se han encontrado regularidades semejantes, a pesar de ser este un territorio ocupado por culturas aborígenes similares. Inclusive, en las observaciones de algunos estudiosos del tema se hace evidente la crítica a las propuestas citadas anteriormente. Por ejemplo, Morbán Laucer (1979:88), asegura que: «no se puede decir que los aborígenes de la Isla de Santo Domingo colocaron sus muertos en sepulturas con tal o cual orientación en lo referente a los puntos cardinales, o en cuanto al naciente o el poniente del sol».

178

Ante los argumentos expuestos sería necesario convenir, por lo menos, en la no existencia de unidad de criterios en cuanto a las orientaciones de los entierros aborígenes en áreas despejadas en Cuba, así como en la legitimidad de dudar frente a la posibilidad de sustentar, a partir de los registros existentes, las supuestas orientaciones hacia el este.

Entierros en cuevas

En cuanto a la misma propuesta en cuevas, es posible aislar dos de los juicios emitidos en que tal suposición se ha basado. En la década de los años 30, en la cueva el Jobo —clasificada por I. Rouse como de filiación subtaíno y localizada por García Robiou, en el Pan de Samá, región noroeste de la isla—, se produjeron numerosas exhumaciones. Según Miguel Alonso, uno de los excavadores, en un salón interior y debajo de una claraboya se localizaron numerosos entierros que, según él, estaban dispersos, como si se les hubiese arrojado dentro de la cueva desde el agujero de arriba (en torno a este tipo de práctica sepulcral existen varias referencias). Pero otro de los excavadores, de apellido Riverón, le dio información del hallazgo a Rouse, el cual cita (1942:155): «por el contrario parece haber encontrado enterramientos. Sus esqueletos estaban de espalda, flexados, con las cabezas mirando al este», en cifra de unos 40, datos con los que se registró el testimonio brindado al destacado arqueólogo norteamericano, pero sin que exista en la arqueología del país ningún otro testimonio confiable, a la luz de la ciencia actual, referente a este ejemplo. El mismo Riverón afirmó, entre otras cosas, que la dureza y el color de los huesos se debían a que se trataba de restos de los jefes, y que los indios habían aprendido a *metalizarlos*. Mientras Rouse aseguraba, que de los 40 entierros solo sobrevivió un cráneo. Resulta lícito no tomar al pie de la letra las propuestas de Riverón, incluyendo las orientaciones.

Es bueno registrar que al igual que en los sitios funerarios en áreas despejadas, en el caso de las orientaciones en cuevas, no todos los arqueólogos de la época aceptaron con pleno convencimiento esa observación. Tal es el caso de la crítica emitida por Morales Patiño, en 1949, sobre las supuestas orientaciones de los esqueletos de la cueva del Purial, estudiada desde el siglo anterior por Montané, quien declarara que los cráneos estaban formando un semicírculo y los huesos largos en forma de cruz. Al respecto, Morales Patiño aseguró que en el Purial «no hubo enterramiento de tipo especial con los cráneos [...] sino simplemente se enterraron los restos con las cabezas colocadas hacia la parte más profunda [...] y las extremidades hacia fuera» (Morales Patiño 1949).

Los criterios de Morales Patiño se expresaron también en el caso de las excavaciones de la famosa cueva sepulcral de cayo Salinas, conocida como Cueva de los Niños, cuando afirmó que dichos restos no presentaron tendencia de orientación hacia el este (Morales Patiño y Herrera Fritot 1941:6). A pesar de las contradicciones existentes en el registro arqueológico y de la aguda observación de Morales Patiño, una vez puesta en circulación la fábula, esta se siguió repitiendo con poco tino; tal como lo fue el caso de las orientaciones observadas en tres entierros aborígenes en la cueva de la Caña Quemada, en el año 1950.[74]

Según las notas de campo que obran en el archivo del Departamento de Arqueología del Centro de Antropología de La Habana, aparece un croquis de la cueva en el que se registra uno de los entierros con una figura muy simple, consistente en un círculo (en representación de cráneo) y varias líneas paralelas pequeñas (costillas). Es el único de los entierros registrados

179

[74.] El sitio arqueológico localizado en la cueva de la Caña Quemada, según la denominación dada por E. Tabío, al encontrar restos de la gramínea del lugar, y es identificada por los campesinos de la zona como cueva del Indio, fue registrado con el nombre de Marién 2 al integrarse al estudio del sistema de asentamiento denominado Marién, en reconocimiento a la toponimia aborigen del territorio.

en el plano por lo que se infiere, que los dos restantes no se representaron, seguramente, porque se trataba de infantes, cuyos huesos se extrajeron de forma inmediata y se destruían al exhumarse (Tabío 1950:2).

Según el croquis, el entierro estaba orientado con el cráneo hacia el W y los pies hacia el E, a una profundidad de 0,35 m. Sin embargo, un año después en su trabajo *La cultura más primitiva de Cuba*, asegura que: «como en el caso de Guayabo Blanco los tres esqueletos estaban enterrados sensiblemente este-oeste, con los cráneos hacia el oriente, a una profundidad media de 0,80 m» (Tabío 1951:15). Esto contradice la orientación del entierro registrado en el croquis y la profundidad de la excavación, que bajó de 0,35 m a 0,80 m.[75] Las inexactitudes, en cuanto a la interpretación de las orientaciones de los restos aborígenes en esos trabajos, no se reflejaron solo en las discrepancias de los registros de la excavación en la cueva de la Caña Quemada, sino también en las interpretaciones que se hicieron de los datos de excavaciones de otros autores. Para solo citar dos ejemplos, puede decirse que de los cinco entierros exhumados por Rivero de la Calle, en Caguanes (1960:34), solo uno de ellos fue registrado con el cráneo hacia el este, pues el resto estaba tan alterado que no fue posible definir si se trataba de entierros primarios o secundarios y, consecuentemente, no se registró orientación alguna.

De igual manera, en la Cueva de los Niños en Cayo Salinas, los autores de las excavaciones aseguran que los trece restos estaban colocados sin orientación (Morales Patiño y Herrera Fritot, 1941:6). A pesar de ello, años después, en el libro *La prehistoria de Cuba*, se aseguró que la mayoría de los entierros de Caguanes y Cayo Salinas presentaban «una orientación este-oeste, con la cabeza hacia el este» (Tabío y Rey 1979:90).

Las últimas cinco décadas

A partir de los años 1960 y como resultado del vuelco que se le dio al trabajo arqueológico, las excavaciones controladas en recintos funerarios, sin proponérselo de forma explícita, aportarían contundentes pruebas en contra de las supuestas orientaciones.

En la misma medida en que esas investigaciones mostraron sus resultados desaparecieron del ámbito arqueológico de la isla los hallazgos de entierros con los cráneos apuntando hacia el este. Sin embargo, por el peso que tiene esa bibliografía y las figuras que sustentaron tales ideas, aún hoy, iniciado el siglo XXI, resulta inevitable que dicha propuesta no emerja de los viejos textos.

[75.] Ninguno de los 60 entierros de este cementerio exhumados en las jornadas de 1992 y 1997, aparecen a mayor profundidad de los 0,60 m. Inclusive, los testigos de la excavación dejados por E. Tabío, en los dos pozos abiertos, se encontraron, precisamente, a 0,35 m de profundidad.

El primero de los registros que asumió con seriedad el tema fue el reporte de las excavaciones practicadas en Cueva de la Santa, al este de La Habana, en la que los investigadores no observaron tendencia alguna dentro de las orientaciones (Torres y Rivero de la Calle 1970). Le siguieron, en orden cronológico, las excavaciones efectuadas en la cueva del Perico 1, en Bahía Honda, en Pinar del Río, ya que se aseguró no haber observado orientaciones precisas en los entierros (Pino y Alonso 1973:32). Por su parte, A. Martínez informó, que en cueva Calero los entierros aparecieron orientados hacia todas las direcciones (Martínez y Rives, 1990:145). En el cementerio de Canímar Abajo, también en Matanzas, que no se encuentra propiamente en una cueva, sino al pie del farallón del cauce del río Canímar, tampoco se registraron regularidades en las orientaciones (Vento y Roque 1990:5)

En Marién 2, y con el objetivo de probar la no existencia de entierros con el cráneo orientado hacia el este, según la versión difundida en l951, se afirmó que: «no fue posible encontrar regularidad alguna en las orientaciones» (La Rosa y Robaina, 1995:10), arribando así, por exceso, a un error, tal como se comprobará más adelante.

Sobre esta misma línea de pensamiento, otros arqueólogos aseguran que no resultan significativos los elementos aportados, en cuanto a las orientaciones de los esqueletos en relación con los puntos cardinales, debido a que no llegan a constituir regularidades (Alonso, 1995:111).

Así, puede afirmarse que las investigaciones desarrolladas en los principales recintos funerarios aborígenes en cuevas cubanas, incluyendo los estudios más recientes de Marién 2 y Bacuranao 1, han seguido la pauta de comprobar la no existencia de regularidades en las orientaciones, como una necesidad histórica dentro del desarrollo de la disciplina arqueológica, cuestión que explica el énfasis puesto en la diversidad de las orientaciones, más que en el reconocimiento de posibles tendencias, aunque estas no estuvieran en relación con los puntos cardinales.

Sin embargo, gracias a la diversidad observada pueden ponerse al descubierto algunas tendencias que expresan realidades de la manipulación mortuoria, sin que tengan como base los puntos cardinales. Trataremos, por tanto, de probar esto último, para lo cual puede resultar de utilidad el reconocimiento del hecho que para muchos arqueólogos resulta riesgoso, y para otros, imposible definir los puntos cardinales dentro de una cueva si no se cuenta con una brújula.

Es claro que los aborígenes tenían un conocimiento empírico, posiblemente más exacto del que hoy tiene el hombre moderno acerca de los puntos cardinales, los ciclos estacionales, la salida y puesta del sol, las mareas, corrientes y momentos más apropiados para sus actividades vitales. Por esta razón, la propuesta de relación entre estos fenómenos y la muerte no es una idea descabellada. La cuestión es que una relación de ese tipo y sus implicaciones hay que probarla. No sugerirla.

Así, este presupuesto deviene en una importante tarea de la antropología y la arqueología modernas, pero en modo alguno las respuestas pueden buscarse en los registros de datos inconexos y sin rigor, de una arqueología coleccionista que buscaba al azar. Es necesario retomar de esa producción científica lo más riguroso y actualizado, para completar el cuadro con nuevos registros que se propongan encontrar las respuestas.

Durante los últimos días de las excavaciones realizadas en el cementerio aborigen Bacuranao 1, en la zona central de la provincia de La Habana, y contemplando con detenimiento las posiciones y orientaciones de los entierros en su conjunto, retomé la discusión que años atrás había tenido en el sitio Marién 2, con los miembros del equipo de excavadores. En aquella ocasión planteé la necesidad de contemplar como datos importantes en la determinación de las orientaciones, los límites cerrados del espacio sepulcral y la vía o lugar de acceso al mismo. En sentido general, las orientaciones de los restos destapados se vinculaban a estos dos presupuestos.

En cuanto a la dirección de los rayos solares y su posible determinación en las orientaciones de los cadáveres se tomó en consideración que este asunto podría estar enmascarado dentro de un factor denominado área de acceso al espacio sepulcral, pues la única posibilidad de que la luz solar incida en las orientaciones de los entierros en cuevas coincide con las áreas de acceso o entrada al lugar.

Hacia donde se orientan realmente los entierros en cuevas

El primer ejemplo analizado fue el cementerio aborigen denominado Bacuranao 1, localizado en la cueva del Infierno, municipio San José de las Lajas, provincia de La Habana, y que fuera excavado, en 1995 y 1997, bajo mi dirección y la participación destacada un numeroso grupo de personas integrado por arqueólogos del Centro de Antropología y del grupo de aficionados del municipio de ese territorio. Para el registro de las orientaciones de los entierros fueron desestimados los restos que, por su grado de alteración, podían ofrecer dudas en cuanto a la relación tronco-cráneo, como parámetros principales de la medición. Aunque también algunos investigadores miden las orientaciones a partir de la relación cadera-cráneo, sobre todo, en los entierros con posiciones muy forzadas; en nuestro caso no fueron tomados en consideración, por lo discutible que pudiera resultar su inclusión. En Cuba, buena parte de los entierros de infantes aparecen con la columna vertebral muy arqueada, como si hubiesen sido introducidos en una tumba muy pequeña o enterrados envueltos en jabas o hamacas.

De los 54 entierros exhumados en la primera jornada en Bacuranao 1, fue posible definir, de forma precisa, las orientaciones en 35 de ellos. Sin embargo, de los restantes restos esqueletales que no se registraron, en correspondencia a las posiciones de los cráneos o de las columnas vertebrales, puede afirmarse que no presentaban elementos visibles que permitieran asegurar que se salían de la tendencia general observada.

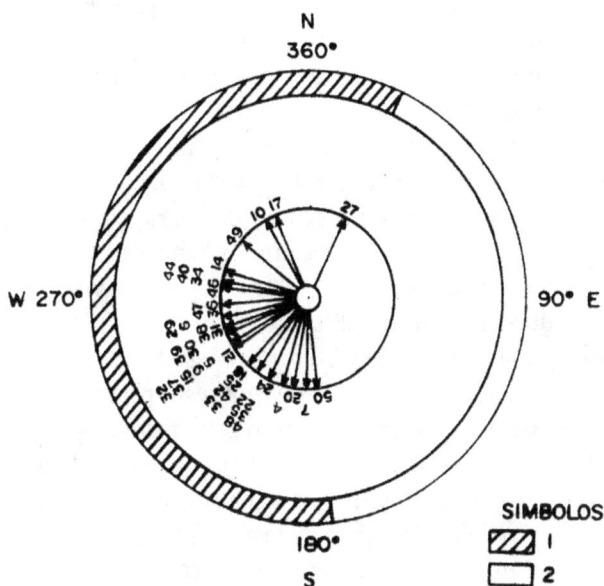

Fig. 31. Orientación de los entierros en Bacuranao 1. Símbolos: 1. Perímetro cerrado al área sepulcral y 2. Espacio abierto. Válido para el resto de las gráficas

La figura 31 permite subrayar que en Bacuranao 1 fueron sepultados con el cráneo orientado entre los 180° y los 268°, con respecto del norte geográfico, o sea, en dirección S, SSW y W, los entierros 4, 5, 6, 7, 9, 15, 18, 20, 21, 22, 24, 25, 29, 30, 31, 32, 33, 35, 36, 37, 38, 39, 42, 47, 48 y 50. Por lo tanto, sus cuerpos y cráneos estaban orientados hacia el fondo y pared izquierda del espacio sepulcral de la dolina. Entre los 275° y los 345°, se encontraron orientados los entierros 10, 14, 17, 34, 40, 44, 46 y 49, coincidiendo también, en este caso, con la pared del fondo y de la derecha del salón, al NNW y W, según los puntos cardinales. Solo el entierro 27, correspondiente a un infante de entre 1,5 y 2,5 años, parecía romper la tendencia que guiaba los entierros con la dirección del cráneo hacia el fondo, pero en realidad, este se encontraba orientado a 300º, por lo que coincidía con el extremo de la pared derecha y, aunque fuera de tendencia, mantenía el mismo principio. Es posible que la diferencia de este entierro con los restantes se deba a que el mismo forma parte de un entierro en pareja,[76] ya que este niño descansaba sobre el regazo del entierro 4, el cadáver de una joven que estaba orientado hacia los 180º.

Lo anterior permite afirmar que en Bacuranao 1 no se encontró evidencia alguna que permitiera inclinar la balanza a favor de la conjetura en cuanto a la orientación rumbo al este de los entierros aborígenes, más bien, y lejos de esto, hallamos una tendencia contraria que, por estable en el sitio, pudiera tomarse como una señal de conducta imitativa en relación con la manipulación del fardo mortuorio. Tampoco apreciamos relación alguna entre el acimut de los rayos solares que penetran solo en las primeras horas de la mañana durante el solsticio de verano y los cráneos, o sea, cuando el sol sale a 65º. En cambio, se pudo comprobar cierta relación invertida, es decir, la dirección del tronco-cráneo y el acimut de los rayos solares convergían en los pies. Inclusive, el vínculo entre ambos factores se limitó a unos seis casos, durante el derrotero del sol en el área sepulcral entre las 8:00 a.m. y las 12:00 m., en que desaparece. Estos casos fueron los entierros 4, 18, 21, 30, 31 y 38, por lo que la relación no tuvo carácter estable dentro de la muestra, lo cual invalidó el carácter simbólico del supuesto principio.

184

A pesar de esto no se descartó, a partir de este primer ejemplo, la posible incidencia de la luz solar como factor presente en la tendencia observada dentro de las orientaciones y se prefirió analizar otros cementerios aborígenes en cuevas. Así, la comprobación de estos principios en otros recintos brindaría la oportunidad de descartar o no, la cuestión de la luz solar.

Igual sistemática se aplicó a uno de los primeros planos que en la arqueología de Cuba había registrado la existencia de un conjunto de entierros. Se trata de la famosa Cueva de los Niños de Cayo Salinas, que fuera excavada, en el año 1941, por Morales Patiño y R. Herrera Fritot (1941). Según se describe en las notas de campo, esta cueva posee una altura máxima de 2.45 m y consiste en un recinto o espacio aproximadamente circular, con unos 5 m de diámetro y una altura de 3.35 m de ancho, y una pequeña comunicación interior con otra cueva más grande a la derecha. Aunque la cueva se describe como clara y seca, dada su orientación —la entrada se encuentra hacia el norte— la luz solar alumbra, de manera parcial, parte de su entrada en las primeras horas de la mañana durante el solsticio de verano, pero no penetra en el área sepulcral en ningún momento del año.

[76.] Algunos entierros en pareja parecen repetir este mismo tipo de relación espacial invertida, pues en la cueva Calero se reportó un ejemplo similar (Martínez Gabino y Rives 1990:145).

Por esto su selección ofrecía la oportunidad de comprobar cuáles de los factores analizados, anteriormente, era el más importante.

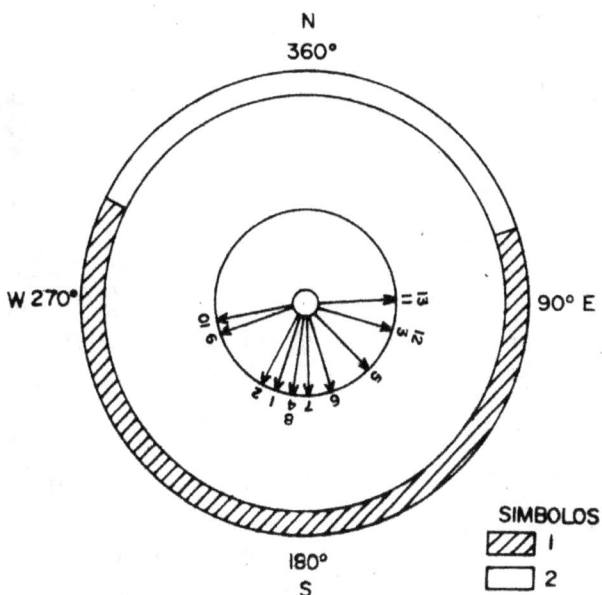

Fig. 32. Orientación de los entierros en Cueva de los Niños

Como en el plano original no se habían enumerado los entierros, se procedió a su numeración, aunque con un orden arbitrario, para facilitar la individualización de las orientaciones. La Figura 32 permite comprobar que las orientaciones de los trece entierros, se encuentran entre los 90° y los 263° respecto al norte geográfico, o sea, los entierros once y trece tienen los cráneos orientado hacia el E; los 3, 5 y 12, están rumbo al ESE; el 6 al SSE y el 7 al S. Los entierros 1, 2, 4 y 8 se hallan rumbo al SSW y por último, los 9 y 10 tienden hacia el W. Sucede que todas esas orientaciones están directamente relacionadas con los factores espacio disponible; límites impuestos por las paredes y el área de acceso. Ninguno de los cráneos —según el plano de Herrera Fritot— fue orientado hacia la entrada del recinto. Pero además, como en esta cueva no entran los rayos solares en ningún momento del año, queda descartada la presencia del sol como factor de posible incidencia en las orientaciones.

Dado que la «moda» en la época en que se realizó la excavación era la de encontrar los cráneos hacia el este, se le confiero un alto valor a las orientaciones registradas por Morales Patiño y Herrera Fritot. Aunque el análisis partió del croquis original, lo cual pudo deslizar algún tipo de error en las orientaciones, este no excedió nunca de los 20º, por lo que el esquema resultó válido. Inclusive, conocida la posición crítica de Morales Patiño en cuanto a las supuestas orientaciones hacia el este, la anotación en el diario de excavaciones referente a que los trece restos explicaba que estaban «colocados sin orientación», o sea, no se encontraban con el cráneo hacia el este, lo cual resulta una anotación crítica y razonada en el contexto de la época (Morales Patiño y Herrera Fritot 1941:6).

En definitiva, hacia este —como punto cardinal— solo se registraron, en este ejemplo, dos posibles casos (entierros 11 y 13), hecho que invalida toda posibilidad de generalización a favor de tales criterios. Si esos dos restos fueron orientados por alguna razón de carácter religiosa, esta misma razón no resultó importante para el resto de los individuos. En cambio, el razonamiento de la manipulación mortuoria favorece la tendencia que relaciona las orientaciones de los cráneos con el fondo y paredes de las cuevas, pues en este ejemplo, al igual que en el anterior, la relación es absoluta y reafirma el criterio de una conducta imitada en relación con la manipulación del fardo funerario.

En este nivel del análisis me pareció importante tomar otro ejemplo, correspondiente a una etapa posterior, con el fin de reafirmar lo dicho hasta aquí y poner al descubierto otros posibles factores. Fue así, que las excavaciones practicadas en Cueva de la Santa brindaron la oportunidad que se requería, por lo que se tomó como base el plano de la cueva elaborado por Fernando Jiménez, en 1965, y el croquis de la zona de excavaciones de Pastor Vega (Torres y Rivero de la Calle 1970) Fig. 33.

De los 35 entierros exhumados en 1961, solo aparecen dibujadas las posiciones y orientaciones de los ocho adultos, ya que el resto, o sea, los 26 infantes, fueron registrados con puntos en el plano. Esta deficiencia estuvo condicionada, en lo fundamental, por el mal estado de conservación de los restos y que en ocasiones se encontraban «dispersos» (Acevedo 1966:3), a lo que se pudiera agregar, las dificultades concomitantes a las técnicas empleadas por aquel entonces en las excavaciones.

Al igual que en los ejemplos anteriores, en este cementerio se puso en evidencia la importancia que tienen, en la determinación de las orientaciones de los entierros, los factores *área de acceso al espacio sepulcral* y *área limitada al acceso*, al ser impedidos por las paredes y fondo de las cuevas o dolinas. De nuevo puede tomarse en consideración la luz solar, pues esta cueva abre al este y según las observaciones realizadas el área sepulcral, es alumbrada directamente por el sol durante el solsticio de invierno. No se comprobó relación entre el acimut de la luz natural y la orientación de los cráneos, inclusive, invertido el esqueleto. Solo el entierro 5, sin cráneo, en posición muy flexada, guardó relación con el acimut de los rayos solares, pero con la dirección pierna-tronco. De ocho esqueletos, cuatro estaban orientados entre los 273º y los 320º respecto del norte geográfico, o sea rumbo al WNW; tres se orientaban a los 270º, o sea, literalmente hacia el W; y uno, a los 265º. Como se pudo comprobar en cada uno de los tres ejemplos analizados, las orientaciones muestran tendencias diferentes en cuanto a los puntos cardinales, pero estables en cuanto a los factores evaluados.

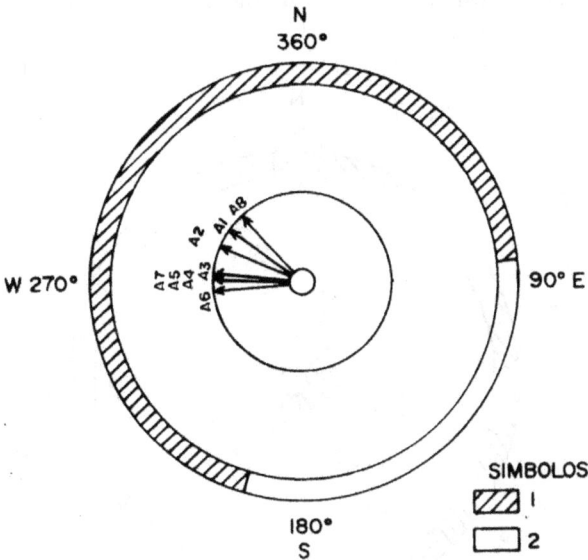

Fig. 33. Orientación de los entierros en Cueva de la Santa

Los resultados de las excavaciones llevadas a cabo en el cementerio denominado Marien 2, también fueron sometidos a estudio. Este sitio fue excavado bajo mi dirección en dos jornadas. La primera en 1992, y la segunda, en 1997. El lugar consiste en una dolina de desprendimiento, con un gran salón de 30 m de largo y 15 de ancho. Su configuración es alargada y, sobre el área de entrada descansan grandes bloques de piedra que se desprendieron del techo, el cual se levanta a 3,40 m. Algunos de estos bloques dividen el espacio en dos, el correspondiente a la parte W fue usado como cementerio, mientras que la zona E, según las amplias excavaciones practicadas en esa área, fue utilizado como habitación por los aborígenes en el nivel 0,30-0,40 m, y en el cual no se han encontrando entierros primarios hasta el momento. Los fechados obtenidos permiten estimar el uso del espacio fúnebre entre el 70 a.n.e y el 1 170 d.n.e. Esta disposición de la cueva hace que el acceso al área de entierros se pueda hacer no solo desde la dolina, o sea, desde el sur, sino también desde el área que sirvió de habitación, al este. Sin embargo, la iluminación solar que penetra durante las primeras horas de la mañana en parte del espacio sepulcral durante el solsticio de invierno, lo hace con dirección SE, S y SW, pero nunca desde el este. Esta forma particular de la cueva brindó la posibilidad de constatar de nuevo los factores evaluados como posibles determinantes en la orientación de los entierros.

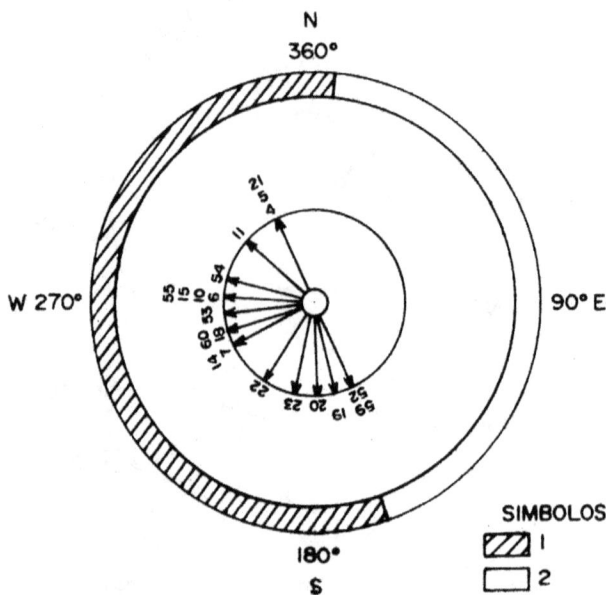

Fig. 34. Orientación de los entierros en Marién 2

De los 60 individuos exhumados hasta el presente, por medio de dos excavaciones controladas (1992 y 1997), fue necesario descontar cuarenta, pues cinco eran entierros secundarios y 35 correspondieron a restos muy alterados de sepulturas rotas por los propios aborígenes. Entre los 20 entierros estudiados lo primero que salta a la vista, en el ejemplo de Marién 2, es que los entierros 19, 20, 52 y 59 se encontraban orientados entre los 160° y los 190° respecto del norte geográfico, por tanto, presentaban sus cráneos sensiblemente orientados hacia el sur (Fig.34). Estas orientaciones nos lleva a reconocer que en estos cuatro casos no se tuvo en cuenta las paredes de la dolina, aunque sí la facilidad en el acceso al área, toda vez que estos restos se encontraban en el extremo W del área sepulcral y sus cráneos se dirigían hacia varios bloques de piedra que dificultaban un descenso directo desde la dolina hacia el punto donde se encontraban. Asimismo, es necesario destacar que, aunque desde el punto de vista teórico estos esqueletos, por encontrarse en dirección al sur, pudieron haber seguido el acimut de la luz solar durante el solsticio de invierno, cuando la luz penetra en el área donde se encontraban, no ha sido así, pues en las primeras horas de la mañana los rayos penetran desde el SSE, y al avanzar las horas, cuando los rayos penetran desde el sur, esa parte no es iluminada. Tampoco el resto de los entierros guardó relación alguna con la dirección de los rayos solares. En otras observaciones realizadas en los meses de marzo y julio, se pudo comprobar que la luz del sol no ilumina el área sepulcral. Los restantes entierros se encontraban orientados entre los 190° y los 330° respecto del norte geográfico, lo cual parece indicar que en estos casos primó el principio de acceso al área.[77]

En la actualidad, la disposición, la orientación y los elementos culturales asociados a los entierros se reconocen como factores importantes para el estudio de las variaciones cronológico-culturales, de género y estatus social. De ahí, que resulte importante para la arqueología del Caribe la dilucidación de la vieja propuesta de los arqueólogos de la mayor de las Antillas, referente a que los grupos arcaicos que poblaron la isla sepultaban a sus muertos con el cráneo orientado hacia el este.

Pero también este tipo de debate puede ser punto de partida de la necesaria renovación de enfoques y juicios con los que se trabaja. Recuérdese que la arqueología de Cuba creció sobre la base de convenciones de este tipo y, a pesar que las investigaciones desarrolladas en las últimas tres décadas parecen haber acumulado datos suficientemente confiables como para permitir la discusión y rectificación de muchas de esas conjeturas, apenas se ha emprendido el necesario camino de la revisión crítica y de la renovación de conceptos

En el terreno de las costumbres funerarias, tal como se ha explicado en el desarrollo del trabajo, la estimada orientación de los entierros arcaicos no pasa de ser una conjetura. Sin embargo, el peso y prestigio de aquellos pioneros de la arqueología en la isla dejaron una sensible huella para el desarrollo de los estudios más recientes, que en el mejor de los casos se han limitado a registrar la ausencia de regularidades de este tipo.

[77.] Hubiésemos deseado someter al mismo análisis las evidencias mortuorias de los cementerios cueva del Perico 1 y cueva Calero, pero no fue posible contar con los planos y registro de datos necesarios, para tal estudio.

Para todos es comprensible que la arqueología de entonces carecía de los recursos teóricos y prácticos necesarios para enfrentar respuestas adecuadas a este tipo de problema. El conocimiento que se tenía de las sociedades arcaicas era muy deficitario. El carácter coleccionista de los métodos de campo permitía rescatar piezas excepcionales, mas se perdían los procesos y los contextos. Los hallazgos sensacionalistas de grandes tumbas, de culturas con un fuerte desarrollado del culto solar y, quizá, hasta la primitiva creencia cristiana que remite al punto cardinal donde nace el sol como símbolo de la resurrección, estuvieron presentes en el nacimiento de la fábula criticada. No obstante, lo cierto es que se quiso ver una relación, pero nunca se explicó o se esbozó una posible causa de la misma.

Al ser la orientación de los entierros en cuevas de los grupos arcaicos en Cuba un acontecimiento no determinado por el culto solar, considero que la respuesta hay que buscarla en cuestiones más sencillas y sensatas. Esto nos remite al hecho que en estas sociedades, según ha probado la etnografía, el sepelio quedaba en manos de los familiares del difunto (Metraux 1947), y, por tanto, era un acto volitivo y de conducta imitada, determinado por la manipulación del fardo funerario.

Sin embargo, llama la atención el carácter estable y relativamente uniforme de las tendencias descubiertas en todos los ejemplos estudiados. Los aborígenes arcaicos cubanos parece que dieron preferencia a las partes cerradas (fondo y paredes de las cuevas) de las áreas sepulcrales para orientar los cráneos, con independencia a que estas se encontraban hacia el norte, sur, este u oeste. Esto permite suponer que dichas orientaciones no debieron responder solo a imperativos de manipulación, pues de ser así, sería lógico esperar discrepancias o variaciones más visibles. Al parecer, los presupuestos que guiaban las inhumaciones eran válidos para toda la comuna, y detectados, con bastante estabilidad, en el tiempo. Esto le confiere cierto carácter simbólico a la tendencia observada y por tanto, su posible vinculación a factores ideológicos acordes con los niveles de desarrollo de esas sociedades.

Se trata entonces, de que los factores que intervienen en la orientación de los entierros arcaicos en las cuevas de Cuba, hay que buscarlos en un orden de ideas y evidencias en las que hasta el presente los arqueólogos no hemos buscado.

Saxe (1971), considera haber encontrado relación entre las orientaciones de algunos de los entierros del cementerio en área despejada de Wadi Halfa, en Sudán, con el acimut solar, aunque sugirió la necesidad de que se contemplaran otros presupuestos, como la dirección de los lugares míticos y recursos vitales en la determinación de las orientaciones.

En la región oriental de Cuba, J. M. Guarch (1996:19), en sus estudios acerca del cementerio en área despejada de grupos agroalfareros, denominado

El Chorro de Maita, observó que el 53 % de los cadáveres estaban orientados hacia el N-NW y el WNW, por lo que el autor considera la presencia de «alguna razón ritual» que lo explique. Sin embargo, es lícita la pregunta ¿por qué existen razones rituales para el 53 % y no para el resto? Con independencia a los posibles significados que en ello tenga el proceso de estratificación social que se producía en la sociedad taína, valdría la pena buscar las posibles relaciones de las orientaciones de los cadáveres con el lugar desde donde debieron ser trasladados al cementerio, la mayoría de los difuntos. Según el plano publicado por el propio autor nueve años atrás (Guarch, *et. al.,* 1987:26), la aldea o asentamiento principal de estos grupos se localiza, precisamente, en dirección NNW y WNW, por lo que podría conjeturarse que, desde esa dirección eran trasladadas la mayoría de las personas que fallecían. Así, las razones rituales podrían estar vinculadas a la relación entre el lugar donde se fallecía, el lugar de entierro y la manipulación del fardo funerario, aspecto que pudo estar regido por determinados tabúes y creencias.

Nota final

De seguro los lectores se habrán dado cuenta que a lo largo de este libro y de manera bastante reiterada, hemos recurrido al uso de informaciones arqueológicas, antropológicas e históricas, así como también a estilos de ver, métodos de análisis y conclusiones de estos tres campos del saber. Esto responde al concepto, del que estoy convencido, que temas tan complejos de la arqueología, tales como los sistemas de asentamiento y la ideología o creencias religiosas, en los cuales el registro arqueológico es opaco e irregular, las ciencias afines pueden suministran herramientas capaces de posibilitar la reconstrucción histórica del objeto de estudio.

Este enfoque permite establecer la analogía entre el paradigma formal del registro arqueológico (dato físico) y el paradigma conductual (dato etnográfico). Pero como ha alertado Brown (1971), para continuar en esta línea se requiere el establecimiento de un lenguaje o código descriptivo pertinente, el cual, hasta el presente, es poco frecuente en la arqueología de los espacios sepulcrales en las cuevas de Cuba, en la que prima, o bien la sobre dimensión de la evidencia material o el interés por los significados, con menosprecio de los datos físicos, por lo que se precisa, ya entrado el siglo XXI, enaltecer la relación analógica entre el registro arqueológico y la discusión teórica y abandonar de manera definitiva las viejas parcelas del pensamiento positivista.

ANEXOS

Anexo 1: Principales denominaciones y clasificaciones de los Arcaicos de Cuba

Bartolomé de Las Casas (1951)	Harrington (1921)	Osgood (1942) Rouse (1942 y 1943)	Pichardo Moya (1945)	Herrera Fritot (1951)	E. Tabío (1984)	J.M. Guarch (1988)	A. Rives (1990) Domínguez, Febles y Rivez (1994)	E. Alonso, G. Izquierdo y U. González (2009)
Guanahatabey	Ciboney	Ciboney Aspecto Guayabo Blanco	Guanahatabey	Complejo I	Preagroalfarero Temprano	Variante Cultural Funchoide	Comunidades con tradiciones Mesolíticas tempranas	Formación Pretribal, (con estadios de acuerdo a su nivel de desarrollo)
					Preagroalfarero Medio	Variante Cultural Guacanayabo	Comunidades con tradiciones Mesolíticas Medias	
Ciboney		Ciboney Aspecto Cayo Redondo	Siboney	Complejo II	Preagroalfarero Tardío	Variante Cultural Mayarí	Comunidades Con tradiciones Mesolíticas tardías	

Anexo 2: Variables mortuorias en las principales cuevas funerarias de más de 10 individuos exhumados

Sitio	Localización	Variables
Cueva funeraria de los niños 1941	Cayo Salinas,Bahía de Buena Vista, Yaguajay	Proyecto de exploraciones espeleológicas y arqueológicas -Recinto funerario (no habitacional) -Exhumación de 13 infantes -Presencia de ofrendas (bolas líticas y otros objetos) -Presencia de adornos corporales
Cueva de la Santa 1961	Sierra de Cojímar, La Habana	Ejecución de exploraciones espeleológicas -Recinto funerario (no habitacional) -Exhumación de 34 individuos -Ausencia de regularidades en las orientaciones -Iluminación solar en el espacio sepulcral
Mogote de la Cueva n.1 1966	Barrio Arroyo Naranjo, Consolación del Norte, Pinar del Río	Proyecto de exploraciones arqueológicas -Recinto funerario (no habitacional) -Número alto e indeterminado de individuos (adultos e infantes) -Restos humanos muy alterados -Evidencias alteradas de fogones -Presencia de ocre rojo en los restos humanos. -Presencia de huesos humanos quemados -Presencia de adornos corporales

Cueva del Perico n.1 **1970**	Bahía Honda, Pinar del Río.	*Proyecto de rescate arqueológico* -Sitio de habitación y recinto funerario. -Exhumación de 34 individuos, más restos de tumbas anteriores. -Ausencia de regularidades en las orientaciones. -Presencia ocre rojo en restos humanos. -Presencia de entierros secundarios. -Presencia de adornos corporales. -Restos de niños dentro de tumbas de adultos.

Cueva Calero
1989
	Cantel, Cárdenas,
	Matanzas.
		Proyecto de rescate arqueológico
		
		-Exhumación de 66 individuos, más restos
		  de tumbas anteriores.
		-Quedó pendiente la definición de si se
		  trataba de un sitio de habitación con entierros
		  o una cueva sepulcral (pocas herramientas).
		-Restos de niños dentro de tumbas de adultos.
		-Ausencia de regularidades en las orientaciones
		  de los entierros.
		-Restos dietarios como posibles ofrendas.
		-Presencia de adornos corporales.

Cueva Marién 2
1992 y1997
	Al W de la boca
	de la
	Bahía de Mariel,
	al Este de
	La Habana,
	hoy provincia de Artemiza
		Antecedentes: Exploraciones arqueológicas (1950)
		
		-Calas practicadas en 1950 permitieron identificar restos
		  de 4 infantes que se destruyeron al ser extraídos. E.
		  Tabío sugirió que estaban orientados hacia el *este*. En
		  1952 se realizó otra cala y se identificó un infante en
		  iguales condiciones.
		
		*Proyecto de investigación arqueológica (1992-1997), como
		parte del Censo Arqueológico de la Provincia La Habana.*
		
		-Las excavaciones controladas ejecutadas en 1992
		  destaparon 27 sepulturas, en las cuales había restos de
		  inhumaciones anteriores. Total 51 individuos.
		-1997 se destaparon otras 9 tumbas. 60 individuos en
		  total.
		-1997 se hicieron excavaciones extensivas en el área
		  restante de la cueva, comprobándose que existió un
		  área de habitación separada del área sepulcral.
		- Presencia de niños dentro de tumbas de
		  adultos.
		-Se comprobó que los restos humanos no
		  mostraron tendencia en orientaciones hacia el este.
		-Presencia de Entierros secundarios (en osario).
		-Presencia de fogones encima de las tumbas.
		-Presencia de ofrendas.
		-Presencia de adornos corporales.

Bacuranao I
1995 y 1997
	Municipio San José de las Lajas,
	provincia La Habana, hoy provincia de
	Mayabeque
		*Proyecto de investigación arqueológica (1995-1997), como
		parte del Censo arqueológico de la Provincia La Habana.*
		
		-Se destaparon 30 sepulturas con 30 entierros
		  primarios y restos dislocados de 36 individuos
		  más.
		-Recinto funerario localizado en una dolina de la cueva
		-Sitio de habitación localizado en otra dolina de la misma
		  cueva, con varios entierros.
		-Las orientaciones de los entierros mostraron tendencia
		  hacia el fondo y paredes de la cueva.
		-Presencia de ofrendas.
		-Presencia de adornos corporales.

GABINO LA ROSA CORZO

Gabino La Rosa Corzo (Cárdenas, Matanzas, 1942). Doctor en Ciencias Históricas, especialidad Arqueología. Profesor e investigador titular.

Ha participado en calidad de invitado en varios encuentros de la Sociedad de Arqueólogos Americanos. Ha sido profesor invitado en el Centro de Altos Estudios de Puerto Rico y el Caribe, en la Facultad de Antropología de la Universidad Federal de Pelotas, en Rio Grande del Sur y en la Universidad de Campinas, en Sao Paulo. Tiene publicadas varias decenas de artículos en revistas especializadas en Cuba, República Dominicana, Colombia, Puerto Rico, España, Brasil y Estados Unidos; así como los textos: *Los cimarrones de Cuba* (La Habana, 1988), Armas y Tácticas defensivas de los cimarrones de Cuba (La Habana, 1989); *Los palenques del oriente de Cuba: Resistencia y Acoso* (La Habana, 1992); *Costumbres funerarias de los aborígenes de Cuba* (La Habana, 1995), *Arqueología en sitios de contrabandistas* (La Habana,1995), *Runaway Slave Settlements in Cuba: Resistance and Repression* (North Carolina, 2003), *Cazadores de Esclavos* (La Habana, 2004) y *Tatuados: Deformaciones étnicas de los cimarrones en Cuba* (La Habana, 2011); *Henry Dumont: Los orígenes de la antropología en el Caribe*, (San Juan de Puerto Rico, 2013). Participo con Antonio Curet y Shanon Lee Dawdy en la edicion del título: *Dialogues in Cuban Archaeology* (Alabama, 2005) y con Antonio Curet y Susan Kepet en: *Beyond the Blockade. New Currents in Cuba Archaeology* (Alabama, 2010).

BIBLIOGRAFÍA

ACEVEDO, M. (1966):«Informe sobre las excavaciones arqueológicas realizadas por el grupo de exploraciones científicas durante el año 1961 en la Cueva de la Santa» (inédito). La Habana, Departamento de Arqueología del Centro de Antropología. Citma.

ACOSTA Saignes, M. (1983): *Estudios de Etnología antigua de Venezuela*. La Habana, Casa de Las Américas.

ÁGUILA Escobar, G. (2005): *Estudio Lingüístico y Glosario de los términos especializados de la arqueología*. Granada, Editorial de la Universidad de Granada.

ALCINA Franch, J. (1998): *Diccionario de Arqueología*. Madrid, Alianza Editorial.

ALONSO, E. (1988): Contribución al estudio de aspectos económicos de la Sociedad preagroalfarera. *Anuario de Arqueología*, La Habana, Editorial Academia, pp. 42.48.

_____ (1989): Un campamento aborigen en Sierra del Rosario. *Revista Cubana de Ciencia Sociales*, La Habana, Academia de Ciencias de Cuba, Año VII, n. 21, pp.38-58.

_____ (1995): *Fundamentos para la Historia del Guanahatabey de Cuba*, La Habana, Editorial Academia.

_____(2010): Naturaleza y subsistencia humana en Guanahacabibes. *Cuba Arqueológica*, Año III, n. 2, pp. 92-49.

ALONSO, E. y H. Carmenate (1986): «Censo arqueológico de Pinar del Río» (inédito). Pinar del Río, Departamento de Arqueología, Delegación Provincial de la Academia de Ciencias de Cuba.

ALONSO, E., G. Izquierdo y U. M. González (2009): La nueva propuesta de periodización para el estudio de las comunidades aborígenes de Cuba. La Habana, *Catauro*, no. 20, pp. 8-13.

ÁLVAREZ Conde, J. (1961): *Revisión indoarqueológica de la provincia de Las Villas*, La Habana, Artes Gráficas.

ALVES, C. F. (2011): Corpos pintados nos Jogos dos Povos Indígenas, en: Toledo V., María B. Rocha y Alga R. de Moraes von Simson: *Jogo, Celebração, Memoria e Identidade*, Campinas, Curt Nimeuendajú, pp. 85-93.

ALLUÉ, M. (1998): *La Ritualización de la pérdida. Anuario de Psicología*, Facultad de Psicología, Barcelona, Universidad de Barcelona, 29 (4): 67-82.

AVIAL-Chicharro, L. (2018): Los banquetes funerarios en el Mediterráneo Antiguo. España. *Revista ArtyHum*, no. 45: 27-49. www.artyhum.com.27.

BAILEY, G. (1983): *Hunter-Gatherer Economy in Prehistory: A European Perspective.* Cambridge, Cambridge University. G. (1983).

BARCO, M. (1989): Historia Natural de la antigua California. *Colección Crónicas de América n.53*, Madrid, Editorial Historia.

BATE, L. F. (1986): El Modo de Producción Cazadores Recolectores o la Economía del Salvajismo. *Boletín de Antropología Americana*, México, Instituto Panamericano de Geografía e Historia, 13: 5-31.

_____(1998): *El Proceso de Investigación Social.* Barcelona, Crítica-Grijalbo-Mondori, Barcelona.

BARTRA, R. (1992): *El Salvaje en el espejo.* México, Universidad Nacional Autónoma de México. Ediciones ERA.

BERGGREN, A. and I. Hodder (2003): *Spatial practice, Method and some problems of field archaeology. American Antiquety*, Vol. 68, N.3, pp. 421-434.

BERNÁLDEZ, A. (1869-1875): *Historia de los Reyes Católicos Don Fernando y Doña Isabel.* Sevilla, Imprenta de D. José María Geofrin, 2 t.

BINFORD, L. R. (1971): *Mortuary Practice: Their Study and Their Potential, in Approaches to the Social Dimension of Mortuary Practices.* Washington, D.C., Memories of the Society for American Archaeology 25, pp.6-29.

_____ (1980): *Willow smoke and dogs' tail: hunter-gatherer settlement systems and archaeological site formation, American Antiquity*, 45 (1), 4-20.

_____ (1991): En Busca del Pasado. *Descifrando el registro arqueológico.* Barcelona, Editorial Crítica.

BLANTON, R. (1994): *Houses and Households: a comparative study.* New York. Plenum Press.

BLOCH, M. y Jonatan (eds) (1982): *Death and Regeneration of Life.* Cambridge University Press.

BOHANNAN, P. y M. Glazer (eds) (2005): *Antropología.* Lecturas. La Habana, Editorial Félix Varela.

BOYD, C. E. (2008): Shamanic Journeys into the Otherworld of the Archaic Chichimec, in *An Archaeological Perspective on Ritual, Religion, and Ideology from American Antiquity and Latin American Antiquity.* Compiled G.F.M. Rakita and J. E. Buikstra, Washington, Society for American Archaeology, SAA Press, pp. 161-173.

BOYD, C. C., Jr., D. C. Boyd, M. B. Barber, D. A. Hubbard, Jr. (2001): Southwest Virginia's Burial Caves: *Skeletal Biology, Mortuary Behavior and Legal issues*, University of Iowa, Midcontinental journal of Archaeology, 26 (2) 219:232.

BRITO, J. (2004): Análisis de ADN mitocondrial. Nuevo método para el estudio de poblaciones prehistóricas caribeñas, *El Caribe Arqueológico*, Santiago de Cuba, 8: 97-102.

BROWN, J. A.(1971): *The Dimensions of Status in the Burials at Spiro. Approaches to the Social Dimensions of Mortuary Practices*, in J. A Brown (ed), Memoirs of the Society for American Archaeology N, 25, USA, pp. 92-112.

CANNON, A. (1989): *The historical dimension in mortuary expressions of status and sentiment. Current Anthropology*, 30: 437-495.

Carr, D. H. (2012): Paleoindian economic organization in the Lower great lakes region, Evaluating the role of caribou as a critical resource. *Anthropology Michigan State University. www.grc.edu.*

Cashdan, E. (1991) Cazadores recolectores. El comportamiento económico de bandas, en S. Plattner (ed) *Antropología Económica,* México, Alianza Editorial, pp. 43-78.

Casillo-Star, M. (2004): South America, Sabana and Tropical Forest, in Salamone F. (ed) *Encyclopedia of Religious, Rites, Rituals, and Festivals,* New York, ROUTLEDGE, pp. 414-416.

Castro, P., V. Lullm, R. Mico & C. Rihuete (1995): La prehistoria reciente en el sudeste de la península Ibérica. Dimensión socio-económica de las practicas funerarias, en R. Fábregas, F. Pérez Losada & C. Fernández Ibáñez (eds) *Arqueología del Norte de la Península Ibérica desde as Orixes ata Medievo.* Biblioteca Arqueohistórica 3, pp.127-167.

Centella A., Naranjo L., Paz L., Cárdenas P., Lapinel B., Ballester M., Pérez R., Alfonso A., González C., Limia M. y Sosa M.(1997): *Variaciones y cambios del clima en Cuba. Informe Técnico.* La Habana, Centro Nacional del Clima, Instituto de Meteorología.

Clottes, J. y Lewis-Williams, E. (2005): *Los chamanes de la prehistoria.* Barcelona, Ariel.

Colón, Cristóbal (1989): *Textos y documentos completos, relaciones de viajes, cartas y memorias.* Madrid, Alianza Editorial.

Combier, J. (1998): «*L' Organisation del del l'espace habité des hommes du Paléolithique Supérieur en France*». *Espacio, Tiempo y Forma,* Prehistoria, Serie 1, T. 1 :11-124. Disponible en Internet.

Cooper J. (2007): Registro Nacional de arqueología aborigen de Cuba: una discusión de métodos y prácticas. Santiago de Cuba, *El Caribe Arqueológico,* n.10:132-141.

Cosculluela, J. A. (1922): «La prehistoria de Cuba», *Memorias de la Real Sociedad Cubana de Historia Natural "Felipe Poey".* La Habana, Imprenta «Siglo XX». no. 1, vol. 5, pp. 1-42.

_____ (1925): Nuestro pasado Ciboney (*sic.*), Discursos, *Academia de la Historia de Cuba*, La Habana, Imprenta «El Siglo XX», pp. 7-27.

_____(1951): Cuatro años en la Ciénaga de Zapata, La Habana, *Revista de Arqueología y Etnología* (12):31-168.

_____(1965): *Cuatro años en la Ciénaga de Zapata*, La Habana, Comisión Nacional Cubana de la Unesco.

CRIVELLI, E., U. F. J. Pardiñas, M. Fernández, M. Bogáis, A. Chauvin, V. M. Fernández y M. J. Lezcano (1996): La Cueva Epullan Grande (provincia de Neuquen, Argentina). *Prehistoria,* Buenos Aires, Consejo Nacional de Investigaciones Científicas, 2: 185-231.

CURET Salim, A.(1992): *House structure and cultural change in the Caribean: three Case Studies from Puerto Rico, Latin American Antiquity*, vol. 2, n. 2, pp160-174.

CHANLATTE, L. e Y. Narganes (2002): Saladoide. Ensayo, en *La Cultura Saladoide.* Puerto Rico, Museo de Historia, Antropología y Arte.

CHAVES Mendoza, A. (1990): Arhuacos y tunebos: El aprovechamiento de recursos ambientales mediante la explotación escalonada, en *Culturas Indígenas de los Andes Septentrionales, Colección Encuentros.* Sociedad Estatal Quinto Centenario, Madrid, Turner Libros, pp.163-184.

CHERECHES, A.(2018). Una aproximación al «Strigoi» el auténtico vampiro de Rumanía. <www.portalcomunicacion.uah.es.

CHEVALIER, J. y A. Gheerbrant (2008): *Diccionario de Símbolos.* Río de Janeiro, José Olympio Editora.

CHINIQUE de Armas, Y., M. Roksandic, R. Rodríguez, D. G. Smith and W. M. Buhay (2016): Isotipic Evidence of Variations in Subsistence Strategies and Food Consumption Patterns among «Fisher-Gatherer» Population of Western Cuba in Ivan Roksandic (ed) *Cuban Archaeology in the Caribbean.* Gainesville, University of Florida Press, pp. 125-146. Disponible en internet.

203

DACAL, R. (1968): Introducción a la Arqueología de la Península de Guanahacabibes, Cuba. *Serie Pinar del Río*, La Habana, Departamento de Antropología, Academia de Ciencias de Cuba.

DACAL, R. y M. Pino (1968): Excavaciones en la Cueva de Enrique, Península de Guanahacabibes. La Habana, *Serie Pinar del Río*, Departamento de Antropología, Academia de Ciencias de Cuba.

DACAL, R. y M. Rivero de la Calle (1972): Actividades arqueológicas realizadas por la Sociedad Espeleológica de Cuba. *Serie Espeleológica n.13*, La Habana, Academia de Ciencias de Cuba.

D'ANGELIS, Wilmar e Juracilda Veiga (2003): Habitação e Acampamentos Kaingang hoje e no passado. Santa Catarina, *CUADERNOS DO CEOM*, n.18, pp.213-242. www.portalkaingang.org.

DE OLIVEIRA, A.P. de L. (2003): A etnohistoria como arcabuço contextual para as pesquisas arqueológicas na zona da Mata Mineira. *Canindé, Revista do Museo de Arqueologia de Xingó*, Universidad Federal de Sergipe, 3:245-267.

DÍAZ-Matallana, M. y J. Martínez Cruzado (2010): Estudios sobre ADN mitocondrial sugieren un linaje predominante en la cordillera Oriental de Colombia y un vinculo suramericano para los arcaicos de Puerto Rico, *Universidad Médica. Pontificia Universidad Javeriana*, Vol. 51, núm. 3, pp. 241-272. http://www.redalcy.org.

DOMÍNGUEZ, L. S. (2009): Reconstrucción histórica de los sitios agroalfareros del Centro Sur de Cuba, en: *Particularidades Arqueológicas*, Ediciones Boloña, La Habana, pp.147-169.

DOMÍNGUEZ, L. S., J. Febles y A. Rives (1994): Las comunidades aborígenes de Cuba, en *Historia de Cuba. La colonia, evolución socioeconómica y formación nacional*, La Habana, Editora Política.

DOUGLAS, M. (1988): *Símbolos naturales, Exploraciones en la Cosmología*. Madrid, Alianza Editorial.

DRANSART, P. (2004): Death Rituals, in F. Salamone (ed) *Encyclopedia of Religious, Rites, Rituals, and Festivals*. New York, Routledge.

DURKHEIM, E. (2005): Las Formas Elementales de la Vida Religiosa, en P. Bohannan y M. Glazer *(eds) Antropología. Lecturas*. La Habana, Editorial Félix Varela, pp. 263-272.

EDER, J. F. (1984): The impact of subsistence change on mobility and settlement pattern in a tropical forest foraging economy; some implication for archaeology. *Anthro Source*. American Anthropology Association. htt:// www.anthrosource. Online.library.wilwy.com.

ELIADE, M. (1976): *El Chamanismo y las técnicas arcaicas del éxtasis*. México. Fondo de Cultura Económica.

_____(1979): *Imagens E Simbolos*, Colección Artes. Letras, Lisboa. Arcadia.

_____(1980): *Historia de las Creencias y las Ideas Religiosas*. Madrid, La Religión en sus textos. V. IV, Ediciones Cristiandad.

_____(1981): *Lo Sagrado y lo Profano*, Guadarrama, Punto Omega. Versión digital disponible en Internet.

_____(1983): *Historia de la Creencias y las Ideas Religiosa. De la Edad de Piedra a los misterios de Eleusis*, Barcelona, Paidós, Vol. III.

_____(1986):*Tratado de Historia de las Religiones*, México, Ediciones Era.

_____(1999) *Historia de la Creencias y las Ideas Religiosas, De la Edad de Piedra a los misterios de Eleusis*. Barcelona, Paidós, Vol. I.

_____(2001): *El mito del eterno retorno*. Arquetipo y repetición. Argentina, Amecé Editorial.

ELIADE, M. e I. Couliano (1972): *Diccionario de las Religiones*. Barcelona, Paidós.

ERDOES, R. & A. Ortiz (Eds.) (1984):*American Indian Legends*. New York, Pantheon Books-Random House.

ETXEBERRA, F. (1994): Aspectos macroscópicos del hueso sometido a fuego. Revisión de las cremaciones descritas en el País Vasco desde la arqueología. San Sebastian, Munibe (*Antropología-Arkeologia*), n. 46:11-116.

FARIÑAS, D. (1995): *Religión en las Antillas*. La Habana, Editorial Academia.

FEATHER, A. L. (1996): Circular or Rectangular Ground Plans: Some Costs and Benefits. Nebraska, *Anthropologist*, 92. https//digitalcommons.unl.edu. nebanthro/92.

FERNÁNDEZ de Oviedo, G. (1924): *Historia General y Natural de Las Indias*. Asunción del Paraguay, Editorial Guarania.

FIMIA-Duarte, R.,Ianncone,J.,González, R.,Argota,G. (2015): Ecological aspects of mollusks of medical-veterinary importance in the province of Villa Clara. Universidad de Ciencias Médicas de Villa Clara. www.researchgate.net.

FITZPATRICK, S. M. (2015): The Pre-Columbian Caribbean: Colonization, Population Dispersal, and Island Adaptations. *PaleoAmerica*. Vol. 1, no.4,pp305-331.

FLANNERY, K. V. (1972): The origins of the Village as a Settlement type in Mesoamerica and the near East: *A comparative Study in Man, Settlement and Urbanism* edited by P. J. Ucko, R. Tringham and G. W. Dimblegy, Duskworth, London.

_____(2000): The origins of the Village Revisited: From Nuclear to extended Households. *American Antiquity*, vo. 67, n, 3:417-433.

FLANNERY, K.V., E.J. Marcus (1993): Cognitive Archaeology, Cambridge *Archaeological Journal*, 3 (2):260-270.

FRAYER, D. (1992): Cranial Base Flattening in Europe: Neanderthals and more recent Homo sapiens. *American Journal of Physical Anthropology*, 14: 77.

FRAZER, J. G. (2011): *La Rama Dorada: magia y religión*. México, Fondo de Cultura Económica.

GAMBLE, L. H., L. Ph. L. Walker and G. Rusell (2001): An Integrative approach to Mortuary Analysis: Social and Symbolic Dimensions of Chusmash Burial Practices. *American Antiquity*, v.66, 2:185-212.

GARCELL, J. (2009): *Arqueología en Bacuranao 1. Nueva propuesta de categorías funerarias para las comunidades no ceramistas de Cuba.* La Habana, Editorial Unicornio.

GARCÍA, M. (1982): El esqueleto epipaleolítico de la Cueva de Nerja (Málaga). *Cuadernos de Prehistoria de la Universidad de Granada*, 7:37-39.

GARCÍA S. (2011): Malacofauna de interés médico y su relación con el ecosistema. Área de Salud Capitán Roberto Fleites. Rev. Electrón Vet 13:2011. <www.veterinaria.org>.

GASPARINI, G y L Marglies(2004): «La vivienda colectiva de los Yanomami: Tipití», *Journal of the Society for the Anthropology of Lowland South America.* Vol 2. Article 1. Disponible en Internet.

GAVOR, E. and R. Kabo (2002-2016): Universal parameters of huntergatherer community. Disponible en Internet: ISBN 0-9580800-30.

GIMÉNEZ, M. (1995): El enterramiento del hombre de Morín, Madrid, Museo Arqueológico de Madrid. Disponible en Internet.

GIORDANO, M. y A. Reyes (2016): «Expedición, visualidad y artefacto. Louis de Boccard en el Alto Paraná (Sud América, 1895-99)», *Avá 29.* Disponible *online*.
GONZALEZ Echegaray, J. y Freeman, L. G. (1971): *Cueva Morín.* Santander. Publicaciones del Patronato de las Cuevas Prehistóricas de la Provincia de Santander, Mém. VI.

GONZÁLES, G., Fimia-D,R., Cepero, R., Osés, R., Espinosa, Y., González, R. (2014): Impacto de terrestres con importancia epidemiológica. Villa Clara, 2008-2010. *Rev. Electrón Vet* 15: 08B, 2014.

GREGG, S.A.; Butzer, K.W. and Friedman, L.G. (1988): *Forager and farmer population interaction and agricultural expansion in the prehistoric Europe,* University of Chicago Press.

GROSECLOSE, B. (1995): British Sculture and the Company Rej:Church Monuments and Public Staturary in Madras, Calcuta, and Bombay to 1858. Delaware, *University of Delaware Press.*

GRÜN, R., N. A. Spooner, A. Thorne, G. Mortimer, J.J. Simpson, M. T. McCulloch, L. Taylor & D. Curnoe (2000): Age of the Lake Mungo 3 skeleton, reply to Bowler and Magee and to Gillespie & Roberts, University of Texas, *Journal of Human Evolution* 38:733-741.

GUARCH, J. M. (1970): Excavaciones en Cueva Funche, Guanahacabibes, Pinar del Río, Primera Parte. *Serie Espeleológica y Carsológica*, Departamento de arqueología, Academia de Ciencias de Cuba.

_____ (1981): «Cuba: antiguas tradiciones socioeconómicas y tecnoestilísticas. Etapa Preagroalfarera». La Habana, (Tesis de Grado), Departamento de arqueología, Academia de Ciencias de Cuba.

_____ (1987): *Arqueología de Cuba. Métodos y Sistemas*. La Habana, Editorial de Ciencias Sociales.

_____ (1988): Apuntes para una nueva periodización de las comunidades aborígenes de Cuba, en *Revista de Historia*, Holguín, Sección de Investigaciones Históricas del Comité Provincial del PCC.

_____ (1996): La muerte en las Antillas: Cuba. Santiago de Cuba, *El Caribe Arqueológico*, 1:12-25.

GUARCH, J. M. y R. Payarés (1964): Excavaciones en el Caney del Castillo, Santiago de Cuba, *El Caribe Arqueológico*. Casa del Caribe, Vol. 1, n.1, pp.12-25.

GUARCH, J.M., C. Rodríguez y R. Pedroso (1987): Investigaciones preliminares en el sitio El Chorro de Maíta. La Habana, *Revista de Historia,* año II, n.3, pp.25-33.

GUIDONI, E. (1977): *Arquitectura Primitiva*. Madrid, Editorial Aguilar.

HAMMOND, N. (1999): The genesis of hierarchy: Mortuary and offertory ritual in the Pre-Classic at Cuello, Balice. Washington D. C. in *Social Patterns in Pre-Classic Mesoamerican*, Dumbarton Oaks Research Library and Colletion.

HARRINGTON, M. R. (1935): *Cuba Antes de Colon*. La Habana, Cultural S.A.

HARRIS, M. (1980): *Cultural Materialism*. First Vintage Book. New York, Random House.

_____ (1990): *Antropología Cultural.* Madrid, Alianza Editorial.

HAWKES, K.; J. F. O'Connell and N. Blurton Jones (2018): Hunter-gatherer studies and human evolution: A very selective review. *American Journal of Physical Anthropology*, vol. 165, issue 4 Wiley online Library. https://doi. org/10.1002 ajpa.23403.

HENRY, Jules (1964): *Jungle People. A Kaingán Tribe of the Higblands of Brasil.* New York, Vintage Book.

HERRERA Fritot, R. (1943): Las bolas y las dagas líticas: Nuevo aporte cultural indígena de Cuba, en *Actas y Documentos*, 1er. Congreso Histórico Municipal Interamericano, La Habana, Junta Nacional de Arqueología, pp.247-275.

_____ (1951): Terminología de las culturas prehispánicas de Cuba, en *Reunión en Mesa Redonda de Arqueólogos del Caribe*, La Habana, Junta Nacional de Arqueología y Etnología, pp. 98-99.

HERRERA Fritot, R. y M. Rivero de la Calle (1954): *La Cueva Funeraria de Carbonera*, Matanzas, La Habana, Editorial Sánchez.

HERTZ, R. (1907): Cointribution à une étude sur la représentation collective de la mort. París, *Anneé Sociologique*, 10:48-137.

HITCHCOCK, R. K. (2019) Hunter and gatherers past and present: Perspectives on diversity, teaching, and information transmission, *Journal Reviews in Anthropology*, vol. 48, issue 1. Publisher online.

HODDER, I. (1988): *Interpretación en Arqueología. Corrientes Actuales.* Barcelona, Editorial Crítica.

HUBER, M. (2010): «*Isognomon alatus (Gmelin,* 1791)». Worms. World Register of Marine Species (in Huber, M. (2010). Compendium of bivalves. Germany, Conch Books.

HUGH-Jones, S. (1985): The maloca: A World in a House, in E. Carmichael, ed. *People of the Amazon.* London, British Museum, pp 78-93.

JARDINEZ, J. y J. Calvera (1999): Estructuras de viviendas aborígenes en Los Buchillones. Santiago de Cuba, *El Caribe Arqueológico*, 3:44-52.

JOHSON, M. (2000): *Teoría Arqueológica. Una Introducción.* Barcelona, Ed. Ariel.

KABO, V. (1980): La naturaleza y la sociedad primitiva, en *Ciencias Sociales,* Academia de Ciencias de la URSS, 2 (40):216-226.

KABO, V., G. Y'Edynak, G. Forni, K. F. Galvin, D. L. Heskei, S. A. Rosen, V. A. Shnireiman, A. Smith and T. Watkins (1985): The origins of the Food-producing Economy (and comments and Reply). *Current Anthropology,* vol 26, no, 5: 601-616.

KEEGAN, W. F. (1989): Creating the Guanahatabey (Ciboney): the modern genesis of an extinct culture. London, *Antiquity,* n.239, vol. 67, pp. 373¬379

KELLY, R. (2013): The Lifeway of hunter-gatherers the foraging Spectrum, *Cambridge university Press.*

KING, B. (2007): *Involving God: A Provocative View on the Origins of Religion.* New York Doubleday Publishing.

KLOKLER, D. M. (2010): Comida para o Corpo el alma: ritual funerario en sambaqui, Laguna, Brasil. Brasil, *Revista de Arqueología,* v.23, n.1:112-115.

KOZAK, V., D. Baxter, L. Williamson e R. Carneiro (1981): Os indios Héta: Peixe em Lagoa Seca. Brasil, *Boletim do Instituto Histórico, Geográfico e Etnográfico Paranaense.* Vol. XXXVIII. Biblioteca Digital Curt Nimuendajú-Coleção Nicolai. www.etnolinguistica.org.

KREJCI, E. (1998): Antiguos disturbios y saqueos de entierros en la zona Maya, en XI *Simposio de Investigaciones Arqueológicas en Guatemala.* Guatemala, Museo Nacional de Arqueología y Etnología, pp.336-353.

LANGEBAEK, C. H. (2005): De los Alpes a las selvas y montañas de Colombia. El legado de Gerardo Reichel-Dolmatoff, Antipoda, *Revista de Antropología y Arqueología,* Universidad de los Andes, Colombia, 1: 139-171. Disponible *online.*

LA ROSA, G. (1989): «Informe de la prospección arqueológica del sureste de Cantel» (inédito). La Habana, Instituto Cubano de Antropología.

_____(1990): Exploraciones arqueológicas en el Archipiélago de los Canarreos. *Carta Informativa* N. 22, Época III. Editorial Academia, La Habana.

_____ (1992): Excavaciones arqueológicas en Cayo Cantiles. *Carta Informativa* N. 8, Época III, Editorial Academia, La Habana.

_____ (1995): «Informe parcial del Censo Arqueológico de la región habanera con mapas y planos de los sitios» (inédito). La Habana, Centro de Antropología, Ministerio de Ciencia Tecnología y Medioambiente.

_____ (2002): La selección del espacio fúnebre aborigen y el culto solar. Santiago de Cuba, *El Caribe Arqueológico*, n. 2, pp.77-85.

_____ (2003): La orientación este de los entierros aborígenes en cuevas de Cuba: remate de una fabula. *Latin american Antiquity, Society for American Archaeology*, 14 (2), pp. 143-157.

LA ROSA, G. y Y. Cabrera (1992): Asentamientos aborígenes en el municipio Mariel, provincia La Habana. *Carta Informativa* N. 12, Época III, La Habana, Editorial Academia.

LA ROSA, G. F. Cordiéz y J. Martínez (1992): Prospección arqueológica en el municipio Caimito, provincia La Habana. La Habana, *Carta Informativa* N. 14, Época III, Editorial Academia.

LA ROSA, G. y R. Robaina (1995): *Costumbres funerarias de los aborígenes de Cuba*. La Habana, Editorial Academia.

LAS CASAS. B. (1951): *Historia de las Indias*. México D. F., Fondo de Cultura Económica, (3 vol.).

LAVI, N. and D. Freisen (2019): *Towards a Broader View of Hunter-Gatherer Sharing*. Mac' Donald Institute for Archaeological Research, University of Cambridge.

LEE, R. (2001): Bandas, in Barfiel Thomas (*ed*). *Diccionario de Antropología*. Barcelona, Ediciones Balleterra.

LEE, R. and R. Daly (1999): *The Cambridge Encyclopedia of Hunters and Gatherers*. Cambridge University Press.

LEROI-Gurhan, A. y M. Brézillon (1966): L'habitation Magdalenienne n.1 de Pincevent près Montereau (Seine-et-Marne). París, *Gallia Préhistoire*,

Fouilles et Monuments Archéologiques en Frande Métropolitain, T.9, Fas, 2, pp.263-385.

Leroi-Gurhan, A. y M. Brézillon (1972): Fouilles de Pincevent Essai d'Analyse Ethnographique d'un Habitat Magdalénien. París, *Supp. À Gallia Préhistoire,* 7.

Lévi-Strauss, C. (1964): *El pensamiento salvaje México,* Fondo de Cultura Económica.

_____(1998): *Las estructuras elementales del parentesco.* Barcelona, Editorial Paidós.

_____(2006): *Antropología estructural, Sociedad y humanidades.* México. Ediciones Siglo XXI.

Lieberman, Ph. (1997): Language evolution, in Dulbecco, R. *(ed.)* *Encyclopedia of Human Biology,* Dan Diego, Academia Press, pp.243-247.

_____(2002a): The evolutionary of speech in relation to language and thought, en Harcourt, C. S. and Sherwood, B. R. (Eds) *New Perspectives in Primate Evolution and Behavior,* Otley, UK, Westbury, pp.105-126.

_____(2002b): On the nature and evolution of the neural bases of human language. *Yearbook of Physical Anthropology,* 45:3662.

_____(2006): *Towards an Evolutionary biology of Language.* Cambridge, Harvard University Press.

López, J.C. (2007): Teorías antropológicas. México, Unach. nkc_madrid@hotmail.com.

Loven, S. (1935): *Origins of the Taínan Culture, West Indies.* Göteborg, Elanders Boktryckeri Aktiebolag.

Lull, V. (2000): Death and Society: a Marxist Approac. *Antiquity,* 74 (285):576.

Luna Calderón, F. (2002): AND mitocondrial taíno en la República Dominicana, en: KACIKE: *Revista de la Historia y Antropología de los indígenas del Caribe* (revista electrónica), edición especial, República Dominicana.

LLEONART, R., E. Riego, R. Rodríguez, R. Travieso and J. de la Fuente (1999): Analyses of DNA from ancient bones of a Pre-Columbian Cuban and a Child, *Genetics and Molecular Biology*, Brazilian Society of Genetic, 22,3:185-289.

MacDONALD, D. H. (2001): Grief and Burial in the American Southwest: The role of evolutionary Theory in the Interpretation of Mortuary Remains. *American Antiquity*, v.66,4:704-715.

McGREE, W. J. (2015): *The Seri Indians*. Washington, Seventeenth Annual Report of the Bureau of American Ethnology to Secretary of the Smithsonian Institution, 1895-96, Governenment Printing Office. <gutemberg.org (files /49403/49403-h/49403.h.htm>.

MALDONADO, L. y Vela (1996): Reconstrucción de la cabaña del yacimiento del cerro del Ecce Homo (Alcalá de Henares, Madrid). Una aproximación metodológica al estudio de la prehistoria de la construcción. *Actas del Primer Congreso Nacional de Historia de la Construcción*, Madrid, Ediciones A. de las Casas, pp. 353-359.

McGUIRRE, R. H. and M. B. Schiffer (1983): A theory of Architectural Design. *Journal of Anthropological Archaeology*, 2: 277-303.

MALERBA Sene, G. (2003): Rituais funerários e processos culturais: os caçadores-coletores e Horticultores pré-historicos do noroeste de Minas Gerais, Canindé, *Revista do Museo de Arqueología de Xingó*, Universidad Federal de Sergipe, 3: 105-132.

MALINOWSKI, B. (1963): *The family among the Australian aborigines*. A Sociological Study. New York, Schocken Books.

_____ (1974): *Magia, Ciencia, Religión*. Barcelona, Editorial Ariel.

MALPASS, M. And K. Stothert (1992): Evidence for Preceramic House and Household Organization in Westhern South America. Adrean Post, Vol 3, artículo 12. https://digitalcommons. Library.umaine.edu.landeonpast/vol.3 iss1/12.

MALTHUS, T. R. (1963): *The native tribes of south-East Australia*. New York, Macmillian & Co., Ltd, pp.749-750.

MANZANILLA, L. (1994): Las cuevas en el mundo mesoamericano. México, *Ciencias*, (revista digital) 36: 59-66.

MARIANO, C. (2011): Prácticas mortuorias y registro bioarqueológico en la costa rionegrina del golfo de Matías, Argentina. Argentina, *Intersecciones en Antropología*, (Revista Eletrónica) Uncpba, Vol.12, n.1,(sin paginar).

MARTÍNEZ Cruzado, J, C. (2002): El uso de ADN mitocondrial para descubrir las migraciones precolombinas para Puerto Rico y expectativas para la Republica Dominicana. Puerto Rico, Kacike: *The journal of Caribbean Amerindian History and Anthropology*. 5 pp. bttp//www.redalcy.org.

MARTÍNEZ Gabino, A. (1989): «Cueva Calero, recinto funerario aborigen de Cuba» (inédito). La Habana, Instituto Cubano de Antropología.

MARTÍNEZ Gabino, A. y A. Rives (1990): Cueva Calero. Recinto funerario aborigen de Cuba. La Habana, *Revista Cubana de Ciencias Sociales* 8 (24):142-157.

MARTÍNEZ Gabino, A., E. Vento y C. Roque (1993): *Historia Aborigen de Matanzas*. Matanzas, Ediciones Matanzas, Centro de Promoción Literaria,.

MARTÍNEZ Gabino, A. y G. La Rosa (2014): A cien años del Guayabo Banco: exploraciones arqueológicas inéditas en la Ciénaga de Zapata, La Habana, *Gabinete de Arqueología*, Oficina del Historiador de la Ciudad, No11, año 11. pp. 15-28.

MARTÍNEZ, G., P. Bayala, G. Flenborg y R. López (2006): Análisis preliminares de los entierros humanos del Sitio Paso Alsina 1 (Partido de Patagones, Provincia de Buenos Aires. Argentina, *Intersecciones en Antropología*, Facultad de Ciencias Sociales, 7: 95-108.

MARTÍNEZ-López, J., C. Arredondo, R. Rodríguez y S. Díaz Fraxo (2009): Aproximación tafonómica en los depósitos humanos del sitio arqueológico Canímar Abajo, Matanzas, Cuba. España, *Arqueología Iberoamericana* (4):5-21. Disponible en Internet.

MAZZA, B. (2010): Cerro Lutz: Aproximaciones al estudio de las practicas mortuorias de las sociedades cazadoras-recolectoras del Humedal del Paraná Inferior, Buenos Aires, *La Zaranda de Ideas*. Revistas de Jóvenes investigadores en Arqueología, Instituto Nacional de Antropología y Pensamiento Latinoamericano, 6:91-116. Disponible en Internet.

MCKINLEY, J. (1997): Bronze Age 'barrows' and funerary rites and ritual of cremation. *Proceeding of the Prehistoric Society*, Cambridge University Press, 63:129-145.

MEGGERS, B. (1976): *Amazonia. Hombre y Cultura en un paraíso ilusorio*, México D. F., Siglo XXI Editores.

_____(1997): Enfoque teórico para la evaluación de restos arqueológicos. Santiago de Cuba, *El Caribe Arqueológico,* n.2: 2-7.

METRAUX, A. (1947): Mourning Rites and Burial Forms of the South American Indians. México, América Indígena, Órgano trimestral del Instituto Indigenista Interamericano, v.VII, 1:7-44.

MORALES Patiño, O. (1949):*Guamuaya. Contribución del Grupo Guamá*, La Habana Editorial Lex.

MORALES Patiño, O. y R. Herrera Fritot (1941): «La Cueva funeraria de los niños, de Cayo Salinas» (inédito), La Habana, Instituto Cubano de Antropología.

MORBÁN Laucer, F. (1979): *Ritos Funerarios. Acción del fuego y Medio Ambiente en las Osamentas Precolombinas.* Santo Domingo, Academia de Ciencias de la República Dominicana, Editorial Taller.

MOREIRA de Lima, L. (1999): *La Sociedad Comunitaria de Cuba,* La Habana, Editorial F. Varela.

MORRIS, B. (1995): *Introducción al estudio antropológico de la religión.* México, Ediciones Paidós.

MURDOCK, P. (1945): *Nuestros contemporáneos primitivos*, México D.F, Fondo de Cultura Económica.

NAVARRETE Sierra, A. (1958): El Caney del pesquero. La Habana, *Memoria de la Sociedad Cubana de Historia Natural*, vol. 24, n. 1, Felipe Poey.

NÚÑEZ, A. (1975): *Cuba: dibujos rupestres.* La Habana, Ed. de Ciencias Sociales.

OBEREN, U. (1971): Los Quijos. Historia de la transculturación en un grupo indígena en el Oriente Ecuatoriano (1538-1956). Madrid, *Memorias del departamento de Antropología y Etnología de América*, n.1, Facultad de Filosofía y Letras, Universidad de Madrid.

OLIVER, P. (1997): *Encyclopedia of Vernacular Architecture of the World.* Cambridge University Press.

ORTIZ, F. (1943): *Las cuatro culturas indias de Cuba.* La Habana. Arellano y CIA, editores.

_____ (1945): *Historia de la Arqueología Indocubana.* La Habana, Cultural S. A.

_____ (1983): Prólogo, en Acosta Saignes, Miguel (1983) *Estudios de Etnología Antigua de Venezuela.* Casa de Las Américas, La Habana, pp. 7-24.

OSGOOD, C. (1942): *The Ciboney Culture of Cayo Redondo.* Cuba. New Haven, Yale University Press.

PANÉ, R. (1990): *Relación acerca de las antigüedades de los indios*, La Habana, Editorial de Ciencias Sociales.

PARKER Pearson, M. (1982): Mortuary Practices, society and ideology: an ethnoarchaeological study, In Hodder, I. (*ed.*) *Symbolic and Structural Archaeology*, Cambridge University Press, pp.99-113.

_____(2001): *The Archaeology of Death and Burial.* Texas, Texas A & M, University Press.

PÉREZ Cassola, S. (2011): *Los instrumentos musicales cubanos.* La Habana, Editorial Gente Nueva.

PICHARDO, H. (1965): *Documentos para la Historia de Cuba* (época colonial), Editora del Consejo Nacional de Universidades, La Habana.

PICHARDO Moya, F. (1944): Los Caneyes del Sur de Camagüey. La Habana, *Revista de La Habana*, año II, Tomo III, n. 18, pp.523-546.

PINO, M. (1981): *Carta Informativa N.22* (Época II). La Habana, Dpto. de Arqueología, Instituto de Ciencias Sociales, Academia de Ciencias de Cuba.

_____(1995): *Actualización de fechados radiocarbónicos de sitios arqueológicos de Cuba hasta 1993*, La Habana, Editorial Academia.

PINO, M. y E. Alonso (1973): Excavaciones en la cueva del Perico 1. Serie *Espeleológica y Carsológica* n.45. La Habana, Academia de Ciencias de Cuba.

POSNANSKY, M. (1980): Introduçao ao fim da pré-História na Africa subsaariana. Historia Geral da África II. A Africa Antiga. París, Unesco, pp.547-564.

PULGAR Pinaud, C. (2007): «Vivienda indígena, participación y desarrollo locales. El caso de la comunidad indígena Kawésqar de Puerto Edén». repositorio.uchile.cl / bitstream / handle / 2250 / 118182 / vivienda indígena.

RAKITA, G.F.M. and J.E. Buikstra (2008): Feather Waving or The Numinous?: Archaeological Perspectives on Ritual, Religion, and Ideology. In *An Archaeological Perspective on Ritual, Religion, and Ideology from American Antiquity and Latin American antiquity*, Compiled G.F.M. Rakita and J:E. Buikstra, Society for American Archaeology, SAA Press, Washington, pp. 1-17.

RAPOPORT, A. (1972): *Vivienda y Cultura*, Editorial Gustavo Gili, Barcelona.

_____ (1990): System of activities and systems of settings, in Kent S. (*ed*) Domestic Architecture and the use of space. *An interdisciplinary cross-cultural study*. New York, Cambridge University Press, pp-9-20.

RAPPAPORT, R. (1984): *Pigs of Ancestors: Ritual in the Ecology of a New Guinea People,* New Haven, Yale University Press.

_____(2001): *Ritual y religión en la formación de la Humanidad.* Cambridge University Press, Madrid.

RENFREW, C. y P. Bahn (1998): *Arqueología. Teorías, Métodos y Práctica.* Madrid, Ediciones AKAL.

RENFREW, A.C. and Zubrow, E. (1994):*The Ancient Mind: Elements of Cognitive Archaeology.* Cambridge University Press.

RIPOLL López, S. y F. J. Muñoz Ibáñez (2002): *Economía, sociedad e ideología de los cazadores recolectores*, UNED, Madrid.

217

Rivera, A. (2004): La conducta simbólica humana. Nueva orientación metodológica. Madrid, *Espacio, Tiempo y Forma, Serie 1 Prehistoria y Arqueología*, uned, ts. 16-17, pp. 313-335.

Rivero de la Calle (1960): *Caguanes: Nueva zona arqueológica de Cuba.* Santa Clara, Universidad Central de las Villas.

Rivero de la Calle, M., A. Vento y O. Soles (1972): *La cueva funeraria de las Cazuelas, Canímar*, Matanzas, La Habana, Islas, n.41, pp.57-80.

Rives, A. (1976): Espeleología histórica. Acerca de la discutible existencia de sacrificios humanos entre los recolectores indocubanos. Venezuela, *Boletín de la Sociedad Venezolana de Espeleología*, año 7, no. 13, pp.45-56.

_____ (1990): El censo arqueológico nacional de Cuba. *Carta Informativa*, no. 1, época iii, La Habana Editorial Academia.

Robaina, R. y J. Martínez (1993): Excavaciones arqueológicas de un sitio del mesolítico tardío, Banes 2, Caimito, provincia La Habana, Cuba. La Habana. *Carta Informativa* N. 21, Época iii, Editorial Academia.

Robbing, M. C. (1966): House types and settlement patterns: An application of ethnology to archaeological interpretation. *Minnesota Archaeology*, 2: 277-303.

Robiu Lamarche, S (2003): *Taínos y Caribes. Las culturas aborígenes antillanas.* Puerto Rico, Editorial Punto y Coma.

Rodríguez Ferrer, M. (1876): *Naturaleza y Civilización de la grandiosa isla de Cuba.* Madrid, Imprenta de J. Roguera.

Rodríguez, R., C. Arredondo, A. Rangel, S. Godoy, O Hernández de Lara, U. M. González, J. G. Martínez y O. Pereira (2006): 5000 años de ocupación prehispánica de Canímar Abajo, Matanzas, Cuba. *Cuba Arqueológica*. www.cubaarqueologica.org.

Rodríguez Ramos, D. (2008): From the Guanahatabey to the Archaic of Puerto Rico: the nonevident Evidence. *Etnohistori*, 55 (3): 393- 415. https: //www. Researchgate.net / publication / 301043611.

Romeu, E. (1989): Sesenta y seis esqueletos y una historia. La Habana, *Somos Jóvenes*, xii (120):38-41.

Rouse, I. (1942): *Archaeology of the Maniabon Hill*, Cuba, Yale University, Publication in Anthropology, n.25, New Haven, Connecticut.

_____ (1943): The West Indies: An Introduction the Ciboney, in: Bull, *Handbook of South American Indian*, vol. 4. Washington, D.C. Bureau of American Ethnology, Smithsonian Institution,

Royo Guardia, F. (1943): *Exploraciones arqueológicas en Jibacoa, provincia La Habana*. La Habana, *Memorias de la Sociedad Cubana de Historia Natural Felipe Poey*, vol. xiv, n.1.

Ruiz, D. (2011): Entrevista Carlos Justino Terena, en V. Toledo; M. B. Rocha y Olga R. de Moraes von Simson: Jogo, *Celebração, Memoria e Identidade. Curt Nimeuendajú,* Campinas,pp. 15-19.

Sanoja Obediente, M. (2010): *Historia Socio-cultural de la Economía Venezolana:* 14,500 años anp-2010. Venezuela, Banco Central de Venezuela.

219

Santos, Silvio Coelho dos (1973): *Indios e blancos no sul do Brasil-a dramática experiência dos Xokleng*. Brasil, Edeme. Biblioteca Digital Curt Nimuendajú-Coleçâo Nicolas www.etnolinguistica.org.

Saxe, A. A. (1970): *Social Dimensions of Mortuary Practices*. Ph.D. Dissertations, University of Michigan.

_____ (1971): Social dimensions of mortuary practices in a mesolitic population from Wadi Halfa, Sudan, in: *Approches to the Social Dimensions of Mortuary practices*. J. a. Brown (*ed*) Memoirs of the Society for American Archaeology, N.25, USA, pp. 39-57.

Shimada, I., K. Shimada, J. Farnum, R. Corrucini and H. Watanabe (2004): An Integrated Analysis of Pre.Hispanic Mortuary Practice: A Middle Sicán Case Study. *Current Anthropology*, 45: 369-402.

Shoeder, S. (2002): Secundary disposal of the dead: cross-cultural codes, World Cultures 12 (1):77-93.

Schultz, E. A. and R. H. Lavenda (2009): *Cultural Anthropology*, New York, Oxford University Press.

Schobinger, J. (Comp.) (1997): *Shamanismo sudamericano*. Argentina, Ediciones Contingente.

_____ (1996-2015): El arte rupestre andino como expresión de prácticas shamánicas, Noticias de Antropología y Arqueología. Sección de Arte Rupestre. Equiponaya.com.

Smith-Guzman, N. and R. G. Cooke (2018): Interpersonal violence at Playa Venado,Panamá (500-850 DC): A reevaluatión of the evidence. *Latin American Antiquity*, 29 (4), 718-735.

Standen, V. G. (2003): Bienes funerarios del cementerio Chinchorro Morro1: Descripción, Análisis e Interpretación. Chile, Chungara, *Revista de Antropología Chilena*, vol.35, n.2,pp.175-207.

Suárez A. y Marichal, L. (2001): Sistema de asentamiento de comunidades protoagroalfareras en la cuenca del río Banes, provincia La Habana. Santiago de Cuba, *El Caribe Arqueológico*, 5: 89-95.

Suret-Canale, J. (1975): *Clan, Tabú y Tótem. El Nacimiento de los Dioses*, La Habana, Editorial de Ciencias Sociales.

Tabío, E. (1950): «Informe sobre trabajos realizados en la Cueva de la Caña Quemada» (inédito). Departamento de Arqueología, Instituto Cubano de Antropología. 2 pp.

_____ (1951):La Cultura más primitiva de Cuba. La Habana, *Revista de Arqueología y Etnología*, Año VII, No. 13, pp. 117-157.

_____ (1970): Arqueología espeleológica de Cuba, *Serie Espeleológica y Carsológica*, n. 27, La Habana, Academia de Ciencias de Cuba.

_____ (1984): Nueva periodización para el estudio de las comunidades aborígenes de Cuba. *Islas*, no. 78, pp. 37-52, Universidad Central de Las Villas.

Tabío E. y E. Rey (1979): *Prehistoria de Cuba*, La Habana. Editorial de Ciencias Sociales.

TAINTER, J. A. (1978): Mortuary Practice and the Study of Prehistoric Social *Systems. Advances in Archaeological Method and Theory,* USA,1: 106-143.

TAVÁREZ, C. (2007): Antropología funeraria de los antiguos habitantes del este de la República Dominicana. Santiago de Cuba, *El Caribe Arqueológico,* 10:85-92.

TÓKAREV, S. A. (1989): *Historia de la Etnografía.* La Habana. Editorial de Ciencias Sociales.

Torres, D. (2006): Los rituales funerarios como estrategias que regulan las relaciones entre las personas y culturas. Sapiens, Revista Universitaria de Investigaciones, UPEL, Universidad Pedagógica de Barquisimeto Año 7, n.2, pp.107-118.

TORRES, P. y M. Rivero de la Calle (1970): Cueva de la Santa. *Serie Espeleológica y Carsológica* n. 13, La Habana, Academia de Ciencias de Cuba.

TRAVIESO, R., D. Rodríguez Hernández, M. Rivero de la Calle y S. Marques Jaca (1999): Estudio de los restos óseos humanos aborígenes encontrados en la cueva del Perico 1, Pinar del Río, Cuba, *Revista de Biología* 12 (2).

TSU, T. (2000): Toothless Ancestors, Felicitours: The Rite of Secondary Burial in Routh Taiwan, *Asian Folklore Studies,* Singapure, 59 (1) 1.

TURNER, V. (1988): *El proceso ritual.* Madrid, Taurus.

_____ (1999): La Selva de los símbolos. *Aspectos del ritual Ndembu,* Madrid, Siglo xxi de España.

TYLER, E. B. (1866): The Religion of Savages. *Fortnightly Review,* vol.6, pp.71-86.

_____(2005): Cultura Primitiva, en *Antropología. Lecturas,* Bohannan P. y M. Glazer (*eds*), 64-78, Editorial Félix Varela, La Habana.

UBELAKER, D. H. (1978): *Human Skeletal Remains. Excavation, Analysis, Interpretation.* New York, Aldine Publishing Company, Chicago, Prometheus Book.

ULLOA, J. (2005): *Una Mirada al Caribe Precolombino*. Santo Domingo, Instituto Tecnológico de Santo Domingo.

ULLOA, J. y R. Valcárcel (2014): Presencia arcaica e interacción en sociedades indígenas de Cuba, en Hernández de Lara, O. y A. M. Rocchietti (ed). *Arqueología Precolombina en Cuba y Argentina, Esbozos desde la Periferia, Argentina*, Centro de Investigaciones Precolombinas, ASPHA Ediciones.

ULSET, B. (1949): «Notas de exploraciones» (inédito). La Habana, Instituto Cubano de Antropología.

VACHERÓN, F. y G. Betancourt (Coord.) (2006): *Lenguas y tradiciones orales de la amazonía. ¿Diversidad en peligro?*, La Habana, Fondo Editorial Casa de Las Américas.

VALDÉS, S. (2010): El poblamiento precolombino cubano y su posterior repercusión en el español hablado en Cuba. Contextos, estudios de humanidades y ciencias sociales. Chile, Universidad Metropolitana de Ciencias de la Educación, n. 24:115-129. Disponible en internet.

VAN der Leeuw, G. (1964): *Fenomenología de la Religión*, México, Fondo de Cultura Económica.

VAN Gennep, A. 1960 (1908): *The rites of Passage*. Chicago, University of Chicago Press.

VAN Pool, Ch. (2008): The Shaman-Priests of the Casas Grandes Region. Chihuahua, Mexico, in: *An Archaeological Perspective on Ritual, Religion, and Ideology from American Antiquity and Latin American antiquity*, Compiled G.F.M. Rakita and J:E. Buikstra, Society for American Archaeology, SAA Press, Washington, pp. 217-238.

VALCÁRCEL, R. (1999): Banes precolombino, jerarquía y sociedad. Santiago de Cuba, *El Caribe Arqueológico*, 3:84-94.

VALCÁRCEL, R. and A. Rodriguez (2005:) El Chorro de Maíta: Social Inequality and Mortuary Space, in Curet, A, Sh. Lee Dawdy and G. La Rosa (eds) *Dialogues in Cuban Archaeology*. University of Alabama Press, Tuscaloosa.

VALCÁRCEL, R., J. Cooper, J. Calvera, O. y M. Labrada (2006): Postes en el mar. Excavación de una estructura constructiva en Los Buchillones. Santiago de Cuba, *El Caribe Arqueologico*, (9): 76-58.

Vela Cossio, F. (1995): Para una prehistoria de la vivienda. Aproximación historiográfica y metodológica al estudio del espacio doméstico prehistórico, *Complutum*. Universidad Complutense de Madrid, 6: 257-276.

VELOZ Maggiolo, M. (1973): *Arqueología prehistórica de Santo Domingo.* República Dominicana, Singapur, Mc Graw Hill Far Eastern Publisher, Fundación de Crédito Educativo.

VELOZ Maggiolo, M., E. Ortega, J. Nadal, F. Luna Calderón y R. Rímoli (1977): *Arqueología de Cueva Berna. Serie Científica* V, San Pedro de Macorís, Universidad Central del Este.

VENTO. E, y C. Roque (1990):«Excavaciones en el sitio arqueológico Canímar abajo» (inédito). La Habana, Departamento de Arqueología del Centro de Antropología, Citma.

VIANA, Paula (2014): Vladimir Kózak, a cámera e as Xetá. Rosario, XI *Congreso Argentino de Antropología Social.* Https://www.aacademia.org/000-081/762.

WHITE, L. A. (2005): El Símbolo: el origen y la base del comportamiento humano, en Bohannan P. y M. Glazer (eds), *Antropología. Lecturas,* 347-348, La Habana, Editorial Félix Varela.

WILMSEN, E. (1974): *Lindenmeier: A Prehistoric hunting society,* New York, Harper and Row Publisher Inc.

WILLIMSON, L. (1978): *Infanticide: An Anthropological Analysis and the value of life.* New York, Prometheus Book.

ZAYAS y Alfonso, A. (1931): *Lexicografía Antillana.* La Habana, Tipos-Molina y CIA.

ZUCCHI, A. (2000): Polvo eres y en polvo te convertirás: la muerte y su entorno en Venezuela hasta 1940. Caracas, *Antropología* n. 93-94, Fundación La Salle.

www.unosotrosediciones.com

infoeditorialunosotros@gmail.com

UnosOtrosEdiciones

Siguenos en Facebook, Twitter e Instagram:

www.unosotrosediciones.com

www.ingramcontent.com/pod-product-compliance
Lightning Source LLC
Chambersburg PA
CBHW060615290326
41930CB00051B/1797